Trinität als Arche

Schriften zur Triadik und Ontodynamik

Herausgegeben von Heinrich Beck und Erwin Schadel

Band 26

PETER LANG

Frankfurt am Main · Berlin · Bern · Bruxelles · New York · Oxford · Wien

Erwin Schadel

Trinität als Archetyp?

Erläuterungen zu C.G. Jung,
Hegel und Augustinus

PETER LANG
Internationaler Verlag der Wissenschaften

Bibliografische Information der Deutschen Nationalbibliothek
Die Deutsche Nationalbibliothek verzeichnet diese Publikation
in der Deutschen Nationalbibliografie; detaillierte bibliografische
Daten sind im Internet über <http://www.d-nb.de> abrufbar.

Umschlag:
Dipl. Design. Christiane Schramm

ISSN 0932-2434
ISBN 978-3-631-57927-5

© Peter Lang GmbH
Internationaler Verlag der Wissenschaften
Frankfurt am Main 2008
Alle Rechte vorbehalten.

www.peterlang.de

Inhalt

renzierende Antwort auf die Frage nach dem Bösen [41], 4. Die ums 'Vierte' erweiterte Trinitäts-Auffassung als dialektisierende Verunklärung des Seinsvollzugs [43], 5. Das nicht erreichte Konzept der 'reinen Relation' [47], 6. Vorontologische Antithetik: Verteufelung des Weiblichen durch Verwechslung der Gegensatz-Arten [49], 7. Integration des 'Schattens' im Sinne der Aristotelischen Mesotes-Konzeption [52], 8. Trinitarischer Archetyp als an sich positive Bezugseinheit mannigfacher Ausgliederungen [55], 9. Die ontologische Archetypenlehre als Desiderat der Jungschen Tiefenpsychologie (expliziert am Problem des Wotan-Archetyps) [58], 10. Analyse der Jungschen Typologie unter trinitarischem Aspekt [61], 10.1. 'Introversion', 'Extraversion', 'Konversion' [63], 10.2. Das 'ausgeschlossene Vierte': ontologische Implikationen der Jungschen Funktionenlehre [64]

Ontologische Differenz [113], 16. Hegels Dialektik als fruchtbare
Provokation [114]

Sein, Erkennen, Lieben.
Grundzüge einer ganzheitlichen Kommunikationstheorie
im Ausgang von Augustinischer Trinitätsspekulation

    1. Trinität als philosophisches Problem [121], 2. Zur Charakteristik
    des Augustinischen Denkansatzes [125], 3. Zum Aufbau des Ari-
    as'schen Schemas [128]. 4. Zweifel als Initiation reflektierender
    Selbst- und Seinsvergewisserung [130], 5. 'Sein', 'Erkennen' und 'Wol-
    len' als in-ek-kon-sistenzialer Identitätsvollzug [132], 6. 'Person' als
    analogisch konzipierte subsistente Relation [135], 7. Der trinitarische
    Prozess als solcher ('inneres Wort' und 'Liebeshauchung') [137], 7.1.
    im ontologischem Aspekt [137], 7.2. im gnoseologischen Aspekt
    [142], 7.3. im handlungstheoretischen Aspekt [144], 8. Ternare Zu-
    eignungen [149], 8.1. 'Ewigkeit' - 'Schönheit' - 'Genuss' [151], 8.2.
    'Einheit' - 'Gleichheit' - 'Harmonie' [155], 8.3. 'Aktive Potenz' - 'Weis-
    heit' - 'Güte' [157], 8.4. 'Wirk-', 'Exemplar-' und 'Ziel-Ursache' [158],
    8.5. 'Schöpfung' - 'Erlösung' - 'Heiligung' [160]

7

Trinität als Archetyp?
Onto-anthropologische Anmerkungen zu C. G. Jungs 'Versuch einer pschologischen Deutung des Trinitätdogmas'

Vorbemerkungen: Trinität und/oder Quaternität?

Das "Interesse für das Paradox"[1] war in C. G. Jung schon relativ früh erwacht: Als er von seinem Vater, einem evangelischen Pastor, den Konfirmationsunterricht erteilt bekam, blätterte er, 'maßlos gelangweilt von den sentimental klingenden Ausführungen', im Katechismus herum, bis er auf den Paragraphen von der Dreieinigkeit Gottes stieß. "Da war nun etwas" - berichtet der greise Jung in seinen *Erinnerungen* -, "was mein Interesse herausforderte: eine Einheit, die zugleich eine Dreiheit ist. Das war ein Problem, dessen innerer Widerspruch mich fesselte. Ich wartete sehnlichst auf den Moment, wo wir zu dieser Frage kommen würden. Als wir soweit waren, sagte mein Vater: Wir kämen jetzt zur Dreieinigkeit, wir wollen das aber überschlagen, denn ich verstehe eigentlich nichts davon"[2].

Jung war "aufs tiefste enttäuscht"[3], als er diese Diskrepanz zwischen "offizieller" Kirchenlehre und nicht geleisteter erkenntnismäßiger Durchdringung derselben wahrzunehmen hatte. Seine vormalige "Einigkeit mit der Kirche und der menschlichen Umwelt zerbrach" ihm[4]. Wie er berichtet, wurde es ihm innerlich leichter, je ferner er der Kirche rückte[5]. Anders als etwa bei Friedrich

---

[1] Vgl. Herbert Unterste, *Theologische Aspekte der Tiefenpsychologie von C. G. Jung*, Düsseldorf 1977, S. 73.

[2] Vgl. C. G. Jung, *Erinnerungen, Träume, Gedanken*. Aufgezeichnet und hg. v Aniela Jaffé, Zürich-Stuttgart 1962, S. 58. - Vgl. ebd., S. 48: "Ich stöberte in der Bibliothek meines Vaters und las, was ich finden konnte über Gott, Trinität, Geist, Bewusstsein. Ich habe die Bücher verschlungen und bin nicht klug daraus geworden". Jung erfährt hierbei, dass "die Brücke, die vom Dogma zum inneren Erlebnis des Einzelnen führt, fehlt" *(Aion* [Fußnote 6], S. 191). - Eine Schilderung der innerlich peinigenden Nöte, welche einem empfindsamen Gemüt während des Konfirmationsunterrichtes in puncto Trinitätslehre zugefügt werden, findet sich in: *Theanthropos. Eine Reihe von Aphorismen*, Zürich 1839, S. 6-27. (Diese Schrift erschien anonym: ihr Autor ist Friedrich Feuerbach, der Bruder des bekannten Philosophen [vgl. hierzu Ludwig Feuerbach, *Das Wesen des Christentums*, Stuttgart 1971, S. 353, Anm. 4].)

[3] C. G. Jung, *Erinnerungen* (Fußn. 2), S. 58.

[4] Vgl. ebd., S. 61.

[5] Hinsichtlich der 'abgeschmackten Sentimentalitäten', mit denen das 'Gottesgeheimnis' in kirchlichen Predigten profanisiert wurde, teilt er (ebd., S. 51) mit: "Die Kirche wurde mir allmählich zur Qual"; oder auch (ebd., S. 80): "Es wurde mir leichter, je ferner ich der Kirche

9

Nietzsche (der wie er selbst Pastorensohn war) ist bei Jung allerdings eine überreizte Anti-Aktion gegen das Christentum und eine pauschalierende Ablehnung desselben ausgeblieben. Das paradoxe Geheimnis der Trinität, das dessen zentralen Lehrgehalt ausmacht (das aber allzu häufig als "Schibboleth" oder bloßes Lippenbekenntnis tradiert wird), faszinierte Jung auch noch nach seiner Abwendung von der Kirche. Er suchte nach einer Möglichkeit, sich jenes Geheimnis verständlich zu machen, wobei ihm in der kritischen Distanz seines wissenden Nichtwissens zunächst nur eines klar ist: "Die bloßen Wörter, die" [diesbezüglich] "von der Kanzel rauschen, sind unverständlich und schreien nach Erklärung"[6].

Wie es scheint, hat der frühzeitig erlebte "Gegensatz zwischen der äußeren und der inneren Welt"[7] nicht wenig zur "Individuation" des Tiefenpsychologen Jung beigetragen. Aufgrund des Erlebten gelang es ihm, die beiden Gegensatz-Typen des 'Extravertierten' und 'Introvertierten' zu konzipieren (womit er auf dem Münchener Psychoanalytikerkongress von 1913 die "absolute Monarchie" der Freudschen Sexualtheorie ins Wanken brachte[8]); er konnte zugleich auch beginnen, die *Psychologische Typen*, sein 1921 erstmals erschienenes systematisches Hauptwerk, auszuarbeiten. Dieses avancierte in Kürze - insbesondere wegen der Funktionen-Quaternität des 'Empfindens', 'Denkens', 'Fühlens' und 'Intuierens', vermittels welcher jeder der beiden genannten Typen nochmals untergliedert wurde - zu einer Art "Dogmatik" der Jungschule.

Indem sich Jung energisch von seiner Umgebung absetzte, hat er vor allem aber - in Anbetracht der sich daraus ergebenden Problematik - sehr bald die spezifische Methode seines späteren Arbeitens herausgefunden; er beschreibt sie folgendermaßen: "Es war mir ... von Anfang an klar, dass ich den Anschluss an die äußere Welt und die Menschen nur finden würde, wenn ich mich aufs Intensivste bemühte zu zeigen, dass die Inhalte der psychischen Erfahrung 'wirklich' sind, und zwar nicht nur als meine persönlichen Erlebnisse, sondern als kollektive Erfahrungen, die sich auch bei anderen Menschen wiederholen können"[9].

---

rückte".

[6] Vgl. C. G. Jung, *Aion. Beiträge zur Symbolik des Selbst* (Gesammelte Werke. Bd. 9/2, Olten-Freiburg 1976, S. 44. [Im Folgenden werden Jungs 'Gesammelte Werke' mit **GW** abgekürzt; diesem Kürzel wird nur noch das Erscheinungsjahr, nicht mehr jedoch der bereits genannte Erscheinungsort hinzugefügt.]

[7] Ders., *Erinnerungen* (Fußn. 2), S. 198.

[8] Vgl. C. A. Meier, *Experiment und Symbol. Arbeiten zur Komplexen Psychologie C. G. Jungs*, Olten-Freiburg 1975, S. 194. - Meier berichtet (ebd.), dass Freud infolge dieser Jungschen Theorie-Attacke einen Ohnmachtsanfall erlitten habe.

[9] C. G. Jung, *Erinnerungen* (Fußn. 2), S. 198.

Jung ist demnach bestrebt, im Ausgang von der individuellen Innerlichkeits-erfahrung - und im Hindurchgang durch dieselbe - jenen 'Anschluss' an die Gemeinschaft, den er auf seiner grüblerischen "Suche nach etwas Geheimnis-vollem"[10] verloren hatte, wiederzugewinnen. Seine Intention ist es m.a.w., im Reservoir der 'kollektiven' Menschheitserfahrungen wirkmächtige Gestaltungs-einheiten - sog. 'Archetypen' - aufzuspüren, die den Anspruch auf Allgemein-verbindlichkeit erheben können. Bei den empirischen Recherchen, die er zu diesem Zwecke in einem sehr weit abgesteckten ideengeschichtlichen Horizont unternimmt, konnte es nicht ausbleiben, dass er wiederum auf das Trinitäts-problem stieß, dessen Erläuterung ihm sein Vater seinerzeit vorenthalten hatte. Jung greift diese Problematik auf und unterbreitet sie erstmals auf der Eranos-Tagung von 1940 durch seinen Vortrag *"Zur Psychologie der Trinitätsidee"*[11] der wissenschaftlichen Diskussion. Hiervon ließ er acht Jahre später eine modifizierte und stark erweiterte Fassung u.d.T.: *"Versuch einer psychologi-schen Deutung des Trinitätsdogmas"*[12] erscheinen.

Wenn Jung mit seinen Trinitätsstudien relativ spät an die Öffentlichkeit tritt - 1940 ist er immerhin bereits 65 Jahre alt - so mag dies u.a. darauf zurück-zuführen sein, dass der Trinitäts-Archetyp, dessen "empirische" Bewusstseins-gegebenheit er nicht leugnen kann und in welchem er sogar eine "leidenschaft-liche Tiefe"[13] entdeckt, mit dem Quaternitäts-Konzept, dem er in seiner Typo-logie (aufgrund einer gedoppelten Gegensatzauffassung) systembildende Bedeu-tung zuspricht, zu rivalisieren scheint.

Da nun Jung die damit verbundene konzeptionelle Schwierigkeit keineswegs verheimlicht, sie aber auch nicht, wie es ein rigoristischer "Systematiker" täte, durch Tabuisierung der "gegnerischen" ternaren Auffassungsweise zu "berei-nigen" versucht, gibt er zweifellos ein hohes Forscherethos zu erkennen. Jung stellt es nicht in Abrede, einem Schwanken und einer Unsicherheit, welche er

---

[10] Vgl. ebd., S. 28: "Ich war ständig auf der Suche nach etwas Geheimnisvollem".

[11] Vgl. C. G. Jung, *Zur Psychologie der Trinitätsidee.* In: Eranos-Jahrbuch 8 (1940/41) [hrsg. v. Olga Fröbe-Kapteyn, Zürich 1942], S. 31-64.(im Folgenden mit **PT** abgekürzt).

[12] Wir benützen hier die Ausgabe: C. G. Jung, *Versuch einer psychologischen Deutung des Trinitätsdogmas.* In: Jung: Zur Psychologie westlicher und östlicher Religion (GW 11), ²1973, S. 119-218 (nachfolgend mit **VPDT** abgekürzt).

[13] Vgl. VPDT, S. 177 f.: "Götter sind Personifikationen, unbewusster Inhalte; denn sie offenbaren sich selbst aus unbewusster Seelentätigkeit. Von dieser Art war das trinitarische Denken und seine leidenschaftliche Tiefe, welch letztere uns späte Nachfahren in ein naives Erstaunen versetzt".

bereits in seinen Alchemisten-Studien kennengelernt hatte[14], ausgesetzt zu sein: - "jener seltsamen Verlegenheit ..., welche das Problem von 3 und 4 darstellt"[15]. Eine Lösung für dieses 'seltsame' Problem ist sicherlich *nicht* darin ausfindig zu sein, dass man Trinität und Quaternität mit Jung als "einen prinzipiellen Gegensatz"[16] ausgibt und sie solchermaßen gegeneinander auszuspielen versucht. Jung selbst stellt auch immer wieder gewisse Beziehung zwischen jenen beiden 'Gegensätzen' her, indem er z.b. behauptet, dass "die Dreiheit ... als defekte Vierheit"[17] zu verstehen sei, oder indem er die "Ergänzung der Trinität zu einer Quaternität"[18] als etwas Notwendiges darstellt. Es wäre von daher sicherlich verfehlt, Jungs Rede vom 'prinzipiellen' Gegensatz allzu "prinzipiell" aufzufassen und die genannten Gegensätze isoliert stehen zu lassen. Es ist vielmehr nach deren Wirklichkeitsbedeutung zu fragen, um so das Kriterium ihrer Einschätzung zu gewinnen. (Später wird sich zeigen, dass zwischen Jungschem Quaternitäts-Verständnis und einem ontologischen Trinitäts-Konzept tatsächlich ein wesentlicher Unterschied in der Erfassung von Prinzipienwirklichkeit besteht. Bevor dies deutlicher werden kann, sind zunächst noch einige Reflexionsschritte auszuführen.)

Eine konzeptionelle Unklarheit bleibt freilich auch dann noch bestehen, wenn Jung die erwähnten 'Gegensätze' gewissenmaßen "diplomatisch" miteinander auszusöhnen versucht, indem er beide - *sowohl* die Trinität *als auch* die Quaternität als 'Archetypen' bezeichnet[19]. Denn eben darin - im bloßen Nebeneinanderstellen von 'Archetypen' ohne durchgängig gültige Abklärung dessen,

---

[14] Vgl. *Aurora consurgens*. Ein dem Thomas von Aquin zugeschriebenes Dokument der alchemistischen Gegensatzproblematik, hg. von Marie-Louise von Franz. In: C. G. Jung, Mysterium coniunctionis (GW 14, Ergänzungsband, 1973), S. 287: "Diese Schwierigkeit, das alchemistische Motiv der vier Elemente mit der christlichen Vorstellung der Dreieinigkeit in Einklang zu bringen, liefert ein weiteres Beispiel für jenes verbreitete Schwanken zwischen Drei und Vier, von welchem Jung sagt: 'Es muss ... hervorgehoben werden, dass neben der deutlichen Neigung der Alchemie (wie auch des Unbewussten) zur Quaternität eine immer wieder betonte Unsicherheit zwischen drei und vier besteht'".

[15] Vgl. C. G. Jung, *Aion* (GW 9/2, 1976), S. 243.

[16] Vgl. ders., *Mysterium coniunctionis* (GW 14/1, ²1972), S. 205: "Den ... Naturphilosophen, insbesonderheit dem Gerardus Dorneus (Ende XVI Jahrhundert) war es völlig klar, dass zur Triade ein Viertes gehört ... Dorneus ... erkannte in der Quaternität einen prinzipiellen Gegensatz zur Trinität ... Mit seiner Erkenntnis hat er wohl bis auf den Grund des Problems gesehen".

[17] Vgl. ders., *Aion* (GW 9/2, 1976), S. 240.

[18] Vgl. VPDT, S. 196.

[19] Vgl. VPDT, S. 182: "Die Quaternität ist ein Archetypus, der sozusagen universell vorkommt"; ebd., S. 210: "Auch die Dreiheit ist ein Archetypus, der mit dominierender Kraft eine geistige Entwicklung nicht nur begünstigt, sondern gegebenenfalls auch erzwingt".

12

was ein 'Archetyp' überhaupt "ist" - ist noch keine sich durchtragende Einsicht in den Seins- und Wirklichkeitgrund gewonnen. Die Jungsche Psychoanalyse, die von ihrem Denkansatz her als 'Archetypen'-Lehre zu charakterisieren ist (und sich selbst wohl auch so versteht) dekonturiert sich solchermaßen von innen her. Dies geschieht, solange das "Dilemma von Drei und Vier"[20] noch aufgelöst bleibt.

Angaben zur Disposition

Nach dieser Problemexposition erscheint es sinnvoll, folgende drei Argumentationsstufen zu durchschreiten:

1. *Methodologische Reflexionen:* Hier soll Jungs empiristischer Denkansatz im Bezug zur ganzheitlich orientierten Grundintention seiner Psychoanalyse untersucht werden. Es wird sich hierbei zeigen, dass der metaphysische Agnostizismus, den er proklamiert, vornehmlich auf die "ausgefallene" Unterscheidung zwischen Seins- und Bewusstseinsdimension zurückzuführen ist. Um dennoch einen Ansatz für die spekulative Tiefenerhellung des an sich positiven Jungschen Anliegens zu gewinnen, wird die Betrachtungsart der 'metaphysisch generalis' ins Spiel gebracht.

2. *Ontologische Analysen*, speziell des trinitarischen Archetyps: Hierfür werden vor allem genuin trinitätsmetaphysische Denkmotive zur Anwendung gebracht, welche Jung wegen seiner Präferenz der gnostizistischen und alchemistischen Traditionen nur peripher berücksichtigt und in systematischer Hinsicht ungenützt lässt. Die Trinität wird dabei aus den Jungschen Vorgaben heraus problematisiert und, nachdem der Bewusstseinsvollzug im speziellen wie auch die Seinsbewegung im allgemeinen als in-ek-konsistentiale Prozessualität aufgehellt worden sind, als der 'Archetyp' schlechthin gekennzeichnet.

3. *Konstruktiv-kritische Erläuterungen:* Die ontische Valenz des explizit trinitarischen Archetyps ermöglicht es, in diesem Abschnitt auf verschiedene "brennende" Probleme, die durch die Jungsche Psychoanalyse als einem Theorie-Konzept aufgeworfen werden, einzugehen, ohne dabei in den "Strudel" ihrer allgemeinen Verunklärung (die insbesondere durch Jungs Versuch einer "quaternaren" Trinitätsinterpretation zustande kommt) untergehen zu müssen. Ein besonderes Augenmerk ist bei all dem auf Jungs Hypostasierung des Kontingenten und Defizitären zu richten, welche, wie deutlich werden wird, nur vom überkontingenten Seinskriterium des Trinitarischen her in ihrer Nichtigkeit "aufgehoben" werden kann. Die Konzeption

---

[20] Vgl. VPDT, S. 135.

einer Negativ-Triade erlaubt es hierbei, eine differenzierende Antwort auf die Jungsche Frage nach dem Bösen zu geben. Am triadisch interpretierten Aristotelischen 'Mitte'-Begriff wird "praktisch" gezeigt, *wie* der 'Schatten', indem er als solcher erkannt und vom Positiven her zum Verschwinden gebracht wird, zur individuellen Integration beiträgt. Vermittels des onto-trinitarischen Wirklichkeitsverständnisses kann schließlich der ethische Indifferentismus in Jungs "unbewusst"-vager Archetypenlehre ebenso überwunden werden, wie es in erstaunlicher Weise möglich wird, in Jungscher Typologie ein in-ek-kon-sistenziales Tiefenprofil herauszuarbeiten.

I. Beobachtungen zu Intention und Methode der Jungschen Psychoanalyse

1. 'Pflege der Seele' als gemeinsames Ziel psychologischer und philosophischer Bemühungen

"Ich treibe keine Philosophie", sagt Jung, "sondern denke bloß im Rahmen der mir auferlegten speziellen Aufgabe, ein rechter Seelenarzt zu sein"[21]. Diese 'spezielle Aufgabe' ist indessen gar nicht so unphilosophisch, wie Jung es hier glauben machen will. Man könnte nämlich den Philosophen, der in seinem Streben nach prinzipieller Einsicht stets "aufs Ganze" geht, als jenen "Spezialisten" bezeichnen, dessen Problem es ist, das in der Seele verborgene Allgemeine aufzuspüren, um vermittels der "Diagnose" desselben einen Anhalt für eine wirksame "Therapie" zu gewinnen.

In der obigen Selbsteinschätzung gibt Jung zu erkennen, dass seine Seelen-Theorie nicht als Selbstzweck getrieben wird, sondern (im Sinne des Leibnizschen 'theoria cum praxi') stets eine "therapeutische" Anwendung impliziert. Jung unterscheidet sich hierin von gewissen "modernen" Psychologen, die aufgrund einer hochfrisierten Methodendiskussion nicht mehr zur "Sache" kommen, den Seelenbegriff zur "Fiktion"[22] werden lassen und solchermaßen - in vielgeschäftiger "Wissenschaftlichkeit" - den Wirklichkeitsbezug verlieren.

---

[21] C. G. Jung, *Erinnerungen* (Fußn. 2), S. 375 f.

[22] Vgl. z.B. Peter Hübner, *Einführung in die Methodenlehre der Psychologie*, Darmstadt 1980, S. 7: "Dem Namen nach ist Psychologie die Lehre von der Seele ... Der naive Betrachter könnte also vermuten, dass die 'Seele' ... des Menschen der Gegenstand der Psychologie sei. Er wird jedoch Mühe haben, in der modernen psychologischen Literatur dem Begriff 'Seele' überhaupt zu begegnen. Die Seele ist aufgelöst in 'Äußerungen des Seelischen', eine Formulierung, die gelegentlich noch angetroffen wird. Das Seelische ist dabei jedoch ein äußerst abstrakter Grenzbegriff, eine Fiktion"; ferner Herbert Selg / Werner Bauer, *Forschungsmethoden der Psychologie. Eine Einführung*, Stuttgart 1976, S. 11: "Die Übersetzung, Psychologie sei Wissenschaft von der Seele, ist völlig unzulänglich. Sie wird auch in der seriösen Literatur nicht mehr als Definition verstanden".

Bei Jung scheint diese Gefahr deswegen nicht gegeben zu sein, weil sich sein Denken auf die introspektiv erfahrene Unmittelbarkeit ausrichtet. Aus der Platonischen Kosmologie gewinnt er die Einsicht, dass die Seele "früher" als die Körperwelt sei, da sie vom Schöpfergott als deren überall hin ausstrahlende "Mitte" eingepflanzt wurde[23]. Mit Aristoteles formuliert stellt sie das Wirk- und Bewegungsprinzip des Körperlichen[24] dar; sie gehört somit zu einer "tieferen" und effizienteren Seinsdimension als das Bloß-Körperliche und ist deshalb mit größerer "Reichweite" als dieses zu diagnostizieren und zu therapieren.

Eine derartige Einschätzung der 'Seele' hätte Jung insbesondere beim Platonischen Sokrates kennen lernen können. Dieser empfiehlt im sprachphilosophischen Kontext, 'die Pflege der Seele' nicht konventionellen Wortbildungen zu überlassen[25], sondern - vorgängig zu allem äußeren Sprechen - in einem 'Gespräch, das die Seele mit sich selbst führt'[26], die Wahrheit der in Frage gestellten Sache zu ermitteln. Ein 'Seelenarzt'[27] ist nach Sokrates' Auffassung notwendig, um hinsichtlich der Wissens-"Bestände", die durch "spezialisierte" Sophisten ohne Kennzeichnung des Nützlichen und Schädlichen auf dem Marktplatz angepriesen werden, die geistige Gesundheit behalten zu können. Und noch kurz vor seinem Tod ermahnt Sokrates seine Freunde, dass die Seele, deren Unsterblichkeit er darzulegen sich bemüht hat, einer fürsorglichen Beachtung bedarf[28]. Da Jung selbst lebhaft am "Wohl und Wehe der menschlichen Seele"[29] interessiert ist, dürften wir wohl nicht mit "sachfremden" Intentionen an

---

[23] Vgl. VPDT, S. 137; dazu Platon, *Timaios* 34 b: "Indem er [der immer seiende Gott] eine Seele in seine [des Weltkörpers] Mitte einpflanzte, ließ er diese das Ganze durchdringen und auch noch von außen her den Körper umgeben; so bildete er das eine und einzige Weltall als einen im Kreise sich drehenden Kreis"; ders., *Nomoi* 892 a: "Die Seele ist *vor* dem Körper entstanden".

[24] Vgl. Aristoteles, *De anima* II, 1 (412 a.27 f.): ἡ ψυχή ἐστιν ἐντελέχεια ἡ πρώτη σώματος φυσικοῦ. Ebd. I, 1 (402 a.3-7): "Vernünftigerweise setzen wir die Erforschung der Seele an erste Stelle. Wie es scheint, trägt ihre Erkenntnis auch Entscheidendes zur Wahrheit im Ganzen bei, am meisten zum Gebiet der Natur; denn sie [die Seele] ist gleichsam der Urgrund der Lebewesen".

[25] Vgl. Platon, *Kratylos* 440 c: τὴν αὐτοῦ ψυχὴν θεραπεύειν.

[26] Vgl. ders., *Theaitetos* 189 e; *Sophistes* 263 e. Erinnert sei hier auch an Augustinus' *Soliloquia*, in welchen sich der Autor mit der Frau 'Ratio' höchstpersönlich sich "unterhält".

[27] Vgl. Platon, *Protagoras* 313 e: περὶ τὴν ψυχὴν .... ἰατρικός.

[28] Vgl. ders., *Phaidon* 107 c: εἴπερ ἡ ψυχὴ ἀθάνατος, ἐπιμελείας δὴ δεῖται.

[29] Vgl. VPDT, S. 123.

ihn herantreten, wenn wir ihn, der darauf insistiert, "kein Philosoph" zu sein[30], im Sinne der Sokratischen Seelen-Philosophie zu verstehen versuchen.

2. Trinität als Ganzheitssymbol in psychotherapeutischer Sicht

Jung ist sich im klaren darüber, dass es Vielen recht seltsam vorkommen dürfte, dass er als "naturwissenschaftlich orientierter Arzt sich gerade mit der Trinität beschäftigt"[31]. Die "Gewagtheit"[32] seines Unternehmens besteht u.a. darin, dass er sich auf ein Terrain begibt, das normalerweise von Religion und Theologie beansprucht wird. Dazu kommt noch, dass die Theologen seine Bemühungen "mit misstrauischen Blicken verfolgen"[33], die "saure Arbeit", die zur Explikation des Trinitarischen nötig ist, selber jedoch nicht zu leisten gewillt sind[34]. Sie verkünden vielmehr eine "Lehre, die man nicht versteht", und fordern einen "Glauben, den man nicht aufbringen kann"[35].

Dieser (auch für unsere Zeit charakteristische) "Verlust ... der Erkenntnis letzter Dinge wiegt" - wer würde hier Jung nicht beipflichten? - "viel schwerer, als man gewöhnlich annimmt"[36]. Denn die bloße "Unterwerfung im Glauben unter Verzicht auf eigenes Verstehenwollen"[37] führt zu innerer Verspannung im Selbstverständnis des Menschen wie auch zu theoretischer "Ängstlichkeit"[38], die sich den Zugang zur "höhere[n] Wahrheit"[39] des Trinitarischen (die auch von Jungs theologischen Gegnern unbezweifelt gelassen wird) versperrt. Häufig

---

[30] Vgl. C. G. Jung, *Die Dynamik des Unbewussten* (GW 8) 1971, S. 364: "Ich bin kein Philosoph, sondern ein bloßer Empiriker". Jung sagt aber auch: "Oft wirft man mir vor, ich sei ein schlechter Philosoph; und ich mag selbstverständlich nicht gerne etwas Minderwertiges sein" *(Erinnerungen* [Fußn. 2], S. 375).

[31] VPDT, S. 121.

[32] VPDT, S. 122.

[33] VPDT, S. 209.

[34] Ebd. - Vgl. auch VPDT, S. 125: "Eine Anschauung wie Trinität gehört so sehr zum Gebiete der Theologie, dass von den profanen Wissenschaften sich heutzutage höchstens noch die Historie mit ihr beschäftigt Man hat sogar weitgehend aufgehört, über das Dogma zu denken, speziell über einen so unanschaulichen Begriff wie die Trinität. Es gibt eigentlich nur noch wenige Christen - nicht zu reden von gebildeten Publikum im Allgemeinen -, die ernsthaft und im Sinne des Dogmas darüber denken und diesen Begriff für einen möglichen Gegenstand des Nachdenkens halten".

[35] VPDT, S. 209.

[36] Ebd.

[37] VPDT, S. 167.

[38] VPDT, S. 122.

[39] Ebd.

bringt sie skeptizistischen Dogmatismus oder Intoleranz hervor[40]; und sie kann es schließlich nicht verhindern, dass das Trinitarische - von nominalistisch denkenden Fideisten in denkgeschützte "Übernatur" abgedrängt - "zur anstoß-erregenden Sinnlosigkeit wird"[41].

Der Intention nach versucht also Jung durch seine Rückbesinnung auf das trinitarische Prinzip der "neurotischen Dissoziation"[42] von Fideismus (Glauben, der nichts weiß) und Rationalismus (Wissen, das nichts glaubt) entgegenzuwir-ken, um damit die für neuzeitliches Wirklichkeitsverständnis charakteristische Selbstentfremdung zu überwinden[43].

Das Trinitätsdogma, "um welches so viele Jahrhunderte gerungen haben" (kann für ihn) "unmöglich eine leere Phantasie sein"[44]. Er erkennt darin eine *"psychologische Tatsache*, die sich weit über den Rahmen des christlichen Bekenntnisses hinaus erstreckt"[45]. Jung eruiert Spuren hiervon im alten Babylon, in Ägypten und in Griechenland[46]; seiner Auffassung nach kann es als Ausdruck bzw. als Symbol für ein ganzheitliches Selbst- und Weltverständnis des Men-schen aufgefasst werden kann. Damit aber ist der 'Seelenarzt' auf den Plan gerufen, für den es "von beträchtlicher praktischer Wichtigkeit" [ist], "dass die Symbole, welche auf die Ganzheit zielen, ... richtig verstanden werden. Sie bilden nämlich das Hilfsmittel, mit dem sich neurotische Dissoziationen auf-heben lassen, indem sie dem Bewusstsein wieder jenen Geist und jene Haltung zuführen, welche seit jeher von der Menschheit als lösend und heilend empfun-den wurden"[47].

Des 'Heiles' und der 'Heilung' der menschlichen Seele wegen bemüht sich Jung um die trinitarischen Überlieferungen. Er will darin "einen neuen Zugang

---

[40] Denn: "Je unmittelbarer und je naiver der Glaube, desto verheerender der Gedanke, wenn er einmal zu dämmern beginnt. Man ist dann viel gescheiter als alle benebelten Köpfe des finsteren Mittelalters; und schon ist das Kind mit dem Bade ausgeschüttet" (VPDT, S. 217).

[41] VPDT, S. 121.

[42] Ebd., S. 200.

[43] Zur Analyse des ideengeschichdichen Hintergrundes vgl. E. Schadel, *Anthropologischer Zugang zum Glauben, Implikationen der Beck'schen Religionsphilosophie als konstruktive Kritik neuzeitlichen Wissenschaftsverständnisses in trinitäts-metaphysischer Perspektive.* In: Freiburger Zeitschr. für Philos. und Theol. 36 (1989) 129-158.

[44] VPDT, S. 217. - Die innere Logik der frühchristlichen Trinitätskontroversen ist übersichtlich dargestellt vom Würzburger Patrologen Franz Dünzl *(Kleine Geschichte des trinitarischen Dogmas in der Alten Kirche*, Freiburg i. Br. 2006).

[45] VPDT, S. 217.

[46] Vgl. VPDT, S. 125-151.

[47] VPDT, S. 208.

zu alten Wahrheiten" [eröffnen], "die wegen der Fremdartigkeit ihrer Symbolik unserer Vernunft entschwunden sind"[48]. Dass die Trinität eine theologisch-religiöse Provenienz aufzuweisen hat, hindert ihn dabei keineswegs, sich in psychoanalytischer Heilungsabsicht mit ihr zu beschäftigen. Anders als eingefuchste Rationalisten, die wie z.b. Popper "stolz" darauf sind, "nichts mit dem Glauben zu tun" zu haben[49], steht Jung religiösen Phänomenen zunächst durchaus offen und positiv gegenüber. Für ihn repräsentieren die historisch gewachsenen Religionen "'große psychotherapeutische Systeme', die er für die seelische Hygiene als ungemein wichtig erachtet"[50]. Er will deren Erfahrungsschatz nicht ungenützt und brach liegen lassen, da die Welt, wenn sie diesen verlöre, "von einer unsäglichen geistigen und seelischen Verarmung bedroht wäre"[51].

3. Agnostizistische "Querlage"

3.1. Verwechslung von 'modus mentis' und 'modus entis'

Quer und konträr zu dieser kurz umrissenen positiven Grundtendenz verläuft indes ein metaphysischer Agnostizismus, welcher einer empiristischen Denkungsart entstammt und durch welchen Jung seine Forschungsbemühungen selbst unterminiert, d.h. der Beliebigkeit aussetzt, und auf solche Weise einer - zwar unbeabsichtigten, aber dennoch unvermeidbaren - Fruchtlosigkeit überantwortet.

Das heißt aber: Wenn im Folgenden Jungs Agnostizismus kontrovers diskutiert wird, geht es keinesfalls darum, an seinen aspektenreichen Trinitätsstudien äußerlich herumzumäkeln. Im Sinne einer konstruktiven Kritik soll vielmehr der positiv-ganzheitliche Denkansatz, der sie hervorgebracht hat, hinsichtlich seiner ontologischen Bedeutsamkeit gewürdigt und solchermaßen vor der kritizistischen Selbstrelativierung bewahrt werden.

---

[48] Ebd., S. 216.

[49] Vgl. z. B. Karl R. Popper, *Objektive Erkenntnis*, Hamburg 1974, S. 37: "Ich bin stolz darauf, dass ich als Philosoph nichts mit dem Glauben zu tun habe: ich interessiere mich in erster Linie für Ideen, für Theorien und fände es ziemlich unwichtig, ob jemand an sie 'glaubt' ... Daher glaube ich ... nicht an den Glauben". Jung würde hinsichtlich dieses Stolzes von einer "Deckreaktion" sprechen, "welche die Angst" [vor dem Verlust der Suprematie des Bewusstseins] "verheimlicht" (VPDT, S. 201).

[50] Vgl. H. Unterste, *Theologische Aspekte* (Fußn. 1), S. 28. Vgl. dazu C. G. Jung, VPDT, S. 125: "Religionen stehen .... nach meiner Ansicht, mit allem, was sie sind und aussagen, der menschlichen Seele so nahe, dass am allerwenigsten die Psychologie sie übersehen darf".

[51] VPDT, S. 218. Vgl. auch ebd., S. 195 f.: "Je unbewusster sich das religiöse Problem der Zukunft stellt, desto größer ist die Gefahr, dass der Mensch den Gotteskeim in sich zu einer lächerlichen oder dämonischen Selbstaufblähung missbrauchen wird".

Sagt etwa Jung: "Vom Wesenhaften und vom absolut Seienden wissen wir nichts. Wir erleben nur verschiedene Wirkungen" hiervon[52], so wird bei näherem Hinsehen deutlich, dass der hier vertretene Agnostizismus "gar nicht möglich" [ist] "ohne die unreflektierte Voraussetzung dessen, was er bestreitet"[53]. Denn 'Wirkungen' sind per se etwas Hervorgebrachtes und für den Fall, dass wir von dem sie hervorbringenden Seinsgrund überhaupt nichts wüssten - nicht die mindeste Ahnung davon hätten - als solche gar nicht identifizierbar. 'Wirkungen' implizieren per se ein 'Wirkendes'.

Auf ähnliche Weise sind ontologische Implikationen unvermeidbar, wenn Jung, um einem "Missverständnis" seiner religionspsychologischen Erläuterungen vorzubeugen, behauptet, dass es sich hier "gar nicht um Gott, sondern um Vorstellungen von Gott" handle[54]. Jung rückt hier in eine deutliche Nähe zur Feuerbachschen Religionsphilosophie, in welcher sich bekanntlich "die Verwandlung und Auflösung der Theologie in die Anthropologie"[55] realisieren soll. Dabei wird freilich - von Hegel her - die Hypostasierung des anfänglich Unbestimmten als eines 'an sich' unerschöpflichen Selbst-Widerspruches in Kauf genommen.

Wie wir es später noch deutlicher sehen werden, ist Jung, der, von Jakob Böhme beeinflusst, am göttlichen Wesen "einen furchtbaren Doppelaspekt"[56] meint diagnostizieren zu müssen, tatsächlich ins Fahrwasser eines derartigen Dialektizismus hineingeraten. Dies aber rührt, näher besehen, von daher, dass er das Nicht-*Wissen* (das Noch-nicht-Wissen) desjenigen, "was" innergeistige Projektionen (und damit freilich auch die 'Vorstellungen von Gott') "'an sich' sind"[57], - gewissermaßen "unter der Hand" - mit dem prinzipiell Unbestimmt-*Sein* derselben und des sie hervorbringenden Grundes identifiziert. In diesem

---

[52] *Zwei Schriften über Analytische Psychologie* (GW 7) 1971, S. 239. Das Wort 'hiervon' ist sinngemäß ergänzt. Würden die apostrophierten 'Wirkungen' nämlich nicht Wirkungen von Seiendem sein, müsste man annehmen, dass sie Wirkungen von nichts, Nicht-Wirkungen, also Widersprüche in sich selbst seien.

[53] Vgl. Heinrich Beck, *Natürliche Theologie. Grundriss philosophischer Gotteserkenntnis*, München-Salzburg ²1988, S. 65.

[54] VPDT, S. 178, Anm. 17.

[55] Vgl. L. Feuerbach, *Grundsätze der Philosophie der Zukunft* § 1.

[56] Vgl. C. G. Jung, *Antwort auf Hiob*. In: Zur Psychologie westlicher und östlicher Religion (GW 11) 1973, S. 484: "Gott hat einen furchtbaren Doppelaspekt: ein Meer der Gnade stößt an einen glühenden Feuersee, und das Licht der Liebe überstrahlt eine dunkle Glut, von der es heißt: ... sie brennt, aber sie leuchtet nicht".

[57] Vgl. VPDT, S. 196: Trinität' und 'Quaternität' "sind menschliche Geistesprodukte, denen man keine metaphysische Gültigkeit anmaßen darf. Es sind in erster Linie Projektionen von psychischen Vorgängen, von welchen man allerdings nicht weiß, was sie 'an sich' sind".

ontologischen "Kurz-Schluss", der durch eine Verwechslung des *'modus mentis'* mit dem *'modus entis'* zustande kommt, liegt, wie es scheint, die Quelle für zahlreiche Ungenauigkeiten und Verwirrungen, die durch die Jungsche Psychoanalyse - nicht zufälligerweise - provoziert werden[58].

3.2. *'Unbewusstes' als 'Gott' und 'Dämon'*

In konzeptionelles "Halbdunkel" ist auch der für Jungsches Psychologisieren zentrale Terminus des 'Unbewussten' eingetaucht. Wie Jung selbst sagt, will er damit dasjenige umschreiben, was sonst 'Gott' und 'Dämon' genannt wird[59]. Die Beifügung *'und* Dämon' ergibt sich von daher, dass Jung in empiristischer Denkhaltung unterschiedslos *alles,* was im menschlichen Bewusstsein auftaucht - das Helle ebenso wie das Dunkle, das Gute ebenso wie das Böse - auf einen vorbewussten "Grund" zurückzuführen versucht. Dabei realisiert er allerdings nicht, dass das Böse als Kontingenzphänomen gerade dadurch Entsetzen hervorruft, dass es grundlos auftritt, dass es *keine* verallgemeinerbare Grund-Struktur aufzuweisen hat. Jung setzt m.a.W. einen Grund für das 'an sich' grund- und bodenlose Böse voraus. Er trägt damit - wie es in der Philosophie des deutschen Idealismus allerdings schon längst geschehen ist[60] - die Zwiespältigkeit in den absoluten Seinsgrund hinein. Von daher ergibt sich seine Dämonisierung des Unbewusst-Göttlichen bzw. seine Vergöttlichung des Unbewusst-Dämonischen.

---

[58] Vgl. hierzu z.B. Raymond Hostie, *C. G. Jung und die Religion,* Freiburg-München 1957, S. 263: "Jung wiederholt bis zum Überdruss, er hüte sich sehr wohl, von der ontologischen Seite der geoffenbarten Wirklichkeiten zu reden. Diese prinzipielle Erklärung ist festzuhalten. Trotzdem bleibt es sehr bedauerlich, dass die Zweideutigkeit wichtiger Texte und die Ungenauigkeit einer zu unklaren Terminologie so viel Verwirrungen und Missverständnisse verursachen, über die sich Jung nachträglich beschwert". - Wie es allerdings scheint, hat Jung von sich aus nicht allzu viel unternommen, um diesen Missverständnissen vorzubeugen. In einem Brief an einen jungen Gelehrten schreibt er 1952 sogar wörtlich: "Ich strebe bewusst und absichtlich nach dem doppelsinnigen Ausdruck, weil er der Eindeutigkeit überlegen ist und der Natur des Seins[!] entspricht" *(Erinnerungen* [Fußn. 2], S. 375).

[59] Vgl. ebd., S. 339: "Ich ziehe ... den Terminus 'das Unbewusste' vor, wohl wissend, dass ich ebenso von 'Gott' und 'Dämon' reden könnte, wenn ich mich mythisch ausdrücken wollte". Vgl. C. G. Jung, *Bruder Klaus.* In: Zur Psychologie westlicher und östlicher Religion (GW 11) 1973, S. 345-352; hier bes. S. 349: "Dieses übermächtige Objektiv-Psychische ist zu allen Zeiten 'Daimon' oder 'Gott' genannt worden, mit der alleinigen Ausnahme der allerjüngsten Gegenwart, wo wir religiös so schamhaft geworden sind (wohl uns!), dass wir richtigerweise 'unbewusst' sagen; denn Gott ist uns tatsächlich unbewusst geworden".

[60] Vgl. z.B. Martin Heidegger, *Nietzsche I,* Pfullingen 1961, S. 73: "Der deutsche Idealismus" [wagte es,] "das Böse als zum Wesen des Seins gehörig zu denken".

20

Irgendein Halt, irgendeine Klarheit oder irgendeine Vollendetheit - so wie es sich Jung als 'Seelenarzt' hinsichtlich der 'Heilung' des inneren Menschen sicherlich gewünscht hat - ist unter diesen dialektischen Bedingungen als a priori Unmögliches anzunehmen. Alles Seiende (und damit auch jeder menschliche Bewusstseinsgehalt) wäre deshalb als eine 'an sich' unaufhellbare Zwielichtigkeit zu betrachten.

Bei all dem mag nun auch deutlich werden, dass die methodische "Abstinenz" gegenüber der ontologisch-metaphysischen Problemerläuterung, die sich Jung auferlegte, keineswegs durchzuhalten ist. Sein Psychologismus entpuppt sich unversehens als Dialektizismus, in welchem Göttliches und Menschliches solchermaßen miteinander "vermischt" werden, dass aufgrund und inmitten der dabei eintretenden Konturenlosigkeit der "heilsame" Ausblick auf die Transzendenz[61] eines in reiner Selbstbezüglichkeit subsistierenden göttlichen Seinsgrundes grundsätzlich versperrt erscheint[62] - damit aber auch die von Jung erstrebte 'Bewusstseinsorientierung' durch Integration der 'neurotischen Dissoziation'[63]. Der Drache, der sich in den Schwanz beißt - Ouroboros, welcher sich selbst "erzeugt, gebiert, verzehrt und tötet"[64] - wäre zum alles beherrschenden Seins-Symbol erhoben.

3.3. Ausfall prinzipientheoretischer Reflexion

Jung will zwar "nur" psychologisch argumentieren; doch unterlaufen ihm bezeichnenderweise immer wieder ontologische Formulierungen. Er meint z.B., dass dem Bösen eine "Substanz" zugesprochen werden müsse[65]; er bezieht sich, wenn auch nur en passant, auf die scholastische Konzeption, wonach die Gotteswirklichkeit einen "actus purus" darstelle[66]; er scheut sich auch nicht, den

---

[61] Vgl hierzu Günter Wohlfart, *Mutmaßungen über das Sehen Gottes. Zu Cusanus' 'De visione Dei'*. In: Philosoph. Jahrb. 93 (1986) 151-164.

[62] Antonio Vázquez Fernández, *Los simbolos 'familiares' de la Trinidad según la psicología profunda*. In: Estudios trinitarios 14 (Salamanca 1980) 319-385, bes. S. 362: "Para Jung ... lo divino y lo humano aparecen 'mezclados' y sus símbolos intercambiables a nivel arquetípico ... No basta, a nuestro juicio, con la confesión de Jung de que él, como psicólogo se está moviendo a nivel de simples 'imagines' divinas psicológica y empíricamente tratadas, dejando abierta al creyente la posibilidad de la existencia de un Dios extramental, si de hecho el modelo antropológico que está en el trasfondo de sus análisis no permite tal salida a la transcendencia".

[63] Vgl. VPDT, S. 215.

[64] Vgl. C. G. Jung, *Studien über alchemistische Vorstellungen* (GW 13, 1978), S. 243.

[65] VPDT, S. 183.

[66] Ebd., S. 211 f.

(wie wir noch sehen werden) ontologisch höchst "vorbelasteten" Begriff des 'Archetypus' in seine Darlegungen einfließen zu lassen. Eine Aufhellung desjenigen, was 'Ontologie' bzw. 'Metaphysik' als philosophische Disziplinen darstellen, scheint er bei all dem freilich nicht anzustreben. Aristotelische Formulierungen wie die, dass es hier um eine unverzichtbare 'Erstwissenschaft'[67] gehe, um eine 'Prinzipienwissenschaft'[68], um eine 'Wissenschaft, die das Seiende *als* Seiendes betrachtet'[69], scheinen ihm weder vom Terminologischen noch von der Sachintention her bekannt zu sein.

Wie Kant oder ein Kantianer geht Jung offensichtlich davon aus, erkannt zu haben, dass das 'Ding an sich' (bzw. das 'Ich an sich') unerkennbar seien. Oder er setzt (ohne einen entsprechenden Aufweis geliefert zu haben) einfachhin voraus, dass "jede metaphysische Aussage ... eo ipso unbeweisbar" sei[70]. Er gelangt von daher zur Auffassung, dass er sich in seiner Trinitäts-Abhandlung eine Einarbeitung in die "Metaphysik der Trinität" schenken könne[71]. Er schenkt sich damit allerdings auch die Einsicht in die Wirklichkeitsbedeutung des Thematisierten.

Von der Trinität behauptet er zwar, sie sei "unzweifelhaft ... eine höhere Form der Gottesvorstellung als die bloße Einheit, indem sie nämlich einem reflektierten, d.h. bewussten Zustande der Menschheit entspricht"[72]. Er sucht das 'trinitarische Symbol' als eine "erlösende Ganzheitsformel" auf, kraft welcher die 'Besessenheitszustände und morbiden Affekte' des bloßen 'Ichmenschen' überwunden werden können[73]. Doch hängen derartige Wertschätzungen des trinitarischen Prinzips - eben aufgrund der bei Jung "ausgefallenen" seinstheoretischen Eingründung - gewissermaßen noch in der Luft. Sie sind dem Beliebigen und damit der Relativierbarkeit noch nicht entzogen, - was von Jung auch prompt vordemonstriert wird: Allein schon das relativ häufige Vorkommen von Vierergruppierungen innerhalb alchemistischer Traditionen genügt ihm zu dem Entschluss, der integrativ-ternaren 'Vollkommenheit' die additiv-quaternare 'Voll-

---

[67] Aristoteles, *Metaph.* XI, 4 [1061 b.30 f.]: πρώτη ἐπιστήμη.

[68] Ebd. XI, 1 [1058 a.18]: περὶ ἀρχὰς ἐπιστήμη.

[69] Ebd. IV, 1 [1003 a.21]: ἐπιστήμη ... ἣ θεωρεῖ τὸ ὂν ᾗ ὄν.

[70] VPDT, S. 175.

[71] VPDT, S. 122. Auch noch gegen Ende seiner Abhandlung (ebd., S. 217) beteuert er hinsichtlich des Trinitarischen: "Als metaphysische 'Wahrheit' blieb es mir völlig unzugänglich".

[72] VPDT, S. 150. - Vgl. hierzu auch Friedrich Nietzsches Polemik gegen das 'hybride Verfalls-Gebilde' "des christlichen Monotono-Theismus" *(Der Antichrist* § 19 [ed. K. Schlechte II, S. 1179]).

[73] Vgl. VPDT, S. 177.

ständigkeit' vorzuziehen. Er stilisiert nun die Quaternität zum "Ordnungsschema par excellence"[74].

Auch hierbei sind freilich - unbewusst und unreflektiert - gewisse ontologische Überlegungen im Spiel[75]. Jung "kompensiert" hier auf seine Weise die Kantische Einschränkung des metaphysischen Erkennens: Da es ihm aufgrund dieser Emschränkung *"unmöglich"* erscheint, eine Aussage über das Ansichsein Gottes als des Seinsgrundes zu machen[76], verlegt er in das von ihm so genannte 'Unbewusste' dasjenige hinein, was ihm von der Erfahrung des endlichen Bewußtseins her noch *'möglich'* ist. So aber kommt es zu einer Hypostasierung der Defizienzbedingungen, und, von daher, zum oben erwähnten Dialektizismus, durch den jede prinzipienwissenschaftliche Bemühung in den Orkus der Vergeblichkeit hineingestürzt wird.

3.4. Forderung einer 'bewussten Auseinandersetzung mit dem Unbewussten'

Eine fatale Konfusion ist also deswegen in Jungs psychologischem Wirklichkeitsverständnis zu beobachten, weil dieses in der bezugslos gewordenen Selbstbezüglichkeit der zeit- und geschichtsbetroffenen menschlichen Geistinnerlichkeit aufgespürt wird. Eben daran liegt es, dass ein transzendenter 'Fluchtpunkt' - ein 'Ansichseiendes' als maß- und sinngebendes Prinzip von Seiendem überhaupt - "prinzipiell" nicht mehr in den Blick kommen kann.

Das heißt aber: Die oben erwähnte - zunächst "vernünftig" erscheinende - Jungsche Selbsteinschränkung, dass er es als Psychoanalytiker "nur" mit 'Vorstellungen von Gott', nicht aber mit göttlicher Wirklichkeit zu tun habe, erweist sich nunmehr als Krisenpunkt, der die positiv intendierte Jungsche Symbolforschung von Grund auf zu zerstören droht. Wir haben deshalb sehr behutsam zu untersuchen, *ob* und, wenn ja, *wie* ein nachvollziehbarer Übergang von der innerseelischen 'Vorstellungen von Gott' zum Ansichsein jener Prinzipienwirklichkeit, die u.a. auch 'Gott' genannt wird, gewonnen werden kann.

---

[74] Vgl. C. G. Jung, *Aion* (GW 9/2, 1976), S. 257.

[75] Vgl. Dieter Spies, *Philosophische Aspekte der Psychologie C. G. Jungs*, Diss. München 1975, S. 161: Es kann klar werden, "dass Jung, trotz gegenteiliger Beteuerungen, nicht nur die psychologisehe Seite religiöser Phänomene ergründen will, sondern Aussagen über den Seinscharakter dieser Phänomene bzw. der göttlichen Realität überhaupt macht, wenn er die Trinität als unvollständiges Symbol bezeichnet und durch das (religiöse) Symbol einer Quaternität ersetzen will".

[76] Vgl. C. G. Jung, *Bruder Klaus*. In: Zur Psychologie westlicher und östlicher Religion (GW 11) 1973, S. 345-352, bes. S. 350: "Es wäre gewiss wünschenswert, diesen Unterschied" [zwischen der individuellen Erfahrung Gottes und Gott selber] "zu machen; dazu müsste man aber Gott an und für sich kennen, was mir unmöglich erscheint".

23

Sagt Jung, er wisse nicht "wie Gott, losgelöst von der menschlichen Erfahrung, je erfahren werden könnte"[77], so muss dies keineswegs bedeuten, dass Gott deswegen als das 'ganz' Andere und das völlig Unerreichbare, als das durch Unbestimmtheit Bestimmte oder als Nichts aufgefasst werden muss. Dass er nicht 'losgelöst von der der menschlichen Erfahrung' erfahren werden kann, könnte sogar so verstanden werden, dass das menschliche Bewusstsein einen privilegierten "Ort" darstellt, an welchem - sofern dieses im vollzugstheoretischen Aspekt analysiert wird - der einsichtige Übergang von kontingenten Bewusstseinsakten zur inbegrifflichen Aktualität des überkontingenten göttlichen Seinsgrundes zu erlangen ist. (Die sich dabei ergebende Einsicht in die rhythmisierte Grundstruktur des ganzheitlichen Selbst- und Identitätsvollzugs ist von sich her "transzendentaler" Natur; in analogischer Abwandlung lässt sie sich auch auf raumzeitliche Seinsbereiche übertragen.)

Im Sinne einer "bewusste[n] Auseinandersetzung mit dem Unbewussten" (die von Jung selbst gefordert wird[78]) legt sich in diesem Zusammenhang die anerkennende Einsicht nahe, dass Gott, wenn er 'an sich' nichts wäre, auch nicht 'für mich' (für mein Bewusstsein und in diesem) sein könnte. Sein Ansichsein ist, anders gesagt, eine notwendige innere Voraussetzung für sein Für-den-Menschen-sein. Wenn er überhaupt nicht wäre, wäre die innerpsychische 'Vorstellung' von ihm eine 'Vorstellung' von nichts, eine Nicht-Vorstellung. Wenn Gott 'an sich' überhaupt nicht "sein" würde, könnte er vor allem nicht ins menschliche Bewusstsein eintreten, um, wie Jung es von der Gottesimago aussagt, "kompensatorisch oder ergänzend"[79] dessen Ganzheit zu gewährleisten.

Solchermaßen betrachtet, besteht also das Positive, das in der Jungschen Psychologie - durch terminologische Missverständnisse hindurch - angestrebt wird, in einem göttlichen Integrationsgrund, der harmonisierend und ausgleichend in die menschliche Seele hineinwirkt, der zu einer solchen Wirkung jedoch gar nicht kommen könnte, wenn er 'an sich' nichts, eine Bewusstlosigkeit oder ein fundamentales Chaos darstellte. Das aber heißt e contrario: Das sog. 'Unbewusste' ist hinsichtlich der Integrationsleistung, die Jung ihm zuschreibt, keinesfalls als 'an sich' Un-bewusstes zu verstehen; seine wahre Bedeutung

---

[77] Vgl. C. G. Jung, *Erinnerungen* (Fußn. 2), S. 376.

[78] Vgl. VPDT, S. 209.

[79] Vgl. VPDT, S. 177: "In der Tat verhalten sich die Gottesvorstellungen, wie alle dem Unbewussten entstammenden Bilder, kompensatorisch oder ergänzend zur jeweiligen Gesamtstimmung oder Gesamthaltung des Menschen, indem erst durch deren Hinzutreten eine seelische Ganzheit beim Menschen entsteht".

besteht vielmehr darin, "Allwissenheit"[80] zu sein (damit aber auch, wie später deutlich werden kann, 'Allmacht' und 'Güte' bzw. 'Liebe').

Diese Paradoxie ist dadurch erläuterbar, dass man sich die Subjektozentrik die "hinter" dem Begriff 'Unbewusstes' steht, vergegenwärtigt: 'Unbewusstes' ist eine Bezeichnung, die ich jener Wirklichkeit gebe, von der ich erfahre, dass sie mir kompensatorisch eine grundlegende 'Bewusstseinsorientierung' gewährt, die ich "normalerweise" jedoch wegen der Zeitlichkeit und Potentialität, die meinen Geist umnichtet, gar nicht "zur Kenntnis nehme", die mir also "normalerweise" nicht bewusst ist. Was "das" Unbewusste überhaupt und an sich ist, wird allererst in der eigens durchzuführenden ontologisch-metaphysischen Reflexion ermittelt. D.h.: Im Begriff 'Unbewusstes' hat Jung nicht mehr und nicht weniger als die *Anschauungsweise* des vormetaphysischen Alltagsbewusstseins markiert, keinesfalls aber eine inhaltliche Aussage über dasjenige gemacht, was unserem Bewusstsein innerlich vorausliegt.

Das 'Unbewusste' kennzeichnet m.a.W. die potentialen *Bedingungen* des endlichen Erkenntnissubjektes, nicht jedoch dessen *Grund* als aktuale binnendifferenzierte Prozessualität. Sobald jedoch beide - die Bedingung und der Grund - nicht mehr hinreichend klar unterschieden werden, entsteht "heillose" Verwirrung; es kommt zu jenem Dialektizismus, in welchem sich, wie vielfach bei Jung geschehen, das Rein-Göttliche ins Dämonische hinein verdunkelt[81].

---

[80] Von "der 'Allwissenheit' des Unbewussten" spricht in der Tat der Jung nahe stehende Psychotherapeut C. A. Meier in: *Experimemt und Symbol*, Olten-Freiburg 1975. S. 200. Vgl. dazu auch Augustinus, *In Joh. ev. tract.* 32, 5: "Deus scit in nobis, et quod ipsi nescimus in nobis".

[81] So führt Jung beim Versuch, die 'Zweideutigkeit' seiner Sprechweise zu legitimieren, folgendes Beispiel an: "'Gott' z.B. bedeutet einerseits ein nicht auszudrückendes ens potentissimum, andererseits eine höchst untaugliche Andeutung und einen Ausdruck menschlicher Impotenz und Ratlosigkeit, also ein Erlebnis paradoxester Natur" *(Erinnerungen* [Fußn. 2], S. 376). Es ist indes Jungs Sache nicht, in dieser "Paradoxie" zwischen Erkenntnisbedingung und Seinsgrund zu distinguieren (weshalb ihm - in der Konsequenz hiervon - 'im Grunde' alles verschwimmen muss). Dabei ist aber der Zusammenhang, den Jung als paradox "erlebt", bei näherer Betrachtung unschwer aufhellbar: Das menschliche Wort 'Gott' ist als solches eben deswegen nur eine schwache 'Andeutung', *weil* dasjenige, was es bezeichnet, ein ens potentissimum ist. Doch würde das Wort 'Gott' gar nicht gebildet und ausgesprochen werden, wenn es ganz und gar nichts bezeichnete, wenn nicht eine wenigstens ahnungsweise Evidenz dessen, was es bezeichnet, dem Sprechenden aufgegangen wäre.

4. Selbst- und Gotteserkenntnis im Kontext der 'metaphysica generalis'

Damit aber ergeben sich differenzierende Anmerkungen im Hinblick auf das von Jung rezipierte Theorem, dass Selbst- und Gotteserkenntnis eine Einheit darstellen[82]. Wenn nämlich Jung, wie oben erwähnt, davon ausgeht, dass in seiner Psychologie nicht das 'Wesen Gottes', sondern lediglich 'Vorstellungen von Gott' erläutert werden können, so hätte dies zur Folge, dass er den Sinngehalt des oben genannten Theorems, der darin besteht, dass in und vermittels der Selbstvergewisserung ein Einblick in die transzendentale Grundstrukrur der Ursprungswirklichkeit gewonnen wird[83], nicht erreichte. Er würde lediglich mit einem 'Gottesbild' (das von dem von ihm so genannten 'Selbst' nicht unterschieden werden könnte[84]) befasst sein - mit bei verschiedenen Menschen je verschiedenen 'Gottesbildern' -; er würde somit im eigentlichen Sinne keine 'Gotteserkenntnis' betreiben.

Wie es jedoch scheint, gewahrt Jung den theoriezerstörenden Relativismus seines Denkansatzes, wohl aber auch die Gefahr, dass seine Anschauungen in pluralistische Belanglosigkeiten auseinander fallen könnten. Er geht deshalb auf "Gegenkurs" und betont, dass es ihm methodisch nicht um "die Phantasien eines Einzelnen, sondern um eine kollektive Erscheinung"[85] gehe. Diese Verallgemeinerungstendenz steigert sich noch, wenn er erläutert, dass das Ganzheitssymbol, durch das sich das 'Unbewusst'-Göttliche auf spontane Weise ins menschliche Bewusstsein hinein ausdrückt, "nicht ein x-beliebiges sein" [könne], "wie es der" [nominalistische] "Rationalismus glauben machen will"[86]. Für Jung gilt vielmehr: "Nur das ist ein legitimes Symbol, welches die unveränderlichen Stukurverhältnisse des Unbewussten ausdrückt und daher allgemeine Zustimmung zu erlangen vermag"[87].

Jung formuliert hier andeutungsweise das "Programm" der 'metaphysica generalis'. Seine methodischen Reserven gegenüber einer Einsicht in den Selbstvollzug von Ansichseiendem hat er offensichtlich "vergessen". Oder anders

---

[82] Vgl. C. G. Jung, *Erinnerungen* (Fußn. 2), S. 337: "Der Osten misst dem Selbst unzweifelhaft 'göttliche' Bedeutung bei, und nach alter christlicher Auflassung ist Selbsterkenntnis der Weg zur cognitio Dei". Vgl. hierzu Augustinus, *Soliloquia* I, 2, 7. "Deum et anima scire cupio. Nihil plus? Nihil omnino".

[83] Vgl. hierzu Rudolph Berlinger, *Metaphysik der Gewissheit*. In: Berlinger, Augustins dialogische Metaphysik, Frankf./M. 1962. S. 145-216.

[84] Vgl. C. G. Jung, *Aion* (GW 9/2) 1976, S. 31: "Das Selbst ist ... ein Gottesbild, respektive lässt sich von einem solchen nicht unterscheiden".

[85] VPDT, S. 196.

[86] VPDT, S. 205.

[87] Ebd.

26

gesagt: Die Aporetik, die darin besteht, dass die vielgeschäftige Deskription mannigfacher "Bewusstseinstatsachen" allein noch keinen Sinn "macht", bringt den Empiriker Jung dazu, die empirische Anschauungsweise zu überschreiten und *inmitten* der gegebenen Vielfalt von Seelenphänomenen nach einer innegestaltenden 'Ganzheit' derselben zu suchen[88] - nach der in allem Seienden strukturell unveränderlich bleibenden Bewegungseinheit des absoluten Seinsgrundes, der als solcher - weil er *in* sich, *durch* sich und *auf* sich *hin* wesenhaft Verschiedenes zusammenhält - "allgemeine Zustimmung zu erlangen vermag".

Damit ist nun der Weg zu einer ontologischen Seelenlehre eröffnet, ein Weg, den schon der Platonische Sokrates vorzeichnete, indem er fragte: "Meinst du, dass es möglich ist, die Natur der Seele sinngemäß zu erkennen, ohne die" [darin zur Auswirkung kommende] "Natur des Ganzen zu erkennen?"[89]. Ähnlich wurde die Seele auch von Aristoteles konzipiert: Sie ist für ihn nicht bloß der 'Ort der Ideen'[90]. Als Ausgangspunkt für seine Ausarbeitung einer Entelechial-Ontologie kann sogar angenommen werden: "Die Seele ist" [sofern ich das 'Ganze' als Vollzugseinheit in ihr aufsuche] "gewissermaßen alles Seiende"[91].

II. Zur Ontologie des trinitarischen Archetyps
1. Vorrationale Bedingungen

Numerische Motive, die in Träumen, in Folklore und in Mythen vorkommen, führten Jung zu der Annahme, dass das Trinitätsdogma, das als 'zentrales Symbol des Christentums' "in lebendigster Wechselbeziehung zur Seele"[92] zustande kommt, "auf einer empirischen Wirklichkeit"[93], d.h. "auf etwas Erfahrbarem beruht und überhaupt etwas bedeutet"[94].

Anders als es sich im antitrinitarischen Affekt, der in den rationalistisch "Aufgeklärten" dominiert, beobachten lässt, ist Jung von der "psychologischen Gültigkeit" [des Trinitarischen] "überzeugt"[95]. Er schätzt daran, dass es "nicht

---

[88] Vgl. hierzu im Einzelnen die detaillierte Kritik an der empiristischen Methode in G. W. F. Hegel, *Enzyklopädie der philosophischen Wissenschaften* (1830), § 38 f.

[89] Vgl. Platon, *Phaidros* 270 c: Ψυχῆς οὖν φύσιν ἀξίως λόγου κατανοῆσαι οἴει δυνατὸν εἶναι ἄνευ τῆς τοῦ ὅλου φύσεως;

[90] Vgl. Aristoteles, De anima III, 4 [429 a.27 f.]: τόπος εἰδῶν.

[91] Vgl. ebd. III, 8 [431 b.21]: ἡ ψυχὴ τὰ ὄντα πώς ἐστι πάντα.

[92] Vgl. VPDT, S. 123.

[93] Ebd., S. 206.

[94] Ebd., S. 205.

[95] Vgl. VPDT, S. 122. Jung ist sich hierbei im klaren, dass er sich "gegen den Strom" des bei "aufgeklärten" Laien, aber sogar auch bei Theologen weitverbreiteten Allgemeinverständ-

aus bewusster Ergrübelung" hervorgegangen ist, "sondern durch außerbewusste, ja sogar außermenschliche Quellen motiviert" wurde[96]. Dies zeigt sich insbesondere im Rückblick auf die dogmengeschichtliche Entwicklung der Trinitätsidee. Denn hier wurden, wie Jung es formuliert, "mit großer Konsequenz alle rationalistischen Abwege entweder gemieden oder mit Erfolg bekämpft"[97]. Man kann dabei sicher sein, "dass kein ursacheloses Nichts jene gewaltigen psychischen Wirkungen, welche durch Jahrhunderte anhalten, hervorgerufen hat"[98]. Das aber heißt für Jung: Trinität ist "Auswirkung eines unbewusst vorhandenen Inhaltes, eben des Archetypus"[99].

---

nisses stellt Vgl. z.B. ebd., S. 166: "Der göttliche Lebensprozess nimmt Besitz vom Menschen und zwingt ihn während mehrerer Jahrhunderte zu einer leidenschaftlichen geistigen Beschäftigung mit sonderbaren Problemen, die den Heutigen reichlich abstrus, wenn nicht gar absurd vorkommen. Man begreift vor allem nicht, was die Trinität für uns praktisch, ethisch oder symbolisch bedeuten soll. Selbst Theologen empfinden die Trinitätsspekulation oft als eine mehr oder weniger überflüssige Begriffsspielerei; es gibt solche, die ganz gerne ohne die Gottheit Christi auskämen; und die Rolle des Heiligen Geistes innerhalb und außerhalb der Trinität bedeutet vollends eine Verlegenheit. D. F. Strauss sagt über das 'Symbolum Athanasianum': Fürwahr, wer das Symbolum Quicumque beschworen hatte, der hatte die Gesetze des menschlichen Denkens abgeschworen'". Bemerkenswert und zutreffend ist auch Jungs Einschätzung dieses Neo-Arianismus, der ein Gottesbild hat, "welches mehr alttestamentlich oder islamisch als christlich ist" (ebd., S. 167). Jung sagt zu diesem 'moderne[n] Antitrinitarismus' (ebd.): "Solche Kritik gebärdet sich ... stets aufklärerisch, d.h. sie verbreitet aufs neue jene Dunkelheit, welche die Offenbarung zuvor mit ihrem Licht durchdringen wollte: 'Et lux in tenebris lucet, et tenebrae eam non comprehenderunt' (Joh. 1, 5)" (ebd.). In der Tat ist neuzeitliches Selbst- und Weltbewusstsein, was Jung nicht mehr näher erläutert, von seiner Genese her antitrinitarisch "eingestellt". Vgl. hierzu E. Schadel, *Antitrinitarischer Sozianismus als Motiv der Aufklärungsphilosophie*. In: Schadel, Kants "Tantalischer Schmertz". Versuch einer konstruktiven Kritizismus-Kritik in ontotriadischer Perspektive, Frankf./M. u.a. 1998, S. 31-108.

[96] VPDT, S. 164.

[97] Ebd., S. 162; vgl. auch ebd., S. 163: "Nie ist es eine bewusste Erklügelung - was man der Trinitätsspekulation oft glaubt vorwerfen zu müssen -, sondern alle Streitereien, Sophistereien, Wortklaubereien, Intrigen und Gewalttaten, welche die Geschichte dieses Dogmas bis zum Überdruss verunzieren, danken ihre Existenz der zwingenden Numinosität des Archetypus und der unerhörten Schwierigkeit, diesen in die Vernunftwelt des Menschen einzubauen". Vgl. hierzu im Einzelnen die instruktiven Erläuterungen in der in Fußn. 44 genannten Studie von Franz Dünzl.

[98] VPDT, S. 163.

[99] Ebd., S. 153; vgl. ebd., S. 175: Trinität ist "aus angestrengter Geistesarbeit hervorgegangen, wenn schon präformiert durch den zeitlosen Archetypus"; ebd., S. 163: "Der Archetypus hat, wo immer er erscheint, vom Unbewussten her zwingenden Charakter, und wo seine Wirkung bewusst wird, ist er durch 'Numinosität' gekennzeichnet"; ebd., S. 162: "'Religiöse' Aussagen sind ... im gewöhnlichen Sinne nie vernünftig; denn sie ziehen immer jene andere Welt, jenen mundus archetypus in Betracht, welcher dem gewöhnlichen Verstand,

2. "Inflation" des Archetyp-Begriffes

Mit 'Archetyp' ist ein unzweifelhaft zentraler Terminus der Jungschen Psychologie ins Spiel gebracht. Jung verwendet ihn hier im Singular (so wie es z.b. auch bei Johannes Kepler, dessen harmonikale Überlegungen vom 'archetypus, qui intus est in animâ'[100], geleitet werden, der Fall ist). Doch ist er als "Empiriker" nicht sonderlich an dem einen Archetypen als solchem interessiert; er schwärmt vielmehr in die Vielheit hinein aus, in welcher die Frage nach dem einen Archetypen, nach dem Einen *als* dem Archetypen als unbeantwortbar erscheint.

Jung und die, welche seine Denkungsart übernommen haben, sprechen von vielen einzelnen Archetypen: vom Archetpyen der 'Trinität', der 'Quaternität', der 'großen Mutter', des 'weisen Mannes', des 'Selbst' und des 'Schatten', des 'Animus' und der 'Anima' usw. Es kommt hierbei zu einer 'Vielwisserei', von der schon Heraklit sagte, dass sie 'kein Verständnis' für die allesdurchwaltende 'Weisheit, die Eines ist', aufbringe[101].

Der bei Jungianern zu beobachtenden "Inflation" des Archetyp-Begriffes, welche eben diesen Begriff - ganz wie im pekuniären Bereich - "wertlos" werden lässt, kann indes noch nicht wirksam entgegnet werden, wenn man (mit Erich Neumann) in abstrakter Verallgemeinerung von der "Welt der Archetypen"[102] spricht. Überlegt man sich nämlich, wie auf unbefangene Weise von der 'Welt' des Kindes, der 'Welt' der Dame (oder der 'Dame von Welt'), der 'Welt' der Kunst, der 'Welt' des Tieres usw. geredet wird, so heißt dies näherin, dass Neumann mittels einer Unbestimmtheit (der 'Welt') eine andere Unbestimmtheit (die bloße Vielheit der 'Archetypen') zu bestimmen versucht.

---

der sich nur mit Äußerem beschäftigt, unbewusst ist".

[100] Vgl. J. Kepler, *Harmonice Mundi* IV, c. 1 [Kepler, Ges. Werke. Bd. 6. Hg. v. Max Caspar, München 1980, S. 215]: "Idoneam invenire in sensibilibus proportionem, est detegere et agnoscere in iis et in lucem proferre similitudinem illius proportionis in sensibilibus, cum certo aliquo verissimae Harmoniae Archetypo, qui intus est in Animâ". Vgl. dazu auch J. A. Comenius, *Prodromus Pansophiae* XI, 74 [ed. H. Hornstein, Düsseldorf 1963, S. 108]: "Eaedem ... sunt rerum rationes, nec differunt nisi existendi forma, quia in Deo sunt ut in *archetypo*, in natura ut in *ectypo*, in arte ut in *antitypo*". Das Wort ἀρχέτυπος ist im klassischen Griechisch noch nicht gebräuchlich; als philosophischer Terminus taucht er in der mittleren Akademie und im antiken Neuplatonismus (insbes. bei Plotin und Dionysius Areopagita) auf, wo es die Dimension originären Gestaltens umschreibt; vgl. im Einzelnen J. Hüllen, *Art. 'Archetypus'*. In: Joachim Ritter (Hg.), Historisches Wörterbuch der Philosophie. Bd. 1, Darmstadt 1971, Sp. 497-500.

[101] Vgl. Heraklit, *Fragmente* 40/41: πολυμαθίη νόον οὐ διδάσκει ... ἓν τὸ σοφόν.

[102] E. Neumann, *Die große Mutter. Der Archetyp des großen Weiblichen*, Zürich 1956, S. 15.

Damit aber wird hinsichtlich des Ansichseins von Archetypen nichts ausgesagt. Es kommt noch keine weiterführende Erkenntnis zustande, es sei denn die, dass die Rede von den 'Archetypen' so lange im Wertlosen verschweben wird, als diese nicht in die Krise gebracht und - durch die Aporie hindurch - in der Allgemeinverbindlichkeit des *einen* Seinsvollzugs erläutert werden.

Der agnostisch eingestellte Jung ist zwar "äußerst vorsichtig" und zurückhaltend in der Beurteilung der metaphysisch intendierten Aussagen über das Archetypische. Doch gesteht er immerhin zu: "Nichts hindert, dass sie" [diese Aussagen] "letzten Endes bis in den Grund der Welt reichen"[103]. Das aber heißt für ihn auch: "Wir allein sind die Dummen, wenn wir nichts davon merken"[104]

3. Zur Wirk-Natur des Archetyps

Um also einen intelligiblen Zugang zur 'Welt des Archetypischen' erlangen zu können, scheint eine grundsätzliche Umänderung der Denkungsart in methodischer Hinsicht vonnöten zu sein. Wir haben eine Umwendung zu vollziehen vom Erklären hin zum Begründen, "vom Menschen in der Welt zur Welt im Menschen"[105], d.h. zum 'inneren Menschen'[106]. Wir haben m.a.W. reflektierend den Übergang zu leisten vom abstrakten 'Welt-Bild' hin zum konkreten 'Sich-Bilden' von Welt. Eben dieses 'Sich-Bilden' aber scheint der Sache nach nichts anderes als der 'lebendigmachende' arche-typische Selbstvollzug zu sein, den Jung gegen den geistlos gewordenen Zeitgeist des Rationalismus ins Feld führt,

---

[103] VPDT, S. 217 f.

[104] Ebd., S. 218.

[105] Vgl. Rudolph Berlinger, *Vom Anfang des Philosophierens*, Frankf./M 1965, S. 80.

[106] Vgl. hierzu Augustinus, *De vera religione* 39, 72: "Noli foras ire, in teipsum redi; in interiore homine habitat veritas". C. G. Jung setzt dieses Zitat zwar als Motto vor seine Trinitätsabhandlung (vgl. VPDT, S. 119), doch hat er es bei dieser Bezugnahme bewenden lassen. In der "Reihe ehrwürdiger Kirchenväter" (ebd., S. 121), die sich um eine denkerische Durchdringung des Trinitarischen bemüht haben, wird Augustinus (der mit seinen *De Trinitate libri XV* in ideen- und geistesgeschichtlicher Perspektive unzweifelhaft eine höchst einflussreiche Rolle spielt) von Jung nicht erwähnt. Auch sonst ist in seiner Anschauungsweise des trinitarischen Problems keine deutliche Beeinflussung durch jene Trinitätsanalogien erkennbar, welche Augustinus vornehmlich im 'inneren Menschen' eruiert hat. An ein bewusstes Ignorieren hat man wohl hinsichtlich der Tatsache zu denken, dass die bereits 'Münster 1927' erschienene Monografie des katholischen Dogmatikers Michael Schmaus: *Die psychologische[!] Trinitätslehre des hl Augustinus* im Jungschen Trinitätstraktat völlig unberücksichtigt bleibt. Jung, der alchemistische Dokumente bis in entlegenste Winkel hinein zu recherchieren pflegte, folgt hier offensichtlich dem 'Catholica non leguntur'. Er lässt sich damit aber eine, wenn auch nicht explizit ontologische, so doch materialiter sehr kenntnisreiche Untersuchung (die ihn schon vom Titel her hätte anreizen können) entgehen.

30

um dessen Tragik, die im Verlust des integrativen Seinsvollzugs besteht, zu kennzeichnen[107].

Wie es jedoch scheint, realisiert Jung selbst nicht mit hinreichender Klarheit diese korrektive Intention seines Archetyp-Konzeptes. Er hätte sonst nämlich nicht die merkwürdige Auffassung vertreten, welche lautet: "Wenn sich ... Archetypen als *wirksam* erweisen, sind sie mir *wirklich,* wenn ich schon gar nicht weiß, was ihre reale Natur ist"[108]. In und vermittels dieser Formulierung seines Nichtswissens drückt Jung - freilich nur auf "unbewusste" Weise - ein ontologisches Wissen aus. Denn 'an sich' betrachtet, besteht die Differenz gar nicht, die er behauptet. Was sollte nämlich die 'reale Natur' von Seiendem anders sein können als Wirksamsein und Wirk-lichkeit im umfänglichsten Sinne? Sagt er doch selbst: *"Wirklich ... ist, was wirkt"*[109].

4. Problematisierungen

'Wirken' ist demnach der Selbstvollzug von Seiendem überhaupt. D.h., anders formuliert: 'Wirken' ist (was erkannt werden kann) das An-Sich und die 'reale Natur' des Archetypischen[110], welches sonst überall in der gegebenen Natur, auf besondere Weise aber innerhalb des geistig-rezeptiven menschlichen Bewusstseins und in dessen Gestaltungs-Konzepten als "selbständige, produktive Tätigkeit"[111] in Erscheinung tritt.

Jung behauptet deshalb, dass "die Bewusstwerdung des Menschen als das Resultat präformierender archetypischer Vorgänge"[112] zu analysieren sei. In dieser Formulierung scheint jedoch die Willensfreiheit des Menschen "außer

---

[107] Vgl. C. G. Jung, *Aion* (GW 9/2) 1976, S. 95: "Das antichristliche Zeitalter hat es an sich, dass in ihm der Geist zum Ungeist wird und dass der lebendigmachende Archetypus allmählich in Rationalismus, Intellektualismus und Doktrinarismus untergeht, was folgerichtig zu jener Tragik der Moderne führt, welche, wie ein Damoklesschwert, greifbar nahe über unseren Köpfen hängt".

[108] Ders., *Erinnerungen* (Fußn. 2), S. 354 [Hervorh. C.G.J.].

[109] Ders., *Zwei Schriften über Analytische Psychologie* (GW 7) 1971, S. 239 [Hervorh. C.G.J.].

[110] In seinen *Erinnerungen* (a.a.O., S. 349) sagt Jung allerdings von den Archetypen: "Sie stellen keineswegs das An-Sich der Dinge dar". Er demonstriert damit, dass er bis ins hohe Alter hinein eine vorontologische Auffassungsweise beibehalten hat.

[111] Vgl. ders., *Zwei Schriften über Analytische Psychologie* (GW 7) 1971, S. 204: "Jeder schöpferische Mensch weiß, dass Unwillkürlichkeit die wesentliche Eigenschaft des schöpferischen Gedankens ist". Das 'Unbewusste' ist dabei "nicht bloß reaktive Spiegelung, sondern selbständige, produktive Tätigkeit" (ebd.).

[112] VPDT, S. 175.

Kraft" gesetzt. Oder es ist, vorsichtiger gesagt, noch nicht klar, wie und warum menschliche 'Bewusstwerdung' 'Resultat präformierender archetypischer Vorgänge' sein soll. Es ist fernerhin noch undurchsichtig, wie die archetypischen Ideen, die Jung "zu den unzerstörbaren Grundlagen des menschlichen Geistes"[113] zählt, in dem von zerstörerischer Zeitlichkeit betroffenen menschlichen Bewusstsein überhaupt rezipiert werden können.

In dieser Problemlage kommt schließlich noch erschwerend hinzu, dass Jung "neben" (oder vielleicht sogar "gegen") das oben explizierte *aktualistische* Archetpyp-Verständnis noch ein anderes, ein *potentialistisches*, setzt. Bei diesem betont er, dass von allen inhaltlichen Bestimmungen des Archetypischen abgesehen werden müsse, und erläutert hierzu: "Der Archetypus ist ein an sich leeres, formales Element, das nichts anderes ist als ... eine a priori gegebene Möglichkeit der Vorstellungsformen"[114]. Es fragt sich nun in der Tat, ob und ggf. wie diese divergierenden Archetyp-Konzepte in ihrem Realitätsbezug durchschaut und als solche "zusammengebracht" werden können.

Um die gewünschte Durchklärung zu erlangen, scheint es notwendig zu sein, in ähnlicher Weise, wie es schon oben beim Terminus 'Unbewusstes' unternommen wurde, auch bei demjenigen, was mit 'Archetyp' gemeint ist, zweierlei zu unterscheiden: 1. die Gegebenheitsweise des Archetyps im menschlichen Bewusstsein und 2. - im Rückschluss, der von hier aus vollzogen wird - das Ansichsein des Archetyps. Wir schreiten also "ex posterioribus in priora" ("vom der Sache nach Späteren zum sachlich Vorrangigeren"[115]) voran und versuchen auf solche Weise, die Selbsterfahrung, die im 'inneren Menschen' gewonnen wird, zur Seinserkenntnis emporzuwandeln.

4.1. Der Archetyp im menschlichen Bewusstsein ('Gedächtnis', Vernunft', 'Liebe')

Ad 1. Zu den Bedingungen des von Zeitlichkeit betroffenen menschlichen Bewusstseins gehört es, nicht auf einmal all dasjenige, was in ihm, genauer gesagt: in seinem Gedächtnis ist, ausdrücken zu können. Was es in seinem *insistenten* Real-Gedächtnis eingeborgen hat, ist immer mehr als dasjenige, was es - eines nach dem anderen - vermittels des innerlich *ek-sistierenden* Vernunftaktes in die Distanz der erkenntnisermöglichenden Idealität hervortreten lässt.

---

[113] Ebd., S. 114.
[114] Vgl. C. G. Jung, *Erinnerungen* (Fußn. 2), S. 410.
[115] Vgl. Thomas v. Aquin. *De ente et essentia*, Prooem. (ed. H. Seidl, Hamburg 1988, S. 2 f.).

Innerhalb des menschlichen Bewusstseins findet sich also tatsächlich die von Jung so bezeichnete 'Möglichkeit der Vorstellungsformen' oder, anders gesagt, die *reale* Möglichkeit des Sich-Vorstellens von Form- und Gestalthaftem. (Wir können vielleicht sogar behaupten: Das Bewusstsein *ist* eben diese Möglichkeit, die sich mehr oder weniger defizitär realisiert.)

Sagt nun Jung von dieser 'Möglichkeit', sie sei 'a priori gegeben', so bedeutet dies im Zusammenhang menschlicher Selbstvergewisserung, dass wir, *indem* wir das potentiale Gedächtnis aktuieren - ganz und gar in uns seiend und in uns bleibend - an der allgemeinen Wirk-lichkeit des Sich-Bildens teilhaben, womit wir im Vorangehenden das Ansichsein des Archetyps zu umschreiben versuchten.

Bevor wir dieses Ansichsein eingehender untersuchen können, scheinen zuvor noch ein paar konstruktiv-kritische Anmerkungen zu der Jungschen Kennzeichnung des Archetyps als eines 'an sich leeren, formalen Elements' nötig zu sein. Denn im Hinblick auf das Gedächtnis, durch welches wir die Jungsche Rede von der archetypischen 'Möglichkeit' sozusagen "dingfest" gemacht haben, ist zu sagen, dass dieses verschiedenste Sachgehalte (sowohl 'apriorische' als auch 'aposteriorische' auf noch relativ unbestimmte und unausdrückliche Weise in sich eingeborgen hat, dass es deswegen aber keineswegs als 'an sich *leeres* Element' bezeichnet werden kann. Es ist aber auch nicht ein bloß *'formales* Element', weil es in seinem Überhauptsein und auf spezielle Weise in seinem Vernunftakt am archetypischen Sich-selbst-Formen, wie wir sahen, partizipiert. (Jung hat dies - eine überdingliche wie auch vormaterielle Formungsenergie[116]- vielleicht intendiert; doch ist seine Bezeichnung des Archetyps als eines 'an sich leeren formalen Elements' höchst missverständlich. Sie bekundet ein starkes Hinneigen zum dialektisch-antithetischen Wirklichkeitsverständnis, welchem Jung, wie es scheint, tatsächlich auch "aufgesessen" ist.)

Behauptet Jung, die 'Bewusstwerdung' des Menschen sei 'Resultat archetypischer Vorgänge', so fragt es sich allerdings, ob er mit dieser Auffassung der ganzheitlichen Intention entspricht, welche ihn zur Einführung des Archetyp-Begriffes veranlasste, um dadurch die 'Tragik der Moderne', die in einem steril gewordenen Rationalismus besteht[117], zu überwinden.

---

[116] Vgl. hierzu ders., ebd., c. 4 (a.a.O., S. 38): "Forma dat esse materiae; et ideo impossibile est esse materiam sine alique forma; tamen non est impossibile esse aliquam formam sine materia. Forma enim, in eo quod est forma, non habet dependentiam ad materiam"; ders.. *Summa conta gentiles* II, c. 57: "Anima est forma et actus corporis"; ferner Aristoteles, *De anima* III, 8 [432 a.1 f.]: ἡ χεὶρ ὄργανόν ἐστι ὀργάνων καὶ ὁ νοῦς εἶδος εἰδῶν. Einige Ansätze, den Archetyp als Formungsenergie zu verstehen, sind enthalten in Theodor Seifert, *Archetypus und inneres Modell der Welt*. In: Analyt. Psycholog. 6 (1975) 294-317.

[117] Vgl. hierzu die Angaben in Fußn. 107.

Ist m.a.w. die 'Bewusstwerdung' tatsächlich schon als 'Resultat' zu bezeichnen? Geht nicht vielmehr jedes Erkennen, das Realitätskontakt beibehält, "von sich aus" ins Wollen bzw. Lieben über? Ist also nicht das Lieben im eigentlicheren Sinne als das Erkennen als 'Resultat' jenes Prozesses, in welchem sich die Ganzheit Menschsein darstellt, zu bezeichnen? Denn was ist Lieben in seiner Vollendungswirklichkeit anders als die *kon-sistente* schöpferische Übereinkunft von memorialem Sachgehalt und intellektualer Durchdringung desselben? Damit aber ist die Finalbedingung für ontisch integratives menschliches Handeln - für die "Güte" des Menschseins im allgemeinen - gekennzeichnet.

4.2. Der Archetyp an sich ('Realität', 'Idealität', 'Bonität')

Ad 2. Um für das Bewusstsein, das als innergeistig ek-sistierender Wahrnehmungs- und Erkenntnisakt den "Gegenstand" der Jungschen Psychologie ausmacht, die noch fehlende Sach- und Seinsdimension zu bezeichnen, haben wir oben das Gedächtnis eingeführt. Innerhalb des mentalen Ganzheitsvollzuges stellt dieses die seinstheoretisch unabdingbare in-sistente Voraussetzung für eksistentes Erkennen dar. Denn ohne das innerlich vorgängige Sachgedächtnis wäre menschliches Erkennen als bezugslose Selbstbezüglichkeit zu bezeichnen. Es hätte keinen wirklichen Ruhe- und Ausgangspunkt, aus dem es sich hervorbewegen könnte. Es würde aus dem Nichts heraus ek-sistieren und das heißt: Es würde im eigentlichen Sinne gar nicht ek-sistieren, weil es ihm am inneren Zentrum gebräche, dessen Halt es benötigt, um daraus hervortreten zu können[118].

Wie bereits angedeutet, können jedoch *in-sistente* Realität und *ek-sistente* Idealität als solche noch nicht als 'Resultat' oder als Selbstzweck aufgefasst werden. Als wahrhaftes Resultat, von dem her die interne Differenzierungsbewegung von Realität und Idealität als harmonisches Zueinander erläutert werden kann, ist vielmehr die *kon-sistente* Bonität anzunehmen. Diese geht aus dem Zusammenwirken von Realität und Idealität hervor und vollendet solchermaßen den Identitätsvollzug, der die "Natur" von Seiendem insgesamt ausmacht.

---

[118] Hingewiesen sie in diesem Zusammenhang auf den *In-sistenzialismus* des argentinischen Jesuiten Ismael Quiles, der darin die "Bodenlosigkeit" des okzidentalen *Ek-sistenzialismus* markierte und deren Überwindung anstrebte. Zur Einführung vgl. Ricardo Marín, *Ismael Quiles, S.J. (1906-1993). Su filosofía in-sistencial.* In: Educadores Nr. 169 (1994) 99-108; Heinrich Beck, *Quiles: Die Antithese einer In-sistenzphilosophie.* In: Beck, Ek-insistenz. Positionen und Transformationen der Existenzphilosophie, Frankf./M. u.a. 1989, S. 121-172; Erwin Schadel, *In-sistenzphilosophie. Eine systematische Einführung in den Denkansatz des Ismael Quiles,* Cuxhaven-Dartford 1996.

Jene vollendende Bonität bildet hinsichtlich des sie konstituierenden Prinzips, das in der Gedoppeltheit von Realität und Idealität besteht, einen relativen Gegensatz aus, der aufgrund seines Vermitteltseins sehr wohl zu unterscheiden ist von jenem relativen Gegensatz, der sich im unmittelbaren Hervorgehen der Idealität aus der Realität ausbildet.

Unsere Bemühung, die archetypische Selbst-Formung - den Archetypus *als* Selbst-Formung - zu verstehen, führt somit zu der Einsicht, dass diese als ein durch die Differenz hindurchgehendes und dabei dennoch in sich selbst übereinstimmendes System subsistierender Bezugseinheiten - eben des 'Realen', des 'Idealen' und des 'Kommunikativen' - auszulegen ist. Hierbei wird nicht mehr und nicht weniger zu erläutern versucht als dasjenige, was ursprüngliches Tätigsein, was der Seinsursprung *als* Tätigsein in sich selber ist (was - lapidar gesagt - das "Ist" ist.)

5. 'In-ek-kon-sistenz' als ontologische Abbreviatur

Die Aktions-Immanenz des Archetypischen, die im menschlichen Bewusstsein auf kontingente Weise zum Ausdruck kommt, kann im Kontext dieser ontologischen Analysen - im Sinne des Augustinischen 'Deus interior intimo meo'[119] (der das 'internum aeternum'[120] von Seiendem repräsentiert) oder auch im Sinne des Thomasischen 'actus purus' (auf den sich Jung, freilich ohne tieferdringende Erläuterung, in seiner Trinitätsabhandlung bezieht[121]) - nunmehr als überkontingente Vollzugs-Notwendigkeit und damit als transzendentes (oder auch: transzendentales) Ansichsein aufgefasst werden. 'In-ek-kon-sistenz' versteht sich hierbei als Abbreviatur für archetypische Prozessualität. Sie markiert auf differenzierte Weise die von Jung nur im allgemeinen aufgesuchten "unveränderlichen Strukturverhältnisse des Unbewussten"[122] (die keineswegs Un-beweglichkeit implizieren!) als die "unzerstörbaren Grundlagen des menschlichen Geistes"[123].

Mit der onto-hermeneutisch zu verstehenden Kurzformel der 'In-ek-konsistenz' ist fernerhin das raum- und zeitfreie Ordnungsgefüge, das "die Struk-

---

[119] Vgl. Augustinus, *Confessiones* III, 6, 11.

[120] Vgl. ebd. IX, 4, 10.

[121] Vgl. VPDT, S. 211 f. Jung gewahrt hierbei nicht die interne Triadizität des 'actus purus'. Vgl. hierzu z.B. Thomas v. Aquin, *De potentia*, qu. 7. a. 1: "Ens ... primum quod Deus est, oportet esse actum purum ... Deus ... per hoc quod est actus primus, est *agens* et est *exemplar* omnium formarum et est bonitas pura et per consequens omnium *finis*".

[122] VPDT, S. 205.

[123] Ebd., S. 144.

turdominanten der Psyche überhaupt"[124] durchwaltet, aufhellbar. Jung redet hiervon, um das Archetypische zu charakterisieren; er tut dies aber nur auf unbestimmte Weise. Doch wird es hinsichtlich des im Vorangehenden Explizierten nun durchaus möglich, jene 'Strukturdominanten' innerhalb der archetypischen Triadizität, die mit dem Ganzheitsvollzug und mit dem Seinsakt als solchem identisch ist, als differenziert-kohärentes In-ein-ander von 'Realität', 'Idealität' und 'Bonität' auszulegen. Diese Dreiheit repräsentiert (mit Heinrich Beck gesagt) "gleichsam die Knotenpunkte im reinen Dreiklang des Seins, in denen das Sein ... zusammenklingt, indem es rein durch sie hindurchströmt; sie sind gleichsam die 'Statik' in der 'Dynamik' des Seins"[125].

6. Trinität als Archetyp schlechthin

Nach diesen Erörterungen ergeben sich nicht unwesentliche Modifikationen an Jungs Trinitätsauffassung: Die "Ganzheit der Trinität" ist nicht mehr, wie er meint, ein "bloßes Postulat"[126]; jene Ganzheit ist vielmehr vermittels prozess- und relationstheoretischer Erläuterungen als basaler Rhythmus innerhalb des integrativen Selbstvollzugs des Seinsgrundes explizierbar.

Da es jenseits desselben nichts mehr gibt - was sollte nämlich jenseits des Seins noch "sein" können? - heißt dies aber weiterhin: Trinität ist in ihrer Gänze nicht mehr, wie Jung es behauptet, als *"Auswirkung* eines unbewusst vorhandenen Inhaltes"[127] zu bezeichnen. Sie ist vielmehr das 'Unbewusste' selbst (wenn man diesen Terminus überhaupt noch verwenden will), insofern dieses einen triplizitär sich ausgliedernden "innergöttlichen Lebensprozess"[128], d.h. die intern differenzierte kreative Immanenz der 'an sich' transzendenten Prinzipienwirklichkeit darstellt.

Das heißt, noch deutlicher formuliert: Trinität ist nicht "Auswirkung ... *des* Archetypus"[129], sondern *"der" Archetypus schlechthin* oder (um einen pleonastischen Ausdruck Erich Neumanns zu gebrauchen) der *'Urarchetyp'*[130]. Damit

---

[124] Ebd., S. 163, Anm.

[125] Vgl. Heinrich Beck, *Der Akt-Charakter des Seins. Eine spekulative Weiterführung der Seinslehre Thomas v. Aquins aus einer Anregung durch das dialektische Prinzip Hegels*, 2., erg. Aufl., Frankf./M. u.a., S. 191 f.

[126] Vgl. C. G. Jung, *Studien über alchemistische Vorstellungen* (GW 13) 1978, S. 107.

[127] VPDT, S. 153 [Hervorh. E.S.].

[128] Ebd., S. 150.

[129] Ebd., S. 153 [Hervorh. E.S.].

[130] Vgl. E. Neumann, *Die große Mutter*, Zürich 1956, S. 22. - Sagt Neumann (ebd., S. 26): "Ein wesentliches Merkmal des 'Urarchetyps' besteht darin, dass er gleichzeitig positive

aber wird es auch nötig, die Jungsche These, Trinität sei "präformiert durch den zeitlosen Archetypus"[131] in ihr Gegenteil umzukehren. Denn als Begründungs-wirklichkeit ist Trinität durch überhaupt nichts bedingt oder 'präformiert'. Jen-seits von Raum und Zeit ist sie der vorgängig seiende Formungsgrund alles Raum-Zeitlichen. Sie ist das ἀρχέτυπον[132] bzw. der Urprägeprozess selbst oder, mit Leibniz gesagt, die 'prästabilierte Harmonie', aus der alle "konsonanten" Seinsfügungen entstammen und im Hinblick auf welche alle "Dissonanzen" als solche identifizierbar sind.

Diese 'prästabilierte Harmonie', welche im Musikalischen durch die sena-rischen Dreiklangsintervalle der *in-sistenten* Oktave, der *ek-sistenten* Quinte und der *kon-sistenten* Doppelterz repräsentiert ist[133], macht die triadische Grundstruktur der monadischen Substanz aus, deren internen Vollzug Leibniz u.a. durch die Begriffe 'puissance', 'connoissance' und 'volonté' bzw. 'bonté'[134] auszudrücken versucht. (Man kann hier unschwer die strukturanalogische Übereinkunft mit dem oben erläuterten Ternar von 'Realität', 'Idealität' und 'Bonität' erkennen.)

Aufgrund seines inneren Überflusses, zu welchem die erhellende Diffe-renzierung ebenso gehört wie der vollendende Zusammenschluss, hat es der trinitarische Archetyp, salopp gesagt, "nicht nötig", sich jemandem aufzudrän-gen. Als distinkt-kompositiver Integrationshorizont und als überkontingenter Seinsgrund stellt der trinitarische Archetyp vielmehr ein fortwährendes Sinn-Angebot dar. Den Menschen, der von der Selbsterfahrung zur Seinserkenntnis übergeht, verlockt er zu immer tieferer Selbstverwirklichung[135]. Es ist demnach

---

und negative Eigenschaften ... in sich verbindet", so gilt diese dialektisierende Grundbe-stimmung freilich nicht für den trinitarischen Archetyp, der als 'actus purus' (vgl. Fußn. 121) die reine Positivität einer trikausalen Wirkmächtigkeit, d.h. das harmonische Ineinander von *Wirk-, Form-* und *Ziel*ursache repräsentiert.

[131] VPDT, S. 175.

[132] Vgl Plotin, *Enneade* V 1, 4.6.

[133] Vgl. hierzu im Einzelnen die §§ 28-50 in E. Schadel, *Musik als Trinitätssymbol. Einführung in die harmonikale Metaphysik*, Frankf./M. u.a. 1995.

[134] Vgl. z.B. G. W. Leibniz, *Monadologie* § 48 u. § 55; *Théodicée*, Préf.; dazu E. Schadel, *Monad as triadic structure. Leibniz' contribution to post-nihilistic search for identity.* In: Quintín Racionero / Concha Roldán (edd.), G. W. Leibniz. Analogía y expresión, Madrid 1994, S. 521-535, ferner die Angaben in Fußn. 145.

[135] Vgl. hierzu E. Schadel, *Comenius und die Comeniologen. Stellungnahme zu einzelnen Positionen neuerer Comeniusforschung in ontotriadischer Perspektive.* In: Acta comeniana 18 (Praha 204) 133-177; darin Kap. V: *Die Überbrückung der "Kluft" zwischen Theorie und Praxis in ontoanthropologischer Perspektive*; VIII: *Onto-logo-ethische Ganzheitlichkeit als in-ek-kon-sistenzialer Grundrhythmus*; X: *Aufgaben künftiger Comeniologie; Erläuterungen zum 'tri-ertialen' Konzept des Comenius.*

verfehlt, mit Jung von einem "zwingenden Charakter"[136] des Archetyps zu reden. (Jung setzt hier neben dem trinitarischen Archetypen freilich noch zahlreiche andere voraus, was gemäß dem oben Explizierten jedoch keinerlei Anhalt mehr finden kann. Die zahlreichen anderen "Archetypen" wären vielmehr an der Seinswirklichkeit des Trinitarischen zu messen oder als spezifische Modifikationen desselben zu interpretieren.)

III. Konstruktiv-kritische Perspektiven zu verschiedenen Einzelproblemen der Jungschen Tiefenpsychologie
   1. 'Anderswollenkönnen': nicht ein 'Viertes', sondern Wesensgrenze und Werdebedingung

Um in Anbetracht des "zwingenden" Archetyps die menschliche Freiheit und damit auch die Ethik zu "retten", führt Jung den Begriff des 'Anderswollenkönnens'[137] ein, den er unter der Hand jedoch als 'Anderswollen*müssens'* interpretiert, um solchermaßen im 'Schatten' und im luziferischen 'Gegenwillen' ein viertes Moment zu haben, das 'neben' der Trinität "die unvermeidlichen Bedingungen jeder Verwirklichung"[138] repräsentiert. Der trinitarische Prozess würde dann - freilich wie *Jung* die ganze Angelegenheit versteht - "durch das Dazutreten des Vierten fortgesetzt bis zur absoluten Totalität"[139] des Quaternaren.

Jung kommt zu derartigen Aussagen, *weil* ihm die in-ek-kon-sistentiale Vollgliedrigkeit, die den trinitarischen Prozess als den Urhorizont *jedweder* Selbstverwirklichung kennzeichnet, verborgen bleibt. Mit dem apostrophierten 'Gegenwillen' meint Jung wohl die individuierende Selbst-Differenzierung. Doch ist diese als internes Ek-sistieren nichts "neben" oder "außerhalb" der Trinität. Sie meint vielmehr den ersten innertrinitarischen Hervorgang, der theologisch als 'Logoszeugung' *(generatio)* umschrieben wird und der, wie bereits zu sehen war, seinem Seinssinne nach eine notwendige Voraussetzung für den zweiten und abschließenden Hervorgang, d.h. für die 'pneumatische Hauchung' *(spiratio)* darstellt.

Das 'Anderswollenkönnen' repräsentiert, so besehen, keineswegs ein 'Viertes' neben der Dreiheit. Es markiert vielmehr die 'an sich' nichtige Wesensgrenze, die das zeitbetroffene menschliche Bewusstsein hinsichtlich des 'actus purus'

---

[136] VPDT, S. 163.
[137] Ebd., S. 215.
[138] Ebd., S. 213.
[139] Ebd.

38

aufweist, von welchem Jung zu berichten weiß, dass es in ihm "kein Fortschreiten von potentia zu actus, von Möglichkeit zu Wirklichkeit gibt"[140]. (Wenn die genannte Wesensgrenze nicht beachtet wird, kommt es zum Pantheismus, d.h. *einerseits* zur Verendlichung des absoluten Wirkgrundes, wodurch dessen Reinheit verdorben wird, und *andererseits* zur maßlosen Selbstaufblähung des Menschen, die Ideologie und Fanatismus im Gefolge hat.)

Das 'Anderswollenkönnen', auf das Jung so großen Wert legt und das in Schellings Freiheitsschrift als unhintergehbarer 'Ungrund absoluter Indifferenz'[141] vorgestellt wird, bezeichnet m.a.W. die Werdebedingung, durch welche es dem menschlichen Bewusstsein tatsächlich möglich ist, ohne direkte Beeinflussung durch einen ihn "zwingenden" Archetypen zur Selbstverwirklichung zu gelangen. Unter ontologischem Aspekt bedeutet das 'Anderswollenkönnen', dass endlich Seiendes aus dem absoluten Seinsgrund heraus in seinen spezifischen Potenzialen "sein" gelassen ist; 'an sich' aber stellt jenes 'Anderswollenkönnen' keinen Seinsgehalt "neben" dem trinitarischen Prozess dar, sondern eine raumzeitliche Begrenzung der ursprünglichen Seinsfülle desselben.

In paradoxer Zuspitzung könnte man diesen Sachverhalt wie folgt formulieren: Durch sein 'Anderswollenkönnen' ist das menschliche Bewusstsein zu zahllosen Unfähigkeiten "fähig". Die archetypische Trias hingegen ist "unfähig" zu solcher Unfähigkeit und aufgrund eben dieser "Unfähigkeit" dazu fähig, allem endlichen Seienden als erregender *Anfang*, gestaltende *Mitte* und erfüllendes *'Ziel'* zu dienen[142].

2. Illustration:
die unverletzliche Triadizität des Integrationsgrundes von Sprache

Diese Paradoxie lässt sich am Beispiel des menschlichen Sprechens veranschaulichen: Das "Minimum der Vollständigkeit eines Urteils" besteht hier keinesfalls, wie Jung unter Berufung auf Schopenhauer glauben machen will, in

---

[140] Ebd., S. 211.

[141] Vgl. F. W. J. Schelling, *Über das Wesen der menschlichen Freiheit*, Stuttgart 1974, S. 127.

[142] C. G. Jung kennt zwar diese Triade (vgl. VPDT, S. 131), welche (nach Aristoteles, *De coelo* I, 1) der pythagoreischen Lehre zugeschrieben wird, wonach "das All und das Ganze durch die Drei umgrenzt sind, insofern Ende [besser: Ziel], Mitte und Anfang die Zahl der Ganzheit darstellen". Nichtsdestoweniger lässt Jung seine Behauptung unkorrigiert, welche lautet: "Bei Pythagoras spielt die große Rolle nicht die Dreiheit, sondern die Vierheit" (PT [vgl. Fußn. 11], S. 51; VPDT. S. 182).

einem "vierfache[n] Aspekt"[143], sondern in der Triplizität der Elementaraussage, welche durch ein in-sistentes 'Subjekt', ein ek-sistentes 'Prädikat' und eine konsistente 'Kopula' gebildet wird. Gemäß seinem 'Anderswollenkönnen' kann der sprechende Mensch - z.b. in expressionistischer Lyrik oder in dadaistischer Aneinanderreihung von Wort- und Satzfragmenten - diese elementare Triplizität dem Anscheine nach zwar "außer Kraft" setzen; er kann nur eines nicht: - *ohne* sie eine an sich sinnvolle und im Sprechakt kommunizierbare Aussage formulieren[144].

---

[143] Vgl. VPDT, S. 182. Jung sucht hier - freilich ohne irgendeine detailliertere Argumentation - 'Schützenhilfe', bei der Schopenhauerschen Schrift *Über die vierfache Wurzel des Satzes vom zureichenden Grunde* (neuerdings in: A. Schopenhauer, Sämtliche Werke. Bd. 3. Hg. v. W. von Löhneysen, Darmstadt 1980, S. 5-189). Schopenhauer präsentiert hier in der Tat "eine vierfache Notwendigkeit" (ebd., S. 182): 1. eine 'logische', 2. eine 'physische', 3. eine 'mathematische' und 4. eine 'moralische'. Doch zählt er diese vier 'Notwendigkeiten' lediglich - eine nach der anderen - auf, ohne sie ontologisch zu integrieren. In ideengeschichtlichem Aspekt ist hierbei Bezug genommen auf die antike Dreigliederung der Elementarwissenschaften in 'Physik', "Logik' und 'Ethik' (die Augustinus *[De civitate Dei* XI, 25 u. VIII, 4] den trinitarischen Personen appropriiert); Schopenhauer erreicht also eine Vierheit von Disziplinen, indem er ohne nähere Begründung die Mathematik hinzunimmt (welche als Teilgebiet der Logik aufgefasst werden könnte). Ein ähnliches Verwischen onto-triadischer Integrität liegt auch vor, wenn Schopenhauer seine 'vierfache Wurzel' in einem Rückgriff auf die "von den Scholastikern durchgängig angenommene Einteilung" der möglichen causae in "materiales, formales, efficientes und finales" (a.a.O., S. 18) zu legitimieren versucht. Dabei wird allerdings unberücksichtigt gelassen, dass der 'causa materialis' eine ontologisch sekundäre Bedeutung zukommt: Sie repräsentiert das Medium, in welchem als ontisch Primäres der actus purus in der Dreiheit von causa 'effciens', 'formalis' und 'finalis' zum Ausdruck kommt (vgl. hierzu das Thomas-Zitat in Fußn. 121).

[144] Illustrative Bedeutung hat in diesem Zusammenhang ein sprachphilosophischer Selbstwiderspruch, der bei Friedrich Nietzsche zu finden ist. Für Nietzsche stellt Sprache eine unvermittelte Willens- und "Machtäußerung" dar (vgl. *Zur Genealogie der Moral*, 1. Abh. § 2). Er kann daher die "vernünftige" Grammatik und deren Terminologie nur ironisch betrachten (vgl. *Götzen-Dämmerung / Die "Vernunft" in der Philosophie* § 5; *Jenseits von Gut und Böse* II, § 34). 'Subjekt', "Prädikat" u.a. sind in seiner Sicht als bloße Fiktionen aufzufassen, die den Dingen - von außen her - "übergestülpt" werden (vgl. *Nachlass der Achtzigerjahre* [ed. K. Schlechta III, S. 456]). Höchst bemerkenswert ist jedoch die "Begründung", die Nietzsche für seine voluntaristisch-nominalistische Sprachtheorie gibt; er sagt "Es gibt kein 'Sein' hinter Tun, Wirken, Werden: 'der Täter'" [das 'Subjekt' als das 'Woher' einer Handlung] "ist zum Tun bloß hinzugedichtet - *das Tun ist alles*" (*Zur Genealogie der Moral*, 1. Abh., § 13 [Hervorh E.S.]). Würde beim verstehenden Hören des letzten Satzes, der offensichtlich die "Begründung" liefern soll, nicht ein 'Subjekt ("das Tun") aufgefasst werden, von welchem vermittels der 'Kopula' ("ist") die Allheit ("alles") 'prädiziert' wird, so würde dieser Satz gar nicht *als* Satz wahrgenommen werden; er stellte eine pure Unverständlichkeit dar. D.h. Nietzsches Kritik an der grammatischen Terminologie würde gar nicht "ankommen" können, wenn sie sich nicht im Medium dessen, was sie zu negieren versucht, ausdrückte.

40

Das heißt aber: Die triplizitäre Struktur des Elementarsatzes - dasjenige also, was als innerer Ermöglichungsgrund alles vergangenen, gegenwärtigen und zukünftigen menschlichen Sprechens bezeichnet werden kann - bleibt in absoluter Integrität unbeeinflusst von allen Störungen und Aufbrüchen, die im kontingenten Bereich, absichtlich oder unabsichtlich, gegen sie unternommen werden. Ähnliches tritt bei der 'prästabilierten Harmonie' des senarischen Dreiklangs im Hinblick auf die atonale Kompositionsweise zutage, welche ihn zu tilgen versuchte. Ähnliches lässt sich aber auch insgesamt - um zu einer ontologischen Verallgemeinerung zu gelangen - hinsichtlich des trinitarischen Archetyps beobachten: Er liegt allen raumzeitlichen Selbstverwirklichungs-Versuchen als deren *Inzitament*, deren *Gestaltungsprinzip* und deren *Endzweck* zugrunde. Er kann durch das Defizitäre in jenen Versuchen jedoch nicht zerstört und verletzt werden. Er stellt vielmehr ein absolutes Kriterium dar, von dem aus alle Arten des Misslingens von Selbstverwirklichung in der irreal-tatsächlichen "Universalität" ihres Nichtungsereignisses analysiert werden können.

3. Negativ-Triade als differenzierende Antwort auf die Frage nach dem Bösen

Wie anderenorts mit besonderem Bezug auf das trinitarische Wirklichkeitsverständnis, das bei Campanella und Leibniz vorliegt, erörtert wurde[145], ist das Insgesamt alles möglichen Misslingens und Scheiterns vermittels einer Negativ-Triade zu spezifizieren, welche - in Anbetracht der Positiv-Triade *'Macht'*, *Weisheit'* und *'Liebe'* - u.a. als *'Ohnmacht'*, *'Unwissenheit'* und *'Hass'* bzw. als *'Krankheit'*, *'Torheit'* und *'Bosheit'* umschrieben werden kann[146].

---

[145] Vgl. E. Schadel, *Zu Leibniz' 'Defensio Trinitatis'. Historische und systematische Perspektiven, insbes. zur Theodizee-Problematik.* In: Schadel (Hg.), Actualitas omnium actuum. Festschrift für Heinrich Beck zum 60. Geb., Frankf./M. u.a. 1989, S. 235-305, bes. 281-294.

[146] Jung scheint ahnungsweise eine solche Negativ-Triade im Sinne zu haben, da er im Anschluss an Dante von der "Tricephalität des Satans" und einer "infernale[n] Antitrinität" spricht (VPDT S. 187 u. 193). - Eine differenziertere Äußerung, die (sofern man *'Ohnmacht'* bzw. *'Krankheit'* hinzunimmt) auf die im Haupttext vorgestellte Negativ-Triade hinweist, bietet Jung in der Beobachtung, dass dasjenige, was "in seiner Auswirkung als abgrundtief böse" erscheint, nicht immer sogleich aus einer entsprechenden *'Bosheit'* abstammen muss, sondern auch auf *"'Dummheit' und 'Unbewusstheit'"* zurückgeführt werden kann (vgl. VPDT, S. 214). Dabei gibt es allerdings zu denken, dass er in seiner umstrittenen Abhandlung *Antwort auf Hiob* in Anbetracht "göttlicher Wildheit und Ruchlosigkeit", vom alttestamenlichen Jahwe behauptet, er sei "zu unbewusst, um 'moralisch' zu sein" (GW 11, 1973, S. 393 u. 399).

41

Mit diesem Konzept der Negativ-Triade sind die zahllosen Misshelligkeiten "dieser" Welt, die innerseelisch unzweifelhaft eine "gewaltige Wirksamkeit"[147] entfalten, keineswegs - wie Jung aufgrund seiner vorontologischen Rezeption des Theorems, dass Böses eine 'privatio boni' sei, argwöhnt - als "peinliche[s] Problem"[148] optimistisch beschönigt oder gar "aus der Welt" geschafft[149]. Vermittels der Negativ-Triade wird es vielmehr - in deutlicher Unterscheidung zwischen Kontingentem und Absolutem - möglich, eine differenzierende Antwort auf die "furchtbare Frage nach Bösen"[150], die Jung zeitlebens beschäftigte, vorzulegen und dabei zugleich auch seine spezifische Auffassung der Gegensatz-Problematik sowie die damit zusammenhängenden quaternaren Ganzheiten kritisch zu beleuchten.

---

[147] VPDT, S. 184. Diese innerpsychische "Wirksamkeit" des Bösen ist für den "Empiriker" Jung schon ein hinreichender Grund dafür, dem Bösen eine "Substanz" (ebd., S. 183) zuzuschreiben, ohne lange danach zu fragen, *was* das Böse denn eigentlich "ist". Es entgeht ihm damit aber die höchst relevante Einsicht, dass das "Wesen" des Bösen das Un-wesen, dass dessen "Grund" die Grundlosigkeit ist, weshalb jede Frage nach dem Ursprung des Bösen - schon bevor sie gestellt wird - zum Scheitern verurteilt ist. Jung kann daher nicht (wie z.B. Augustinus nach intensivster Auseinandersetzung mit dem metaphysischen Dualismus der Manichäer) zu dem Ergebnis kommen: "Quaerebam unde malum, et *male* quaerebam" (vgl. *Confessiones* VII 5, 7).

[148] VPDT, S. 184.

[149] Jung hat unzweifelhaft recht, wenn er behauptet: "In 'dieser' Welt fehlt an keinem Guten ein Böses, an keinem Tag eine Nacht" (ebd., S. 194 f.). Was ihm bestritten wird, ist vielmehr dies, dass er mit der "beobachteten Wirklichkeit" (ebd., S. 183) 'dieser' Welt unvermittelt auch schon die Konstitutionsgründe 'dieser' Welt erfasst habe. Seine Beobachtung gilt nur für den "sublunaren" Bereich. Denn "über" dieser Welt, die in der Drehung abwechselnd hell und dunkel erscheint, leuchtet in "reiner" Helligkeit die eine Sonne! Man wird also nicht fehlgehen, Jung aufgrund seiner Ambivalenzierung von Gut und Böse, Hell und Dunkel usw. als einen "unbewussten" Hegelianer - als Hegelianer wider Wissen und Willen - zu bezeichnen. Er fällt damit aber auch der Kritik anheim, welche dem Hegelschen Denken gegenüber formuliert wird. Sagt z.B. Hegel, um das Gegensatzpaar 'Sein' und 'Nichts' zu erläutern, diese seien wie 'reines Licht und 'reine Nacht' "zwei Leeren, welche dasselbe sind" *(Wissenschaft der Logik* I, Frankfurt/M. 1983, S. 96), so spricht sich schon die physikalische Wirklichkeit gegen eine solche Konzeption aus. Schicken wir nämlich reinweißes Licht durch ein Prisma, so erhalten wir dabei die bunte mannigfaltigkeit der verschiedenen Farben, die in dieser Welt beobachtet werden können. *Was* aber erhalten wir, wenn wir Dunkelheit durchs Prisma schicken!?

[150] Vgl. C. G. Jung, *Erinnerungen* (Fußn. 2), S. 334.

4. Die ums 'Vierte' erweiterte Trinitäts-Auffassung als dialektisierende Verunklärung des Seinsvollzugs

Aufgrund seiner (wie er es nennt) "psychologischen Erfahrung"[151] gelangt Jung zu der Auffassung, dass Gutes und Böses ebenso wie der Christus und der Teufel "äquivalente Gegensätze"[152] seien, dass also das 'Vierte' "unbedingt zur Ganzheit"[153] gehöre, dass m.a.W. die Trinität zur Quaternität erweitert werden müsse, und zwar folgendermaßen[154]:

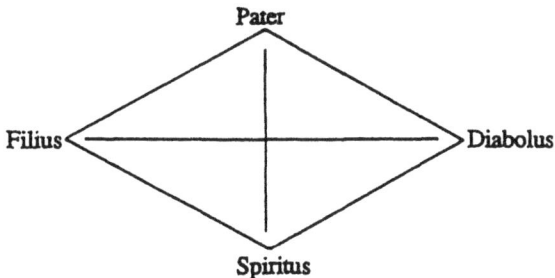

Pater

Filius ————————— **Diabolus**

Spiritus

Durch diese Konzeption wird das Böse wie etwas absolut Beständiges aufgefasst, d.h. in den Fundierungsprozess von Seiendem hineinverlegt, wobei, vor allem wegen der im 'Filius'-'Diabolus'-Gegensatz angedeuteten "gebrochenen

---

[151] VPDT, S. 183.

[152] Ebd., S. 190. - In dieser Gegensatzauffassung ist der 18-jährige Jung besonders von Goethes *Faust* beeinflusst worden. Vgl. ders., *Erinnerungen* (Fußn. 2), S. 239: "Es war vor allem das Problem der Gegensätze von Gut und Böse, von Geist und Stoff, von Hell und Dunkel, das mich aufs tiefste berührte. Faust, der inepte, ahnungslose Philosoph, stößt mit seiner dunklen Seite, mit seinem unheimlichen Schatten, Mephistopheles, zusammen ... Meine inneren Gegensätze schienen hier dramatisiert. Goethe hatte gewissermaßen eine Grundzeichnung und ein Schema meiner eigenen Konflikte und Lösungen gegeben".

[153] VPDT, S. 142.

[154] Ebd., S. 191. - In VPDT (S. 132 f.) bringt Jung, von Platon her, *zwei* sich überkreuzende Gegensätze ('Selbiges', 'Anderes' / 'Unteilbares', 'Teilbares') zur Darstellung, welche in einer 'dritten Form' (τρίτον εἶδος) zu versöhnen seien. In methodologischem Aspekt ist hier allerdings eine Komplexitätsreduktion zu beobachten, welche beim Vor-Letzten stehen bleibt. Denn *bevor* sich überkreuzende Gegensätze sinnvoll betrachtet werden können, ist zuallererst der Gegensatz als solcher und als einzelner in seiner 'dritten Form' hinsichtlich seines Seinsbezug genauer zu kennzeichnen. Platon hat dies im *Sophistes* auf beispielhafte Weise bei der Erläuterung der triplizitären Grundstruktur des Elementarsatzes vorgeführt. Vgl. E. Schadel, *Zur onto-triadischen Begründung ganzheitlichen Denkens*. In: Schadel (Hg.), Ganzheitliches Denken. Festschr. für Arnulf Rieber zum 60. Geb., Frankf./M. u.a. 1996, S. 13-48, bes. 20-22.

Mitte", konzeptionelle Ähnlichkeiten mit dem Hegelschen Dialektizismus un-übersehbar sind[155]. Wie bei Hegel so ist auch bei Jung die menschliche Defi-zienzerfahrung hypostasiert[156]. Dies hat zur Folge, dass der Tiefenaspekt des triplizitär-integrativen Seinsaktes, der in ruhig-fließender Verbindlichkeit alles Seiende von innen heraus durchwirkt[157], bis zur Unkenntlichkeit hin eingetrübt zu sein scheint. Damit geht auch zusammen, dass Jung in seinem Rekurs auf die pythagoreische Zahlensymbolik numerisch statt harmonikal zu "zählen" beginnt, d.h. das paternale Eine als Unbestimmbares bestimmt und als Unerkennbares meint erkennen zu können[158]. (In genuin harmonikaler Betrachtungsart stellt jenes erste Eine hingegen die Oktavproportion 1:2 dar, d.h. eine subsistente Relation im Sinne absoluter Selbstdurchdrungenheit.)

Aus dem erstanfänglichen Gegensatz einer paternalen Unbestimmtheits-Be-stimmung kann per se nichts Klares und Gutes kommen[159]: Die "in der Gottheit latenten Gegensätze" fallen "in der Erzeugung des Sohnes" auseinander und manifestieren sich "im Gegensatz Christus-Teufel"[160]. Die genannte 'Erzeugung' kann also *nicht* in reiner Mitteilsamkeit verstanden werden. (So wie sich dies musikalisch in der Quinte 2:3 zeigt, die in die Oberoktave 2:4 hineinströmt und dabei den gesamten Gehalt der Erst-Oktave 1:2 zum Aufstrahlen bringt.) Besagte 'Erzeugung' ist im Jungschen Verständnis von der Aggressivität des

---

[155] Vgl Oscar Daniel Brauer, *Dialektik der Zeit. Untersuchungen zu Hegels Metaphysik der Weltgeschichte*, Stuttgart 1982 (dazu meine Besprechung in: Salzb. Jahrb. für Philos. 30, 1985, 104-109); ferner Jan van der Meulen, *Hegel. Die gebrochene Mitte*, Hamburg 1958.

[156] Vgl. Friedrich Seifert, *Ideendialektik und Lebensdialektik*. In: Die Kulturelle Bedeu-tung der Komplexen Psychologie. Hg. vom Psychologischen Club Zürich, Berlin 1935, S. 237-270, bes. 265: "Jeder Schritt in Richtung höheren Bewusstwerdens setzt Trennung, Entzweiung, also Leiden voraus, dem das Ich sich zu stellen hat ... In dieser Frage zeigt sich wiederum über alle zeitlichen und individuellen Verschiedenheiten hinweg weitgehende Übereinstimmung zwischen Hegel und Jung".

[157] Vgl. Thomas v. Aquin, *Summa contra gentiles* I, c. 20: "Esse ... est aliquid fixum et quietum in ente".

[158] Vgl. VPDT, S. 132; ebd., S. 149: "Der Vater als das ursprünglich Eine war kein Bestimmtes oder Bestimmbares und konnte im eigentlichen Sinne noch nicht 'Vater' heißen oder sein. Durch seine Inkarnation im Sohne aber wird er 'Vater' und damit 'Bestimmtes' und 'Bestimmbares'". - Bezeichnenderweise lässt Marie-Louise von Franz in ihrer Studie *Zahl und Zeit* (Frankf/M. 1980) die harmonikale Zahlentheorie (welche zur Überwindung der Unbe-stimmtheits-Bestimmung beitragen könnte) "unberücksichtigt, obwohl dort reiche Bezüge zu entdecken wären" (ebd., S. 7). Vgl. oben die in Fußnote 133 genannte Studie.

[159] So sagt Jung in der Tat hinsichtlich des Lutherischen 'deus absconditus': "Mord und Totschlag, Krieg, Krankheit und Verbrechen und jegliche Scheußlichkeit fällt in die Einheit der Gottheit" (VPDT, S. 191).

[160] VPDT, S. 191.

unbefriedeten paternalen Anfangs "aufgeladen" und daher eher als "Spaltung"[161] zu bezeichnen, als ein hektisches 'Sich-Abstoßen' des 'Anderen' vom 'Einen'[162]. Jung scheut sich in diesem Zusammenhang auch nicht, nochmals die Freudsche These vom "Vatermord"[163] zu formulieren. Er zeigt damit aber, dass er von seiner Denkvoraussetzung her den okzidentalen Rationalismus, den er in seinem tragischen Scheitern zu kritisieren trachtet, letztlich *nicht* überwunden hat[164].)

Jung sagt zwar mit gewissem Recht, dass die trinitarische Phase des 'Sohnes' einen "Konfliktzustand par excellence"[165] darstelle. Doch ist dabei zu beachten, dass in diesem 'Konfliktzustand' die Bedingungen, die beim äußeren Auftreten des Logos entstehen, bezeichnet werden, insofern dieser als inkarnierter zur Entscheidung aufruft[166]. Bezeichnet wird damit jedoch keinesfalls seine "Befindlichkeit" innerhalb des Logos, insofern er die zweite Hypostase des trinitari-

---

[161] Ebd., S. 132. Von 'Entzweiung' und 'Trennung' ist auch in der zweiten Phase der Hegelschen Trinitätsauffassung die Rede; vgl. G. W. F. Hegel, *Vorlesungen über die Philosophie der Religion.* Teil 3. Hg. von Walter Jaeschke. Hamburg 1984, S. 198.

[162] Vgl. VPDT, S. 132: "Das Eine will das Andere nicht entlassen, weil es sonst seinen Charakter verlöre" [welchen wohl!?], "und das Andere stößt sich im Einen ab, um überhaupt zu bestehen". So als hätte er ein solches Konzept der innergöttlichen Zeugung ausschließen wollen, sagt allerdings bereits Origenes: "Der Vater hat den Sohn nicht in solcher Weise geboren, dass er ihn als Vater gleich nach der Geburt abstoßen würde; er gebiert ihn vielmehr immerdar" (ἀεὶ γεννᾷ αὐτόν) *(Die griechisch erhaltenen Jeremiahomilien.* Übers. u. hg. v. E. Schadel, Stuttgart 1980, S. 118; weiterführende Erklärungen ebd., S. 281-284.

[163] Vgl. VPDT S. 197.

[164] Nach Leszek Kolakowski *(Zweifel an der Methode,* Stuttgart 1977) ist es nämlich Descartes, der Erzvater des neuzeitlichen Rationalismus, der in einem "neurotischen Glauben an die unermeßliche Kraft des Denkens" (ebd., S. 65) den 'Vatermord' verübte und daraufhin, um die aus parrizidalen Sehnsüchten erwachsenen Schuldgefühle zu kompensieren, einen sog. ontologischen Gottesbeweis unternahm (ebd.). Vgl. ansonsten Sigmund Freud, *Totem und Tabu.* In: Freud, Studienausgabe. Bd. IX, Frankf./M. 1982, S. 287-444, bes. 414-417, 425-436.

[165] VPDT, S. 199.

[166] Vgl. Origenes, *Hom. in Ex.* 3, 3: "Seitdem Moses und Aaron zum Pharao zu reden anfangen, wird das Volk Gottes geschlagen: Seitdem das Wort Gottes in deine Seele eingedrungen ist, muss der Kampf zwischen den Tugenden und den Lastern anheben. Bevor das Wort kam, um die Laster anzugreifen, wohnten diese friedlich in dir. Wenn aber das Wort Gottes anfängt, jedes einzelne von ihnen ins Gericht zu nehmen, entsteht ... ein erbarmungsloser Krieg!" - Im Gegensatz zu Jung, der, wie obiges Schema zeigt, das Kreuz als strukturbildend für den *gesamten* trinitarisch-quaternarischen Prozess auffasst, betont Marie-Louise von Franz mit Recht: "Das Kreuz gehört innerhalb der Trinität wesentlich zur Hypostase des Sohnes" *(Die Visionen des Nikolaus von Flüe,* Zürich ²1960, S. 68). Dies entspricht auch dem ikonographischen Befund: vgl. Fides Buchheim, *Der Gnadenstuhl. Darstellung der Dreifaltigkeit,* Würzburg 1984.

schen Prozesses darstellt. (Wir werden dies nachfolgend bei der Herausarbeitung der den Logos kennzeichnenden 'reinen Relation' noch deutlicher betrachten.)

Jung trägt jedoch jene Außen-Bedingung in den Prozess der Logos-Zeugung hinein, indem er dem Logos-Christus einen dunklen und Verwirrung stiftenden Widerpart - den Diabolus - gegenüberstellt[167]. Dabei ist freilich vorausgesetzt, dass der kontradiktorische Gegensatz, der beim innertrinitarischen Hervorgang der Idealität aus der Realität entsteht, durch einen konträren "ersetzt" werden könne[168].

Weil von daher jedoch die ideelle Ausdrucksbewegung im Jungschen Trinitätskonzept gewissermaßen verunschärft wird, kann es - eben deshalb, weil akttheoretisch vollgültige Vereinigung klare Konturen desjenigen, was vereinigt werden soll, voraussetzt - auch nicht zu einem vollendeten Zusammmenstimmen kommen. (So wie es sich im Musikalischen in der Zusammenkunft der hellen "großen" Terz 4:5 und der lieblichen "kleinen" Terz 5:6 im fünften Oberton bekundet.)

Die Jungsche Beschreibung des 'Hl Geistes' fällt auch dementsprechend aus. Dieser ist für ihn "ein abgründiges Eines, in welchem die Liebe und der Schrecken Gottes ... zusammengeschmolzen sind"[169]. Als "Synthesis des ursprünglich Einen und dann Zerspalteten erfließt" [er] "einer lichten *und* einer dunklen Quelle"[170]. D.h. also: Die Zwiespältigkeit, die Jung im 'Anfang' des Einen annahm und die sich dann in der "Mitte' manifestierte, hält sich bis ins 'Ende' hinein durch. Der 'Riß' im "Walten der Differenz"[171] erscheint unüberbrückbar. Jung fordert daher die "Anerkennung des Unbewussten"[172].

Vergleichen wir die Jungsche Konzeption des zur Quaternität "erweiterten" Trinitätsprozesses mit dem, was oben als in-ek-kon-sistential strukturierter Archetyp eruiert wurde, so kann nun deutlich werden, dass die Jungsche Denkungsart deswegen in eine prinzipielle Verunklärung "eingetaucht" ist, weil sie - in Ermangelung einer onto-harmonikalen Perspektive - die insistente Realität

---

[167] So meint Jung tatsächlich auch an der Christus-Gestalt der kirchlichen Überlieferung kritisieren zu müssen, dass ihr "die Nachtseite der seelischen Natur, die Finsternis des Geistes und die Sünde" fehle [!] (VPDT, S. 170).

[168] Vgl. H. Beck, *Der Akt-Charakter des Seins* [Fußn. 125], S. 180: "Wenn das Sein als solches erkannt wird, so tritt es in den kontradiktorischen Gegensatz zu sich selbst, der hier nicht als inhaltlich-konträre Andersheit (wie bei Hegel), sondern als rein modaler relativer Gegensatz zu verstehen ist". Zu der hier implizierten Unterscheidung von 'relativem' und 'absolutem' Nichts vgl. ebd., S. 178 f.

[169] VPDT, S. 192.

[170] Ebd., S. 194. (Hervorh. E.S.]

[171] Vgl. M. Heidegger, *Identität und Differenz*, Pfullingen 1957, S. 69.

[172] VPDT, S. 199.

des paternalen Ursprungs, d.h. dessen in sich beständige Selbstbezüglichkeit nicht aufzuspüren vermochte. Damit aber ist es ihm auch nicht möglich, das Verhältnis des filialen 'Logos' gegenüber der paternalen 'Arché' als reine Relationalität, in welcher die ideale Differenz ihre spezifische Gestalt ausprägt, zu verstehen.

Unter der Voraussetzung, dass innerhalb des Prozesses der Selbstvergewisserung die Ausbildung einer klar konturierenden intellektualen Distanz "ausfällt", kann es schließlich auch, wie zu sehen war, zu keiner wirklichen Synthese in der Bonität des alles vollendenden Liebesaktes kommen. D.h. aber: Der gesamte archetypische Prozess, der von Jung in "phänomenologischer" Weise expliziert wird, bleibt von konzeptionellen Verschwommenheiten, welche für das rein empirische Bewusstsein charakteristisch sind, betroffen. Dies kann als ein Indiz dafür gelten, dass Jung das ihm bekannte Theorem der Einheit von Selbst- und Gotteserkenntnis *nicht* im Sinne des Augustinischen "Transcende et teipsum"[173] interpretiert. Er bleibt in bewusstseins-immanenter Betrachtungsweise stehen und schenkt dem entscheidenden Schritt, der Entzeitlichung der von ambivalenter Zeitlichkeit betroffenen menschlichen Geistinnerlichkeit, keine Beachtung.

5. Das nicht erreichte Konzept der 'reinen Relation'

Beklagt sich Jung darüber, dass er die Einsicht, dass die Trinität "überhaupt etwas" bedeute, "aus den traditionellen Übermittlungen nicht gewinnen" konnte[174], so ist dies wohl weniger auf diese 'Übermittungen' als vielmehr darauf zurückzuführen, dass er dieselben nicht sachwillig genug rezipierte und, statt sich auf Abhandlungen über trinitarische Metaphysik einzulassen, vorrangig und mit philologischer Akribie alchemistische Texte und die darin enthaltenen Quaternitäts-Vorstellungen recherchierte[175].

---

[173] Vgl. Augustinus, *De vera religione* 39, 72. Dieses "Transcende et teipsum" steht im Kontext des Zitats, das Jung als Motto vor seine Trinitätsabhandlung setzte; vgl. Fußn. 106.

[174] VPDT, S. 205.

[175] Jung wehrt sich zwar gegen eine solche Einschätzung in spürbar animöser Weise; er sage "Meine Kritiker scheinen komischerweise der Meinung zu huldigen, dass ich eine besondere Vorliebe für die Vierzahl hätte und sie deshalb überall finde. Sie sollten nur einmal einen alchemistischen Traktat zur Hand nehmen, - aber das ist offenbar zu anstrengend. Da 'Wissenschaftlichkeit' zu neunzig Prozent aus Vorurteilen besteht, braucht es regelmäßig sehr lange, bis Tatsachen gesehen werden" *(Studien über alchemistische Vorstellungen, GW 13, 1978, S. 289).* Auftauchende trinitarische "Tatsachen" erwecken allerdings nicht gleichgewichtig die Jungsche Aufmerksamkeit; so gesteht er zwar: "Die Verwendung der Trinitätsformel ist in der Alchemie so häufig, dass weitere Belege sich er-

Der Bedeutungsgehalt der im vorangehenden Abschnitt erwähnten 'reinen Relationalität', deren Kenntnis für die Auslegung des innertrinitarischen Prozesses systematisch höchst bedeutsam ist, ließe sich z.B. an der Augustinischen Theorie des 'inneren Wortes' eruieren[176]. Damit ist gemeint, dass dasjenige, was wir im Realgedächtnis bewahren, - in uns bleibend - in die ideale Vernunft hervortritt, *ohne* dass dabei irgendwelche inhaltlichen Differenzen entstehen, durch welche die Jungsche Auffassung vom aggressiven Sich-Abstoßen des Logos-Sohnes gerechtfertigt werden könnte. Die 'reine Relation' ist der Sache nach im dogmengeschichtlichen Begriff der *'Homoousie'* (der behauptet, dass der Logos-Sohn *gleichen* Wesens wie der paternale Seinsgrund sei) impliziert. Diesem Terminus legt Jung in seiner Trinitätsabhandlung großes Gewicht bei. Er will ihn sogar bis in die altägyptische Königstheologie zurückführen[177]; er weiß, dass ihn die Arianer durch eine ihnen vernünftiger erscheinende *'Homoiousie'* (durch die These, das jenem Logos nur ein *ähnliches* Wesen zukomme) zu ersetzen versuchten[178]; er weiß auch, dass "viele Kämpfe"[179] deswegen entfacht wurden; und er behauptet schließlich, dass die Homoousie "psychologisch absolut erforderlich"[180] sei - nur eines ist ihm offensichtlich "unbewusst" geblieben: *was* mit diesem Terminus der *'Homoousie'* in systematischer Rücksicht gemeint ist und welchen distinkten Sinngehalt er zu explizieren versucht[181].

übrigen" *(Mysterium coniunctionis,* GW 14/1, 1972. S. 201). Dass das Trinitarische auch außerhalb der alchemistischen Traktate eine ideengeschichtlich höchst bedeutsame Rolle spielte, dürfte Jung im allgemeinen auch nicht unbekannt gewesen sein; er lässt dies weitgehend unerforscht. Zu dem damit unberücksichtigt Gelassenen vgl. E. Schadel (Hg.), *Bibliotheca Trinitariorum. Internationale Bibliographie trinitarischer Literatrur* Bde. I/II, München-New York 1984/88. - Hingewiesen sei in diesem Zusammenhang auch auf psychologische Untersuchungen zum Klassifikationsproblem. Dabei hat sich eine "Bevorzugung der Zwei- und Dreigliedrigkeit" herausgestellt; es zeigt sich, "dass die größte Verbreitung ... die Zahlen 2 und 3 finden. Die Zahl 4 kommt seltener vor und größeren Zahlen begegnen wir nur sporadisch" (Géza Révész, *Die Trias. Analyse der dualen und trialen Systeme,* München 1957, S. 10).

[176] Vgl. hierzu z.B. Augustinus, *De Trinitate* XV, 10, 17 - 16, 26.

[177] Vgl. VPDT, S. 128-130, 143, 162.

[178] Ebd., S. 167.

[179] Ebd., S. 211.- Eine konzise Übersicht über jene 'Kämpfe' und deren inneren Motive findet sich in der in Fußn. 44 genannten Studie von Franz Dünzl.

[180] VPDT, S. 211.

[181] Jung sagt (ebd.) zwar noch, dass zur Aufschlüsselung des Trinitarischen die 'Homoousie' wichtig sei, um den "Wandlungsprozess einer und derselben Substanz, nämlich der Psyche im Ganzen" erkennen zu können; doch unterlässt er die dabei notwendig werdende akt- und relationstheoretische Analyse dieses Ganzheits-Prozesses.

6. Vorontologische Antithetik, Verteufelung des Weiblichen durch Verwechslung von Gegensatz-Arten

Eine verkürzte Analyse des trinitarischen Prozesses kommt schließlich darin zum Vorschein, dass Jung in gewisser Spannung zu seiner These, Trinität sei einer "autonomen Leistung des *Unbewussten*"[182] zu verdanken, dennoch zu der Auffassung gelangt, sie sei "eine hypostasierte, supreme Darstellung des *'Gedachtseins'*"[183], das als "abstrakte Vollkommenheit"[184] und "Vergeistigung zur gesundheitschädigenden Einseitigkeit zu werden droht"[185] und deswegen, wie er meint, durch ein 'Viertes' kompensiert werden müsse. Jung hätte sich hier zu fragen, ob er hier nicht gegen seinen wichtigen 'Grundsatz intellektueller Moral' verstößt, nämlich gegen das *'Principia explicandi non sunt multiplicanda praeter necessitatem*"[186]. Doch ist er offensichtlich so sehr von *seiner* Art des Gegensatz-Verständnisses durchdrungen, dass er die "Drei" (deren Binnenstruktur er ausblendet) wie *einen* Pol auffasst, welchem er das Vierte' als *anderen* Pol gegenüberstellt. Aufgrund dieser theoretischen Gewaltsamkeit (in der Triadisches und Dyadisches so miteinander verquickt werden, dass dieses zuungunsten von jenem in den Vordergrund rückt) gelangt er zu folgender Gegenüberstellung:

	Drei	:	Vier
=	Geistig	:	Natürlich
=	Männlich-Väterlich	:	Weiblich-Mütterlich[187].

---

[182] VPDT, S. 174 [Hervorh. E.S.]

[183] Ebd., S. 146; vgl. ebd., S. 132: "Die Dreiheit ist ... eine Entfaltung des Einen zur Erkennbarkeit". Der gleiche Satz findet sich bereits in PT, S. 35. Hier ist nach dem Wort 'Erkennbarkeit' allerdings noch die Erläuterung gegeben: "d.h. zur Wirklichkeit in Raum und Zeit". Dem ist zu entnehmen, dass Jung sich in seinen Überlegungen dem *Neben*- und *Nach*einander verpflichtet weiß, auf das organische *I*neinander der betrachteten Element aber keinen Wert legt.

[184] VPDT, S. 173.

[185] Ebd.. S. 210.

[186] Vgl. C. G. Jung, *Definitionen*. In: Psychologische Typen (GW 6) 1971, S. 536. - Vgl. Guillermus de Ockham, *Quaetiones in librum secundum sententiarum* (Opera theologica. Vol. 5). Edd. Gedeon Gál et Rega Wood, St. Bonaventure, N. Y. 1981, S. 442: "Pluralitas non est ponenda sine necessitate".

[187] Vgl. *Aurora consurgens*. Hg. u. kommentiert von Marie-Louise von Franz (GW 14 / Ergänzungsband) 1973, S. 288: "Vier hat die Bedeutung des Weiblichen, Mütterlichen, Physischen, Drei die des Männlichen, Väterlichen, Geistigen. Die Unsicherheit zwischen Vier und Drei bedeutet also soviel als ein Schwanken zwischen Geistig und Natürlich". Vgl. auch Gotthilf Isler, *Von der Notwendigkeit, mit dem Bösen umzugehen*. In: Jungiana, Reihe A, 3

Würde Jung ontologisch, d.h. vom allgemeinen Seinsvollzug her die Dinge betrachten, so würde ihm deutlich werden, dass das von ihm so bezeichnete "Dilemma des bloßen Gedachtseins und der Wirklichkeit"[188] im Grund gar nicht besteht. Denn 'Gedachtsein' "gäbe" es gar nicht, wenn es nicht (von einem realen Problemgehalt her) verwirklicht wäre.

In diesem Sinne ist jedoch auch die Geist-Natur-Antithese, die Jung aufbaut, zu analysieren. Es handelt sich hier keinesfalls - so wie es die Cartesianische Unterscheidung zwischen *'res cogitans non extensa'* und *'res extensa non cogitans'*[189] suggeriert - um einander ausschließende Gegensätze, sondern beide, Geist und Natur, sind wesenhaft verschiedene Ausprägungen des *einen* sowohl vor-geistigen wie auch vor-natürlichen Selbstvollzuges, welcher oben als in-ek-kon-sistenzialer Trinitäts-Archetyp umschrieben wurde.

Ähnliches gilt sicherlich auch von der das eine Menschsein kennzeichnenden Geschlechterdifferenz. Denn Mann und Frau sind trotz oder vielmehr: gerade wegen ihrer spezifischen Ausprägungen des einen Menschseins im Sinne eines komplementären und relativen Gegensatzes aufeinander bezogen. Einer ist hierbei des anderen Werk[190]. In der 'Gemeinschaft' sind sie nicht bloß körperlich, sondern auch geistig zeugungsfähig[191]. Die "weibliche" Eigenschaft der "Empfänglichkeit' *(conceptio)* ist dabei durchaus auch in Männern anzunehmen. (Man denke z.B. an große Komponisten, die zündende Einfälle "empfangen" haben, diese dann aber auch "auszuarbeiten" hatten.) Wie umgekehrterweise die "männliche" Eigenschaft des 'Ausformens' *(expessio)* sicherlich auch in Frauen auffindbar ist. Mann und Frau sind solchermaßen - in je verschiedener Akzentuierung - auf die trinitarische Vollendung, die im lebendigen Wechselbezug von Empfangen und Ausformen besteht, angelegt.

Hätte Jung derartige onto-anthropologische Überlegungen angestellt, wäre er wohl kaum dem Gedanken verfallen, dass die päpstliche Verkündigung der Assumptio Mariae (von 1950) eine "Vorbereitung ... zur Quaternität"[192] darstelle. Er überschreitet in einem anderen Kontext die Grenze zur gnostizistischen Fabelei, die letztlich auf eine Verteufelung des Weiblichen hinausläuft. So

---

(1991, S. 91-104, hier S. 99: "Der Archetyp des Weiblichen hat ... zu tun mit der Erde, der Natur, den Dunkelheiten des Körpers und der Materie".

[188] VPDT, S. 136.

[189] Vgl. René Descartes, *Meditationes de prima philosophia* III, § 21.

[190] Zu diesem Motiv des 'opus alterum per alterum' vgl. Heinrich Schipperges (Hg.), *Hildegard von Bingen*, Freiburg 1979, S. 147-160; ferner Heinrich Beck / Arnulf Rieber, *Anthropologie und Ethik der Sexualität*, München-Salzburg 1982; Vladimir Solov'ev, *Der Sinn der Liebe*, Hamburg 1985.

[191] Vgl. Platon, *Symposion* 206 c: ἡ γὰρ ἀνδὸς καὶ γυναικὸς συνουσία τόκος.

[192] VPDT, S. 187.

wie es nämlich das Wortspiel 'mater'-'materia' vorgibt, heißt 'Vorbereitung zur Quaternität' nach Jung: Es "wird der Stoff in den metaphysischen Bereich gerückt und mit ihm das korrumpierende Prinzip der Welt, das Böse"[193]. Damit sind der "Zwiespaltsteufel" und mit ihm, wie Jung sagt, "zugleich auch das Weibliche"[194] ins Spiel gebracht, wobei letzteres "ex parte diaboli"[195] zu verstehen ist.

Wie es scheint, ist damit ein "wunder" Punkt der Jungschen Psychologie berührt, - ein Punkt der nicht bloß vom derzeitigen Feminismus als skandalös empfunden wird, sondern auch sonst immer wieder dazu führt, dass sie als Ganzheitskonzept insgesamt in Verruf gerät und - vielleicht nicht zu Unrecht - überschüssige Ablehnung hervorruft. Um einer solchen, soweit es möglich ist, zu entgegnen, sei angemerkt, dass die obige Eskapade einer Abwertung des Weiblichen bei Jung selbst in gewisser Weise "kompensiert" ist, insofern er "die Gestalt der Gottesmutter ... als 'Symbol' der essentiellen Anteilnahme der Menschheit an der Trinität"[196] interpretiert und insofern er das Mann-Frau-Verhältnis sehr wohl als eine wechselseitig sich fordernde und fördernde Bezugseinheit zu analysieren versteht[197].

---

[193] Ebd.

[194] VPDT, S. 193.

[195] Vgl. C. G. Jung, *Mysterium coniunctionis* (GW 14/1) 1972, S. 205.

[196] VPDT, S. 176. Im Gegensatz zu dieser Behauptung scheint die Jungsche Beobachtung zu stehen, dass die altägyptische Königinmutter - ebenso wie Maria im Christentum - sich "außerhalb der Trinität" befindet (ebd., S. 129). Doch ist hier - was Jung nicht immer hinreichend klarlegt - zwischen historischem Befund, der eine Perversion beinhalten kann, und philosophischer Wesensanalyse, die die positive Sinngestalt einer Sache herausarbeitet, zu unterscheiden. Im zuletzt genannten Sinne versteht etwa das Spätmittelalter Maria als 'Wohnstätte der Trinität', sogar als 'templum Trinitatis', was gemäß dem Theorem der 'inhabitatio Trinitatis' auf exemplarische Weise für jeden Menschen Gültigkeit besitzt. Vgl. im Einzelnen Peter Kern, *Trinität, Maria, Inkarnation. Studien zur Thematik der deutschen Dichtung des späten Mittelalters*, Berlin 1971, bes. S. 128-138; Heinrich Rombach, *Sein - Gott - Welt. Zum Hochaltar des Münsters in Freiburg im Breisgau.* In: Rombach (u.a., Hgg.), Sein und Nichts, Freiburg-Wien 1981, S. 11-27 (Maria wird hier im Bezug zu den drei göttlichen Personen in ähnlicher Weise interpretiert, wie Jung es *[Mysterium coniunctionis*, GW 14/1, 1972, S. 203] vorgibt). Sieben einzelne Artikel über den Zusammenhang zwischen Maria und Trinität sind enthalten in: Estudios trinitarios 19 (Salamanca 1985).

[197] Vgl. z.B. C. G. Jung, *Psychologische Typen* (GW 6) 1971, S. 508: "Eine sehr weibliche Frau hat eine männliche Seele, ein sehr männlicher Mann eine weibliche Seele". Entsprechend ist sicherlich auch die Jungsche Behauptung umkehrbar: "Die Frau mit ihrer der männlichen so unähnlichen Psychologie ist (und war stets) eine Quelle der Information über Dinge, für die der Mann keine Augen hat" *(Zwei Schriften über Analytische Psychologie*, GW 7, 1971, S. 207).

Versucht man "psychologisierend" den obigen lapsus analyseos zu verstehen, so mag er eventuell von daher rühren, dass Jung im "Strudel" der alchemistischen Gegensatzaufzählungen[198] den Überblick verlor und dabei *kontradiktorische* Gegensätze, die kein 'Mittleres' haben und einander ausschließen (z.b. Sein-Nichts, Wahr-Falsch, Gut-Böse), mit *relativ-komplementären*, die ein 'Mittleres' haben und einander einschließen (z.b. Form-Materie, Vater-Sohn, Lehrer-Schüler und eben auch: Mann-Frau), konfundierte.

Ein äußerlicher theologiegeschichtlicher Grund für Jungs Annahme, dass im Trinitarischen "das weibliche Element ausgeschlossen"[199] sei, mag u.a. auch darin liegen, dass die "offizielle" Theologie die "Empfänglichkeit Gottes"[200] zu wenig herausgearbeitet hat. Diesem Manko hätte allerdings durch eine intimere Kenntnis der trinitarischen Metaphysik abgeholfen werden können. In dieser wird die Logos-Zeugung als *'generatio spiritualis'* per modum intellectus'[201] umschrieben, was, wie jeder Mann / jede Frau introspektiv "verifizieren" kann, eine androgyne Ersthypostase voraussetzt. (Thomas Campanella redet in diesem Zusammenhang vom *'uterus Patris'* als der 'foecunda potestas' schlechthin[202].)

7. Integration des 'Schattens' im Sinne der Aristotelischen Mesotes-Konzeption

Das Problem des Bösen hat Jung stets innerlich bewegt. Obwohl oben bereits, vermittels der Negativ-Triade, ein Lösungsangebot dafür vorgelegt wurde, wollen wir hier nochmals darauf eingehen, und zwar deshalb, weil Jung selbst es im Problemzusammenhang von Quaternität und Ganzheit behandelt. Jung geht davon aus, dass der Individuationsprozess "durch eine Bewusstwerdung des 'Schattens'"[203] eingeleitet werde. Er betont dabei, dass "ohne Integra-

---

[198] Vgl. hierzu z.B. C. G. Jung. *Mysterium coniunctionis* (GW 14/1) 1972, S. 1 f.
[199] VPDT, S. 146.
[200] Vgl. hierzu Heinrich Beck, *Natürliche Theologie. Grundriss philosophischer Gotteserkenntnis*, München-Salzburg ²1988, bes. S. 202-205.
[201] Vgl. z.B. Girolamo Savonarola, *Triumphus crucis*. A cura di Mario Ferrara, Roma 1963, S. 134.
[202] Vgl. Tommaso Campanella, *De sancta Monotriade*. A cura di Romano Amerio, Padova 1958, S. 84. u. 46; dazu C. G. Jung, *Erinnerungen* (Fußn. 2), S. 356: "Eros ist ein Kosmogonos, ein Schöpfer und *Vater-Mutter* aller Bewusstheit" [Hervorh. E.S.].
[203] VPDT, S. 215.

tion des Bösen ... keine Ganzheit"[204] möglich sei und dass "Totalität ... per defintionem die hellen und dunklen Aspekte einschließen"[205] müsse.

A primera vista wird hier kein Gutwilliger widersprechen. Probleme entstehen jedoch, sobald man die geforderte Integration zu realisieren versucht. Denn die Redeweise von "dem" Schatten, "dem" Bösen und "dem" Dunklen suggeriert durch die Artikelsetzung eine Selbständigkeit des jeweils Bezeichneten, welche bei inhaltlicher Prüfung allerdings gar nicht auffindbar ist. Denn ein Schatten ist ohne die Sache, die ihn wirft, 'an sich' nichts. Sobald dasjenige, wodurch er geworfen wird, weggenommen ist, ist auch er verschwunden. Im "wirklichen" Dunkel ist nichts zu erkennen, kann nichts identifiziert werden. Ist die Dunkelheit aber in Helligkeit übergegangen, so werden die Gegenstände, die jene verhüllt hat, nicht aber die Dunkelheit selbst sichtbar; und es ist dann so, "als ob nichts gewesen wäre".

Wie steht es dann aber mit "dem" Übel oder "dem" Bösen? Nehmen wir als Beispiel dafür eine "böse" Krankheit. Hier wird Ähnliches wie beim Schatten und bei der Dunkelheit zu beobachten bzw. *nicht* zu beobachten sein. Während nämlich der Leib ohne Krankheit sehr wohl sein kann und an sich etwas (eine Struktur, eine Proportion) ist, kann eine Krankheit 'an sich' nicht sein. 'An sich' betrachtet ist sie nichts. (Weshalb also kein Mediziner jemals die 'Krankheit an sich' zu behandeln vermag. Das Richtmaß seiner Therapie stellt vielmehr der gesunde Leib dar, der als solcher, so gut es geht, wiederhergestellt werden soll.)

Das heißt aber: Dasjenige was Jung als 'Viertes' zur Integration anbietet, "partizipiert" durchgängig am paradoxen Charakter des Nichts, welches sich in dem Maße entzieht, in dem man es zu ergreifen versucht[206]. Nichts aber lässt sich, eben weil es nichts ist, - auch bei bestem Willen, dies zu tun - nicht integrieren. Es ist, wie Jung selbst an der in Märchen und Traummotiven auftauchenden Gestalt des 'Vierten' herausarbeitet, *per se* "inkompatibel, verwerflich, angsterregend"[207]. Würde man dieses partout zu integrieren versuchen, so bedeutete dies, dass die Ganzheit, die ohne Vollkommenheit keine sein kann, durch Hereinnahme eines per se Unvollkommenen vollkommen gemacht werden solle. Jung selbst scheint indes die Unsinnigkeit dieses Unterfangens eingesehen zu haben[208].

---

[204] Ebd., S. 170.

[205] Vgl. C. G. Jung, *Aion* (GW 9/2, 1976), S. 73.

[206] Vgl. hierzu die paradoxalen Analysen in Rudolph Berlinger, *Das Nichts und der Tod*, Frankf./M. 1972.

[207] VPDT, S. 206; ebd., S. 188: "Der Teufel ist ohne Zweifel eine missliche Gestalt".

[208] So sagt er z.B. von der quaternaren 'Ganzheit', die der 'Naturmensch' (gegenüber dem im Trinitarischen verweilenden 'Kulturmenschen') besitzt: "Es ist eigentlich nichts Bewundernswertes daran. Es ist die ewige Unbewusstheit, Sumpf und Schmutz" (VPDT, S. 195).

Vielleicht aber hatte Jung doch etwas 'an sich' Positives "in petto", als er 'das Leben als einen energetischen Prozess' definierte, der zu seiner Erhaltung der 'Gegensatzspannung' bedarf[209]. Um diese Definition etwas eingehender zu erläutern, nehmen wir die Aristotelische Konzeption in die Überlegung auf, wonach jede wahre und wirkliche Tugend als 'Mitte' zweier Extreme zu erläutern ist[210]. Als Standard-Beispiel dient hierfür die Tapferkeit', die als 'Mitte' (μεσότης) zwischen 'Feigheit' und 'Draufgängertum' zustande kommt[211].

Die Ausgangssituation hierfür ist alltäglich gegeben. Wir können den Feigling und den Tolldreisten in einzelnen Personen, aber auch in uns selbst repräsentiert sehen: Der Tolldreiste wirft dem Feigling vor, dass er nicht handle; dieser kritisiert an jenem den Mangel an Besonnenheit. Diese "Überkreuzung" stellt die jeweiligen Vor- und Nachteile beider Einstellungsweisen heraus und lässt sich folgendermaßen schematisieren:

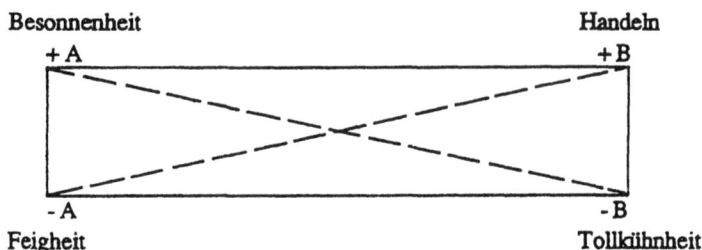

Besonnenheit			Handeln
+ A			+ B
- A			- B
Feigheit			Tollkühnheit

'Tapferkeit' ergibt sich somit als Verschmelzung zweier positiver Seinsvollzüge: der 'Besonnenheit' (als dem Vorzug des Feigen, wobei dessen Nachteil, die Zaghaftigkeit, zurückgelassen wird) und der 'Tatkraft' (als dem Vorzug des Tollkühnen, wobei dessen Nachteil, die Blindwütigkeit, ausgeblendet bleibt). Integration bedeutet in diesem Sinne, dass der jeweilige 'Schatten', der zur läuternden Emporwandlung anreizte, von selbst verschwindet. Als 'Ergebnis' zeigt sich eine lebendig pulsierende Gedoppeltheit, am Beispiel der Tapferkeit: die *in* Besonnenheit sich vollziehende Tat.

Die 'Quaternität' des obigen Schemas ist, prozesstheoretisch betrachtet, also nur eine scheinbare. Das Wesentliche stellt darin die *zweifache* Positivität dar,

---

[209] Vgl. VPDT, S. 214.

[210] Vgl. hierzu im allgemeinen Nicolai Hartmann, *Ethik*, Berlin 1962, Kap. 48 u. 61; ferner Johannes van der Meulen, *Aristoteles. Die Mitte in seinem Denken*, Meisenheim ²1968; Ursula Wolf, *Über den Sinn der Aristotelischen Mesoteslehre*. In: Ofried Höffe (Hg.), Die Nikomachische Ethik, Berlin 1995, S. 83-108.

[211] Aristoteles, *Eth. Nic.* II, 2 [1104 a.19-22].

54

die in distinkter Bezogenheit jene 'energetische Gegensatzspannung' ausmacht, welche der Ausgliederung des Ganzen dient und somit als Partizipationsbewegung am universalen Identitätsakt des trinitarischen Archetyps zu verstehen ist[212].

Im Hinblick auf das gegebene Beispiel heißt dies: Das eine in-sistente Menschsein (das sowohl im Feigling als auch im Tolldreisten als Denk- und Handlungsgrund vorauszusetzen ist und - vorgängig zu seinem Denken und Handen - kraft inhaltsbezogener Abstraktion die Welt- und Seinsgehalte in sich versammelt hat) manifestiert sich innerlich ek-sistierend in der Besonnenheit (die die positive Eigenschaft des "Feiglings" ausmacht); und es vollendet sich schließlich, nachdem die nötige Durchklärung der jeweiligen Situation erreicht ist, in der Kon-sistenz des beherzten Engagments (das die positive Eigenschaft des "Draufgängers" darstellt).

Die ontotriadisch aufgehellte Mesotes-Konzeption des Aristoteles erlaubt auf diese Weise tatsächlich den Nachweis, dass "alles Seiende" - auch dann, wenn nur ein Pol des Ergänzungsgegensatzes akzentuiert hervorgetreten ist - "von Natur aus etwas Göttliches in sich hat"[213]. Es wird dadurch vor allem verhindert, dass dasjenige, was in der kontingenten Umnichtung des 'Schattens' erscheint (d.h. letztlich alles Raum-Zeitliche) voreilig verworfen wird, ohne dass es seine jeweils positive "Seite" zeigen und ins Spiel bringen konnte. Wie es scheint, wird in dieser Betrachtungsart sehr viel besser als in einer inhomogenen Quaternität jene von Jung gesuchte "gesunde Basis"[214] markiert, die "ganzmachende Wirkung"[215] und umfassende "Bewusstseinsorientierung"[216] verspricht.

8. Trinitarischer Archetyp als an sich positive Bezugseinheit mannigfacher Ausgliederungen

Als Einwände gegen diese Erörterungen sind vom eifrigen "Jungianer" zu erwarten: Die Aspektenvielfalt, die Fülle und der Reichtum der Jungschen

---

[212] Dieser Archetyp ek-sistiert in 'theoretischer' Besonnenheit, die den problematisierten Seinsgehalt in sich vergegenwärtigt; und er kon-sistiert in 'praktischer' Umsetzung eben dieses Gehaltes (oder ein wertschätzenden Genuss desselben). Aristoteles erklärt in diesem Sinne auf lapidare Weise: "Das Ziel der betrachtenden Wissenschaft ist die Wahrheit, das der handelnden das Werk" *(Metaph.* 993 b.20 f.: θεωρητικῆς μὲν γὰρ τέλος ἀλήθεια, πρακτικῆς δ' ἔργον).

[213] Ebd. VII, 14 [1153b.32]: πάντα γὰρ φύσει ἔχει τι θεῖον.

[214] Vgl. C. G. Jung, *Erinnerungen* (Fußn. 2), S. 351.

[215] VPDT, S. 205.

[216] Ebd., S. 215.

Archetpyenlehre werde durch die "Monopolisierung" des trinitarischen Archetyps ungerechtfertigtermaßen eingeschränkt Dieser besitze zwar "eine hervorragende Tatsächlichkeit"[217], sei deswegen aber gar lange noch nicht als "der" Archetyp schlechthin zu bezeichnen. Eine derartige Komplexitätsreduktion sei Ausdruck philosophischer Hybris, durch welche lebensvolle Vielheit, die in unserer "postmodernen" Epoche als Wert an sich erkannt wird, zerstört werde. Es sei also unbedingt eine Vielzahl von Archetpyen anzunehmen. Von diesen stelle kein einziger das "An-sich der Dinge"[218] dar; sie seien vielmehr "die Formen, in denen sie angeschaut und aufgefasst werden ..., nicht die einzigen Gründe für das Sosein der Anschauungen"[219].

Dieses Plädoyer für eine Pluralität von Archetypen impliziert das Verhältnisproblem von Einheit und Vielheit. Dieses kann aber, wie es scheint, *nicht* dadurch gelöst werden, dass einer der beiden Pole zuungunsten des anderen hypostasiert wird. Wenn dies versucht wird, kommt es im Sinne des 'extrema se tangunt' zu einer paradoxen Umschlagsbewegung des Einen ins Viele (und umgekehrt), die eine "Selbstauslöschung" *sowohl* des Einen *wie auch* des Vielen bedeutet:

Die Vielheit, die immer "vielheitlicher" wird und dabei immer feinere Unterschiede ausbildet, geht mit Notwendigkeit in "ihr" Gegenteil, die (konfuse) Einheit, über. Diese Einheit ist, so betrachtet, der "Endpunkt", an dem die Differenzen, die reziprok zu ihrer quantitativen Mehrung immer kleiner werden, das Nichts "erreicht" haben.

Die völlig differenzlose Einheit hingegen hat wegen ihrer Differenzlosigkeit keinerlei Relationalität, nicht einmal die der Selbstbezüglichkeit, aufzuweisen. Als "Selbstlosigkeit" ist sie per se mit dem "reinen" Nichts von Möglichkeiten identisch, die, wenn sie "aktualisiert" werden, jeglichen Kriteriums entbehren, d.h. willkürlich und einsichtigermaßen auf aussichtslose Weise vollzogen werden. Hemmungs- und "schrankenlos"[220] lässt jene differenzlose Einheit sich gehen; ihr ist letztlich alles gleich-gültig. Eben dies aber ist die "Konstitutionsbedingung" dafür, dass (so wie es das berühmt-berüchtigte 'anything goes' suggeriert) eine ungeheure Vielheit zustande kommt, die als Ausdruck "reine[r] Negativität"[221] eine "Bewegung von Nichts zu Nichts"[222] impliziert.

---

[217] Ebd., S. 217.

[218] C. G. Jung, *Erinnerungen* (Fußn. 2), S. 349.

[219] Ebd.

[220] Vgl. Ludwig Feuerbach, *Vorlesungen über Logik und Metaphysik*, Darmstadt 1976, S. 12: "Das Sein eines bestimmten Dings selbst ist als Sein schrankenlos".

[221] G. W. F. Hegel, *Wissenschaft der Logik* II, Frankf./M. 1983, S. 25.

[222] Ebd., S. 24.

Die Absurdität dieses Dialektizismus ist im ontologisch erläuterten trinitarischen Prinzip überwunden, insofern hier, so wie es Leibniz' 'action interne'[223] als Subsistenz differenzierter Verbindlichkeit intendiert, *sowohl* Einheit *als auch* Vielheit in prozessualer Identität zusammengebracht sind[224].

Durch eine so konzipierte Drei-Einigkeit ist Mannigfaltigkeit keineswegs gestört oder gar zerstört, sondern - aus dem einem wirk-lichen Seinsgrund heraus - allererst ermöglicht. Gegenüber dem agnostizistischen Kantianismus, durch welchen die Jungsche Denkungsart gekennzeichnet ist[225], kann (und muss) daher behauptet werden: Der trinitarische Archetyp ist nicht bloß eine 'Anschauungsform' (neben irgendwelchen anderen). Als fundierendes Wirklichkeitsprinzip ist er vielmehr der einzig mögliche - und wirk-liche - Archetyp. Er ist das innewirkende 'An-Sich' des vielfältig Seienden, so wie der senarische Dreiklang, der das eine und einzige "Gravitationsfeld" tonaler Musik darstellt, die grundlegende Bezugseinheit mannigfachster Melodie- und Harmoniebildungen ausmacht.

Wird der Wert und die Fülle nicht-trinitarischer Archetyp-Konzeptionen darin gesehen, dass hier dem Schattenhaften (und sogar dem Teufel) eine "Unterkunft"[226] gewährt wird, so wird hier eine Hypostasierung des Nichts - das *als* Nichts "unfruchtbar" ist und von sich aus keinerlei Energie zu gewähren vermag ('e nihilo nihil fit'!) - vorgenommen. Dabei ist im Hinblick auf das oben genannte Beispiel aus der Aristotelischen Ethik zu beachten, dass der "Feigling" sich keineswegs mit seiner kleinmütigen Verzagtheit identifizieren kann, sondern, *indem* er diesen 'Schatten' in sich als solchen erkennt und *dadurch* zum Verschwinden bringt, zu tätiger Besonnenheit gelangt. Ebenso wird auch der "Draufgänger" erst dann mit sich selbst und mit anderen zurande kommen, wenn er sich seine dreiste Blindwütigkeit als solche bewusst macht, "bedächtiger" wird und so das besonnene Tätigsein erlangt.

In beiden Fällen von "Individuation" wird das 'Minderwertige' *nicht* als ein Ansich-Seiendes oder als etwas Wertvolles (was es aufgrund der ihm innewohnenden Nichtigkeit gar nicht sein kann) bewahrt, sondern im Hinblick auf den

---

[223] Vgl. G. W. Leibniz, *Principes de la nature et de la grâce*, § 3.

[224] Vgl. hierzu auch Augustinus Wucherer-Huldenfeld, *Trinitätshäresien und die ihnen zugrunde liegenden Auffassungen von Einheit und Vielheit*. In: Wissenschaft und Weltbild 15 (1962) 352-361.

[225] Vgl. Franz Rüsche, *Über ein bedeutendes Buch zum Thema 'C. G. Jung und die Religion'*. In: Theologie und Glaube 54 (1964) 81-90; S. 85: "Jung kennt nur 'Erfahrung' ..., nicht aber echte metaphysische Erkenntnis des Anschauungstranszendenten durch schlussfolgerndes Denken. Er bleibt unter kantischem Einfluss metaphysischer Agnostiker".

[226] Vgl. VPDT, S. 185.

positiven Seinssinn abgelehnt[227] und so zum Verschwinden gebracht. Dies ist unter den Bedingungen der Endlichkeit gewisslich immer nur begrenzt möglich. Doch gilt prinzipiell: So, wie ich über eine Grenze, indem ich sie als solche erkenne, immer schon hinaus bin, gehe ich stets auch über den mich begrenzenden 'Schatten' hinaus, indem ich diesen in seiner Nichtigkeit durchschaue. Die Anerkenntnis des 'Schattens' bedeutet solchermaßen einen Übergang von der Bedingung der Endlichkeit zum positiven Seinssinn derselben.

9. Die ontologische Archetypenlehre als Desiderat der Jungschen Tiefenpsychologie (expliziert am Problem des Wotan-Archetyps)

Man könnte hier vielleicht einwenden, Jung werde auf diese Weise "gegen den Strich" gelesen und interpretiert. Dies mag dem "Buchstaben" nach in gewisser Weise zutreffen; dem "Geiste" nach dürfte aber sehr wohl der integrativen Absicht der Jungschen Psychoanalyse entsprochen werden. In dieser kommt es nämlich deswegen zu verschiedenen "Abschattungen", weil Jung, *entgegen* seiner Ganzheits-Intention, aufgrund seiner methodischen "Einspurung" der partikulären Erfahrungs-'Tatsache' verhaftet bleibt und die 'schwierige Frage' nach dem, was die Tatsächlichkeit der erfahrenen Tatsachen ausmache, unbearbeitet liegen lässt[228].

Im Gegensatz zu anderen Einzelwissenschaftlern, die diese 'schwierige Frage' zu verschleiern und zu "verdrängen" versuchen, zeichnet es Jung jedoch aus, dass er - und gerade darin ist er nolens volens Philosoph! - die ungelösten

---

[227] Vgl. hierzu C. G. Jung, *Erinnerungen* (Fußn. 2), S. 375: "Oft wirft man mir vor, ich sei ein schlechter Philosoph, und ich mag selbstverständlich nicht gerne etwas Minderwertiges sein".

[228] So sagt Jung selbst: "Ich bin kein Philosoph, sondern ein bloßer Empiriker; und in allen schwierigen Fragen bin ich geneigt, nach der Erfahrung zu entscheiden. Wo aber keine greifbare Erfahrungsgrundlage vorhanden ist, da lasse ich aufgeworfene Fragen lieber unbeantwortet" *(Die Dynamik des Unbewussten*, GW 8, 1971, S. 364). - Gegen den Vorwurf, er sei ein schlechter Philosoph, entschuldigt sich Jung - nicht uncharmant - auf folgende Weise: "Als Empiriker habe ich wenigstens etwas geleistet. Man wird einem guten Schuhmacher ... doch nicht auf den Grabstein schreiben, er sei ein schlechter Hutmacher gewesen, weil er einmal einen untauglichen Hut gemacht hat" *(Erinnerungen* [Fußn. 2], S. 275). In diesem Vergleich scheint allerdings eine nicht zutreffende Auffassung des Verhältnisses zwischen Philosophie und empirischer Tatsachenwissenschaft eingeflossen zu sein. Denn Philosophie steht nicht wie eine Partialwissenschaft "neben" einer anderen. Das 'schwierige' Problem der Philosophie liegt vielmehr darin, im Ausgang vom 'factum' (mit dem die empirische Disziplin befasst ist) vermittels einer inhaltsbezogenen Abstraktion den Übergang zum 'principium' desselben aufzuspüren. Philosophie ist, so besehen, Überbrückungswissenschaft.

Probleme als solche auch kennzeichnet. So sagt er gleich in der 'Vorbemerkung' zur überarbeiteten Fassung seines Trinitäts-Traktates, er habe das 'peinliche Gefühl', dass seine Erörterungen "noch an vielen Stellen erheblicher Verbesserung bedürftig"[229] seien. Aber auch noch in der 'Schlussbetrachtung' drückt er das empfundene Ungenügen an seiner Studie aus: Es handle sich hier, sagt er, um "einen mehr oder weniger geglückten oder missglückten Versuch"[230]. Er bildet sich nicht ein, "dass mit einer Untersuchung des psychologischen Aspektes der Gegenstand archetypischer Aussagen geklärt und erledigt sei"[231]. Und mit geradezu umwerfender Offenheit konzediert er im Bezug auf das von ihm eingehend behandelte Trinitätsdogma: "Als metaphysische 'Wahrheit' blieb es mir völlig unzugänglich"[232].

Man kann gerade diese Aussage als Ermutigung zu einer dezidiert 'metaphysischen' Interpretation des trinitarischen Archetyps empfinden. Wie es aber auch scheint, wird damit sogar ein stillschweigendes Desiderat der Jungschen Tiefenpsychologie eingelöst. Denn ein seinstheoretisches Verständnis des Archetyps scheint vor allem deswegen vonnöten zu sein, weil der mehr oder weniger vage Archetyp-Begriff nicht in der Lage ist, jener "erschreckende[n] Suggestibilität"[233] entgegenzusteuern, welche in Massenbewegungen (der faschistischen ebenso wie der kommunistischen) zum Ausdruck kommt. Ohne das Kriterium einer allgemein verbindlichen Ganzheit bleibt das Individuum nämlich als "suggestibles Teilbewusstsein ... allen utopischen Phantasien" [ausgeliefert,] "welche den leeren Platz der Ganzheitssymbole usurpieren"[234].

---

[229] VPDT, S. 123.

[230] Ebd., S. 218.

[231] Ebd.

[232] Ebd., S. 217; vgl. dazu auch F. Rüsche, a.a.O. (Fußn. 225), S. 86 f.: "Jungs Erwägungen lehren und erklären nichts vom objektiven Wesen der Trinität. Um der Anklage des Psychologismus zu entgehen, sagt er, er wolle mit seiner Ausdeutung vom 'Selbst' her keine Erklärung des Dogmas geben, sondern nur eine Analogie (neben anderen) von der Trinität zum Nutzen derer, die gleich ihm nicht glauben könnten, was sie nicht verstehen. Aber vergebens. Denn eine echte Analogie von der Trinität will die als objektive Realität anerkannte Trinität dem Verständnis näherbringen; Jungs Interpretation aber ist keine echte analogische Verdeutlichung des Dogmas, sondern hebt die Trinität auf, lässt sie verschwinden in dem, was ihr Analogiebild sein soll. Damit ist weder dem Gläubigen noch dem Ungläubigen geholfen, ist vielmehr die objektive Realität und absolute Transzendenz des Mysteriums aus dem Auge verloren; und dann ist der Einbildung Tür und Tor geöffnet, mit solchen Ausdeutungen habe man ein klares Verständnis des Dogmas erlangt, das den Glauben als solchen überflüssig mache. So kommt Jung nie klar und deutlich vom Psychologismus los, trotz aller Bemühungen (wenigstens in seiner letzten Periode), ihm zu entgehen".

[233] VPDT, S. 201.

[234] Ebd..

Jung selbst hat die Ausarbeitung der unbedingt notwendigen über-ideologischen Seinsbasis allerdings dadurch unterlaufen, dass er in überschwänglicher *Kritik* an der partikularistischen Rationalität den Archetyp, der diese "kompensieren" soll, mit der Bemerkung einführt, dass dieser "nichts mit der Vernunft"[235] zu tun habe. Damit aber wird das Kind mit dem Bade ausgeschüttet. Wird nämlich das bewusstseinsinterne 'Ek-sistieren' der sinnerschließenden Vernunft ausgeschaltet, so ist an die Vermittlung eines Allgemeingültigen nicht mehr zu denken. Als Verbindliches wäre eine letzthinnige Unverbindlichkeit anzunehmen, der der Mensch wie einer "wertneutralen" Naturgewalt ausgeliefert ist.

Eine solche "Naturgewalt" stellt z.b. der Nationalsozialismus dar, der als Erscheinung des kollektiven Unbewussten, wenn es überhaupt kein Orientierungswissen im Ansichseienden gäbe, "mit einem Freipass ausgestattet"[236] wäre. Jung meinte 1936 in dieser Bewegung den Wotan-Archetypen (einen altgermanischen Sturm- und Brausegott, der als "Entfessler der Leidenschaften und der Kampfbegier"[237] auftritt) zum Ausdruck kommen zu sehen. Nach dem 2. Weltkrieg zeiht er sich ob dieser Analyse eines theoretischen Lapsus[238]. Doch ist diese Selbstkritik von seinen Denkvoraussetzungen her, die auch 1948 noch, gewissermaßen in einem dogmatischen Skeptizismus, davon ausgehen, dass wir "auch auf dem höchsten Gipfel nie jenseits von Gut und Böse sein"[239] können, nicht ganz einsichtig. Denn solange das Archetypische nur als vag-irrationales Allgemeines konzipiert wird, lässt sich so etwas wie der Wotan-Kult, der in der Nazibewegung hervorbricht, - ganz einfach(!) - als irrationale Spezifikation des Allgemein-Irrationalen "erläutern"[240].

---

[235] Vgl. C. G. Jung, *Erinnerungen* (Fußn. 2), S. 355.

[236] Vgl. Heinrich H. Balmer, *Die Archetypenlehre von C. G. Jung. Eine Kritik*, Berlin-Heidelberg-New York 1972, S. 44.

[237] Vgl. Gerhard Wehr, *C. G. Jung in Selbstzeugnissen und Bilddokumenten*, Hamburg 1980, S. 114.

[238] Vgl. H. H. Balmer, (Fußn, 236), S. 22: Jung soll "über sein Verhalten während der Nazizeit gesagt haben ...: 'Jawohl, ich bin abgerutscht!'"

[239] VPDT, S. 196.

[240] Eine beträchtliche theoretische Schwierigkeit entsteht indes dann, wenn man die Jungsche Archetyp-Definition ("quod semper, quod ubique, quod ab omnibus creditur" [VPDT, S. 130 u. S. 217] im strengeren, d.h. nicht-relativierbaren Sinne als subsistent-relationalen Seinsvollzug aufzufassen versucht. Da Jung auf eine solche Auslegung verzichtet, kann er, von seiner dialektisierenden Denkvoraussetzung her, nicht umhin, die Menschheitsgeschichte als das Vorbei-Defilieren eines allmächtigen 'Weltgeistes' aufzufassen: Um einen Fortschritt im Bewusstsein der Freiheit zu erreichen, setzt dieser vermittels der 'List der Vernunft' die 'welthistorischen Individuen' (Alexander d. Gr., Cäsar, Napoleon, - warum nicht auch Hitler?) ein, welche auf der "Schlachtbank" der Weltgeschichte "das Glück der Völker,

Konzediert der greise Jung, dass er "perplex ... und ratlos vor dem Phäno-men des Nationalsozialismus und Bolschewismus"[241] stehe. Rät er in diesem Zusammenhang zur "Selbsterkenntnis"[242] als einem Präventivmittel gegen solche Massenhysterien, so können wir nach den vorangehenden Überlegungen sicher sein, dass jene 'Selbsterkenntnis' nicht darin bestehen kann, dass - in ontologi-scher "Kurzsichtigkeit" - "der" Schatten, "das" Dunkle und "das" Böse wie substanziale Gehalte aufgefasst und als 'Viertes' dem trinitarischen Prinzip angehängt werden. Durch derartige "Integrations'"Bemühungen, die das *'corrup-tio optimi pessima'* außer Acht lassen, ist im Grunde alles verdorben. Der 'Grund' selbst müsste mit Jakob Böhme deutlicher als *'Ungrund'* gekennzeichet werden.

Die von Jung anvisierte *'Selbst*-Erkenntnis' kann nur dann "heilsam" sein, wenn sie in *'Seins*-Erkenntnis' überführt wird, in welcher das in sich Ruhende, das daraus Hervorgehende und das aus beidem resultierende "Dritte" als ein all-gemeiner in-ek-kon-sistenzieller Bewegungsvollzug erkannt werden. Unter solchen Voraussetzungen könnte dann auch eine "Ethik' abgefasst werden, welche Jung (ebenso wie Hegel) bezeichnenderweise nie ernsthaft in Angriff genommen hat. Denn Ethik und ethisches Handeln sind erst dann möglich, wenn eine klar differenzierte Einsicht in einen Sachverhalt, der nicht Nichts ist, gewonnen ist. 'In-ek-kon-sistenz' meint, von daher gesehen, das triplizitäre Ineinander von *Ontischem, Logischem* und *Ethischem.*

10. Analyse der Jungschen Typologie unter trinitarischem Aspekt

Ein nicht zu unterschätzender Grund dafür, warum Jung und Jungschüler sich nur zögerlich der Ganzheitsstruktur des trinitarischen Archetyps öffnen, liegt (wie schon eingangs erwähnt) darin, dass Jung in seinem 1921 erschie-nenen Hauptwerk *Psychologische Typen* (also etwa 20 Jahre bevor er sich eingehender dem Trinitarischen zuwandte) eine Quaternität von Bewusstseins-

---

die Weisheit der Staaten und die Tugenden der Individuen zum Opfer" bringen und dabei auch "manche unschuldige Blume zertreten" (vgl. G. W. F. Hegel, *Vorlesungen über die Philosophie der Geschichte,* Frankf./M. 1973, bes. S. 35 u. 49).

[241] Vgl. C. G. Jung, *Erinnerungen* (Fußn. 2), S. 334.

[242] Ebd.

funktionen ermittelt hat[243], welche ein "Muster für die gesamte 'Dynamik' der menschlichen Seele"[244] abgeben sollte.

Es ist von daher klar, dass Jung, um seine Typenlehre (von der er selbst sagt, dass er dafür "keinen Grund a priori angeben"[245] könne) zu "verifizieren", sich mit 'quaternarem' Erwartungshorizont dem Trinitätsproblem näherte. Da dies jedoch, wie oben zu sehen war, zu zahlreichen konzeptionellen Misshelligkeiten geführt hat, drehen wir die Forschungsintention nunmehr um: Wir untersuchen die Funktionen-Quaternität, die ein sorgsam gehütetes "Dogma" der Jung-Schule zu repräsentieren scheint, in der Perspektive des oben vorgestellten trinitarischen Archetyps.

Sollte dieser auch innerhalb der Jungschen Funktionenlehre seine ontische Konsistenz beweisen und vielleicht sogar zu einer Tiefenerhellung derselben beitragen, so würde es vielleicht möglich, das 'impedimentum dirimens', das die Jungianer von der Trinitätsontologie abhält, aufzuheben und - ganz im Sinne der von Jung selbst geforderten "bewusste[n] Auseinandersetzung mit dem Unbewussten"[246] - einem integrativen Wirklichkeitsverständnis den Weg zu ebnen. (Die nachfolgende Analyse kann und will freilich nicht erschöpfend auf den Fundus der Jungschen Typenbeschreibungen eingehen; es soll aber skizzenhaft

---

[243] Vgl. Ulrich Mann, *Quaternität bei C. G. Jung.* In: Theolog. Literaturzeitung 92 (1967) 331-336, S. 333: "Die Hartnäckigkeit, mit der Jung auf der Quaternität insistierte, ist auch heute noch bei zahlreichen Jung-Schülern zu finden; das Problem der Drei und Vier hält die Jungianer unablässig in Atem".

[244] Vgl. C. A. Meier, *Experiment und Symbol. Arbeiten zur Komplexen Psychologie C. G. Jungs,* Olten 1975, S. 196 f.: "Als ich das Buch über die Typen" [C. G. Jungs 1921 erschienenes Buch *Psychologische Typen]* "im Jahr 1922 las, bedeutete es mir eine geradezu erschütternde Einsicht, so dass ich diesen meinen Eindruck Jung sofort mitteilen musste. Er verstand erst nicht, warum ich so reagierte; denn bis dahin waren die Besprechungen des Buches mehr als kühl und bar jeden tieferen Verständnisses gewesen. Als er mich fragte, was mich so sehr bewege, sagte ich, dass er meiner Meinung nach nichts weniger als das klarste Muster für die gesamte Dynamik der menschlichen Seele aufgezeigt hätte. Darauf entgegnete er, dass er tatsächlich das versucht habe, nur hätte es bisher niemand bemerkt".

[245] Vgl. C. G. Jung, *Psychologische Typen* (GW 6) 1971, S. 470; ferner Marie-Louise von Franz / James Hillman, *Zur Typologie C. G. Jungs. Die inferiore und die Fühlfunktion,* Fellbach 1980, S. 8: "Die Frage wurde oft gestellt, warum in aller Welt müssen es gerade vier Funktionen sein? Warum nicht drei? oder fünf? Dies kann nicht theoretisch beantwortet werden; es ist einfach eine Frage des Überprüfens der Tatsachen und des Beobachtens, ob man mehr oder weniger Typen oder eine andere Typologie finden könnte". Zu beachten ist dabei freilich, dass es eine "reine" Beobachtung von Tatsachen gar nicht gibt, insofern *jede* wissenschaftliche Methode (also auch die empiristische) "theoriegetränkt" ist. Im Wettstreit wissenschaftlicher Thesen und Hypothesen ist deswegen das Kriterium distinkt-kohärenter Ganzheitlichkeit in die Überlegung aufzunehmen.

[246] VPDT, S. 209.

die Möglichkeit einer kritischen Rezeption derselben angedeutet werden.) Gemäß der Genese der Jungschen Typologie widmen wir uns zunächst den beiden allgemeinen Einstellungstypen (dem 'Introvertierten' und 'Extravertierten'), sodann den vier speziellen Funktionen ('Empfinden', 'Denken', 'Fühlen' und 'Intuieren').

10.1. 'Introversion', 'Extraversion', 'Konversion'

"Für den Extravertierten ist das Objekt a priori interessant und anziehend, wie für den Introvertierten das Subjekt bzw. die seelische Gegebenheit"[247]. Bei der hier exponierten Begriffs-Zweiheit geht es also um das Verhältnis von 'innerer' und 'äußerer' Welt - und im ganzheitlichen Aspekt - um eine "Versöhnung" beider Welten.

Gemäß dem oben explizierten Mesotes-Prinzip sind in beiden Typen Vor- und Nachteile auszumachen, die in ihren positiven Komponenten eine wechselweise Kompensation ermöglichen: Der 'Introvertierte' ist in Gefahr, in sich zu versacken, dösig-depressiv oder (in den Termini der antiken Temperamentenlehre[248] gesagt) 'melancholisch' oder 'phlegmatisch' zu werden. Das Positive an ihm ist seine Beständigkeit, seine Treue und Zuverlässigkeit, seine Ausdauer, sein In-sich-Ruhen: - seine *Insistenz*.

Der 'Extravertierte' steht in Gefahr, sich als 'Sanguiniker' oder 'Choleriker' in Äußerlichkeiten zu verlieren, einem bodenlosen Aktionismus und leerer Betriebsamkeit zu verfallen. Das Positive an ihm ist seine Innovativkraft, seine Agilität, seine Bewegungsfreude, sein Aufgeschlossensein für Neues: - seine *Eksistenz*.

Beide Typen ergänzen sich also solchermaßen, dass der Introvertierte vom Extravertierten den Impuls zu mehr Offenheit empfängt, der Extravertierte aber vom Introvertierten vor der Selbstentfremdung bewahrt wird. In genuin ontologischer Betrachtung ist in ihnen das Problem der Verhältnisbestimmung von 'Ruhe' und 'Bewegung' impliziert. Platon "löste" dieses auf anschauliche Weise durch das Symbol des Kreisels, der nur steht, *indem* er sich bewegt[249]. Diese

---

[247] C. G. Jung, *Psychologische Typen* (GW 6, 1971), S. 598; vgl dazu auch die Angaben von Fußnote 8.

[248] Vgl. hierzu Markus Fierz, *Die vier Elemente*. In: Traum und Symbol, Zürich-Stuttgart 1963, S. 37-64, bes. 56-60.

[249] Vgl. Platon, *Politeia* 436 a - 437 a; ferner Augustinus, *Enarrationes in Psalmos* 92, 1: "Deus cum quiete operatur, et semper operatur et semper quietus est".

stehende Bewegtheit, dieses in sich bewegte Stehen repräsentiert die von Jung nicht eigens beachtete 'Kon-sistenz', in welcher das "Zusammenspiel"[250] von innerer und äußerer Welt glückt. Man könnte den damit angesprochenen Vollendungs-Typen in Ergänzung zum 'Introvertierten' und 'Extravertierten' als den 'Konvertierten' oder besser (um das Aktualitätsmoment eigens zu betonen) den "Konvertierenden' bezeichnen.

10.2. Das 'ausgeschlossene Vierte': onto-anthrologische Implikationen der Jungschen Funktonenlehre

Die vier Funktionen sind nach Jung "vier psychologische Aspekte der Orientierung, über die hinaus nichts Grundsätzliches mehr auszusagen ist"[251]. In einer kurzen Zusammenfassung, die sich gewissermaßen kanonisiert hat, erläutert er wörtlich: "Ich unterscheide vier Funktionen, nämlich 'Empfinden', 'Denken', 'Gefühl' und 'Intuition'. Der Empfindungsvorgang stellt im Wesentlichen fest, *dass* etwas ist, das Denken, *was* es bedeutet, das Gefühl, *was* es *wert* ist und die Intuition ist Vermutung und Ahnen über das *Woher* und *Wohin*"[252].

Angemerkt sei hier, dass Jung "wie selbstverständlich" das 'Etwas' als den Urbezugspunkt der vier Bewusstseinsfunktionen ins Spiel bringt. Wir meinen damit legitimiert zu sein, seine Funktionstheorie im Sinne der Ontologie (deren "Gegenstand" das 'Etwas' überhaupt ist) zu exegetisieren. Zu diesem Zwecke nehmen wir Umschreibungen des trinitarischen Prozesses auf, die Jung in den beiden Fassungen seiner Trinitätsabhandlung (freilich ohne weiterführende spekulative Aufhellung) vorlegt; sie lauten: Trinität ist "eine harmonische Selbstentfaltung Gottes"[253] und: "In der Trinität handelt es sich nicht um ein tritheistisches Nebeneinander, sondern um eine reflektierte, durch innere wech-

---

[250] Vgl. C. G. Jung, *Einnerungen* (Fußn. 2), S. 198 (Jung berichtet hier von den inneren Vorgängen, die die spezielle Form seines Psychologisierens initiierten): "In schärfster Weise erlebte ich den Gegensatz zwischen der äußeren und inneren Welt. Das *Zusammenspiel* beider Welten, um das ich heute weiß, konnte ich damals noch nicht fassen. Ich sah nur einen unversöhnlichen Gegensatz zwischen Innen und Außen" [Hervorhh. E.S.].

[251] VPDT, S. 182.

[252] Vgl. C. G. Jung, *Psychologische Typen* (GW 6, 1971), S. 599 [Hervorhh. E.S.]; VPDT, S. 182; *Erinnerungen* (Fußn. 2), S. 414 (hier ausdrücklich unter dem Stichwort 'Quaternität'); ferner C. G. Jung, *Der Mensch und seine Symbole*, Olten-Freiburg 1980, S. 61.

[253] PT, S. 44.

selseitige Bezogenheit hervorgebrachte Einheit"[254]. Jung skizziert hier also eine "allgemeine trinitarische Idee von einem innergöttlichen Prozess"[255], in welchem sich die göttlichen Personen "durch die verschiedene Art ihres Ursprungs"[256] unterscheiden.

Diese Interpretationsvorgabe lässt sich erstaunlich präzise für die ersten drei Funktionen (und deren Etwas-Aspekte) einlösen, wobei sogar deren Reihenfolge ohne Abänderung beibehalten werden kann. Im Sinne einer in-ek-kon-sistentialen 'Harmonie', in welcher ein einziger binnenstrukturierter Prozess distinkt-kohärenter Ursprungs-Relationen zustande kommt, kann der trinitarische Archetyp auf folgende Weise repräsentiert gesehen werden:

Das in-sistente *Dass-Sein* der 'Empfindung' ist der "bloß wahrgenommene Zustand"[257] von etwas ('Realität'), den Jung selbst in einen Zusammenhang bringt mit dem paternalen *'auctor rerum*[258]. Ontologisch erläutert sich dies darin, dass im 'Dass' das 'Ist' gemeint ist (das Sein überhaupt, welches bezeichnenderweise nicht ins Passiv gesetzt werden kann).

Die erste direkte Auswirkung des Dass-Seins (im Hinblick auf das es erfassende Bewusstsein) ist das ek-sistente *Was-Sein* des 'Denkens' ('Idealität'). Dieses steht im Verhältnis reiner Relationalität zu jenem, d.h. das Was-Sein ist dem Gehalte nach nichts anderes als das Dass-Sein; es ist das Dass-Sein im Modus intellektualer Ausdrücklichkeit und verweist daher (was Jung allerdings nicht mehr erwähnt) auf den filialen *'illustrator veritatis'*.

Indem das 'Dass' ins 'Was' hervorgetritt, wird es in dem von Jung so genannten 'Gefühl' möglich, das kon-sistente *Wert-Sein* von etwas (dessen 'Boni-

---

[254] PT, S. 39.

[255] VPDT, S. 150.

[256] Ebd., S. 211.

[257] Ebd., S. 198.

[258] Vgl. ebd. - Augustinus spricht neben dem paternalen *'auctor rerum'* noch von einem filialen *'illustrator veritatis'* und einem spiritualen *'largitor beatitudinis'*; vgl. *De civitate Dei* VII, c. 5); entsprechende Triaden sind: *'causa subsistendi', 'ratio intelligendi', 'ordo vivendi"* (ebd. VIII, c. 4) oder: *'summa origo rerum', 'perfectissima pulchritudo', 'beatissima delectatio'* *(De Trinitate* VI, 10, 12). Vgl. dazu im Einzelnen noch Olivier du Roy, *L'intelligence de la foi en la Trinité selon saint Augustin. Genese de sa théologie trinitaire jusqu'en 391,* Paris 1966 (bes. S. 537-540: 'Table des triades'; deutlich wird hier, dass Augustinus zahlreiche neuplatonischen Vorgaben rezipiert und modifiziert hat).

tät') abzuschätzen. Man kann jetzt herausfinden, "ob einem das passt oder nicht, ob man es annehmen will oder nicht"[259]. Der Willensentscheid hierfür wird gemäß der je größeren "Glückseligkeit", die zu erwarten ist, gefällt und verweist somit auf einen spiritualen *'largitor beatitudinis'*.

Damit aber ist der Kreislauf, den der trinitarische Archetyp *"manente perpetuitate praecedens"*[260] durchläuft, abgeschlossen. So wie es hinsichtlich eines Kreises (der geometrisch durch 'Mittelpunkt', 'Radius' und 'Umfang' definiert wird) nicht möglich, aber auch nicht notwendig ist, noch nach einem 'vierten' Konstitutionselement zu fragen, so ist es weder möglich noch notwendig, hinsichtlich des "Dreiklangs" von Dass-, Was- und Wert-Sein (in welchem die Wirk-, die Form- und die Finalursache[261] gewissermaßen zusammenklingen) noch nach einem 'Vierten' zu suchen. Ein solches würde in der Tat die originäre Integrität stören.

Das heißt aber: Die 'Intuition' als vierte Funktion bringt hinsichtlich der drei anderen nichts grundsätzlich Neues. In systematischer Rücksicht ist sie überflüssig, insofern das sie kennzeichnende *'Woher'* mit dem wirkursächlich erläuterten Dass-Sein und ihr *'Wohin'* mit dem finalursächlich verstandenen Wert-Sein identisch ist. Da wir uns also der Sache (als dem 'Etwas' überhaupt) vergewissert haben, können wir nunmehr auch darangehen, Änderungen in der Jungschen Funktionen-Terminologie vorzuschlagen, insofern diese nicht sehr glücklich gewählt und sogar missverständlich erscheint. Es bieten sich z.B. die bei Psychologen geläufigen Ternare *'Fühlen'*, *'Denken'*, *Wollen*[262] bzw. *'Gefühl'*, *'Vorstellung'*, *'Wille'*[263] (also: *Emotionales, Kognitives* und *Voluntatives)* an. In ihnen wird auf deutlichere Weise der Hervorgang des Was-Seins aus dem Dass-Sein und die Zusammenkunft beider im Wert-Sein nachvollziehbar. Sinnvoll scheinen in diesem Zusammenhang auch Augustinische Ternare zu sein, z.B. 'Gedächtnis', Vernunft' 'Wille'[264] oder (als strukturale Entsprechungseinheit

---

[259] VPDT, S. 182.

[260] Vgl Augustinus, *De civitate Dei* XII, 15, 3.

[261] Vgl hierzu das Thomas-Zitat in Fußn. 121.

[262] Vgl. z.B. Géza Révész, *Die Trias*, München 1957, S. 37.

[263] Ebd.

[264] Vgl. Augustinus, *De Trinitate* X, 11, 17: Tria ... tractemus, *memoriam, intelligentiam, voluntatem".* Damit aber - mit 'memoria' und 'voluntas' - sind zwei psychologisch höchst relevante Begriffe ins Spiel gebracht, die Jung in seiner Typologie ausblendet bzw. neben seine vier Funktionen plaziert; er sagt wörtlich: "In den vier Orientierungsfunktionen ist natürlich nicht alles enthalten, was die bewusste Seele leistet. Wille und Gedächtnis bzw. Erinnerung sind hier nicht in Betracht gezogen" *(Psychologische Typen, GW 6, 1971, S.*

konzipiert) 'Geist', 'Erkenntnis', 'Liebe'[265]. (Weitere Erläuterungen hierzu werden, in mentalitätsgeschichtlicher und systematischer Perspektive, im letzten der hier vorliegenden drei Essays unternommen.)

---

599). - Unter (stillschweigender) Anerkennung eines Seins- und Sachgedächtnisses kommt die neuere Psychologie dazu, das "Verhältnis von Kognition und Motivation" zu diskutieren (vgl. Dietrich Dörner, *Denken und Wollen: Ein systemtheoretischer Ansatz.* In: Heinz Heckhausen [et alii, Hgg.], Jenseits des Rubikon. Der Wille in den Humanwissenschaften, Berlin-Heidelberg-New York [usw.] 1987, S. 238-249, Zitat S. 238). Wird dabei "das Verhältnis zwischen Denken und Wollen ... [als] ein delikates" (ebd., S. 248) und "schwieriges" (ebd., S. 249) gekennzeichnet, so könnte hier die Augustinische Einsicht, dass "niemand eine völlig unbekannte Sache lieben" [und wollen] "kann" *(De Trinitate X, 1, 1)* zu einer Strukturierung des genannten Verhältnisproblemes beitragen. - Eine 'integrale Psychoanalyse' unter ausdrücklich triadischem Ansatz (dessen Konsistenz hier nicht weiter untersucht werden soll) wird vor allem von Norberto R. Keppe *(Trilogia,* São Paulo 1977; *Analytical Trilogy of Integral Psychoanalysis,* ebd. 1981; Contemplação e Ação, ebd. 1981) und Cláudia B. Pacheco *(The ABC of Analytical Trilogy. A comprehensive explanation of die trilogy which unifies science, philosophy and spirituality,* São Paulo-New York-London 1988) ausgearbeitet. - Wie es scheint, wäre auch August Vetters 'Strukturbild' des Menschen, in welchem 'Empfinden' und 'Begehren' bzw. 'Wissen' und Wollen' jeweils auf ein vermittelndes Drittes bezogen werden, einer ontotriadischen Interpretation fähig, aber auch bedürftig; vgl. Hellmut Kreissel, *Das 'Bild vom Menschen' als Orientierungs- und Richtbild in der psychologischen Praxis.* In: Johannes Tenzler (Hg.), Wirklichkeit der Mitte. Beiträge zur Strukruranthropologie. Festgabe für August Vetter zum 80. Geb., Freiburg-München 1968, S. 469-481. - Ähnlich wie Vetter versucht auch Philipp Lersch 'Denken' und Wollen' in der personalen Dimension des Menschseins "zusammenzubringen" (vgl z.B. *Aufbau der Person,* München [11]1970. S. 498 [schematische Darstellung]).

[265] Vgl. Augustinus, De Trinitate IX, 5, 8: "In illis tribus, cum se novit mens et amat se, manet trinitas, *mens, amor, notitia".* (Der 'amor', der *secundum originem* der 'mens' und der 'notitia' "nachfolgt", wird hier *secundum habitudinem* als "amor unitivus duorum" vorgestellt. Zur genannten Unterscheidung vgl. Thomas Aquinas, *Summa theologiae* I, qu. 37, a. 1. ad 3; dazu ebd., qu. 36, a. 4. ad 1.) Jung ist im Bezug auf mittelalterliche Tradition tatsächlich auch auf eine strukturanaloge Dreiheit gestoßen, auf *mens, sapientia, amor* (vgl. VPDT, S. 161[22]); er hat die damit aufgenommene Spur, in der prozesstheoretisch deutliche Angaben gemacht werden, allerdings nicht weiterverfolgt.

67

Hegel - eine "protestantischer" Trinitätsphilosoph?

I. Historisch-biografische Vorrecherchen

Friedrich Nietzsche, Sohn eines evangelischen Pastors, bietet folgende Charakteristik des sog. Deutschen Idealismus (welcher zu Beginn des 19. Jahrhunderts seinen Höhepunkt erlangte): "Unter Deutschen versteht man sofort, wenn ich sage, dass die Philosophie durch Theologen-Blut verderbt ist. Der protestantische Pfarrer ist Großvater der deutschen Philosophie, der Protestantismus selbst ihr *peccatum originale*. Definition des Protestantismus: die halbseitige Lähmung des Christentums - *und* der Vernunft ... Man hat nur das Wort 'Tübinger Stift' auszusprechen, um zu begreifen, *was* die deutsche Philosophie im Grunde ist - eine *hinterlistige* Theologie ... Die Schwaben sind die besten Lügner in Deutschland; sie lügen unschuldig"[1].

Das 'Tübinger Stift', im 16. Jahrhundert von der Württembergischen Landeskirche eingerichtet, diente der Ausbildung künftiger Pfarrer und Gymnasiallehrer. Mit den 'Schwaben', auf welche Nietzsche anspielt, sind insbesondere drei miteinander befreundete Zöglinge dieses Stifts gemeint: Hegel, Hölderlin und Schelling. Ersterer soll hier etwas genauer vorgestellt werden: 1788 trat Hegel (ein gebürtiger Stuttgarter) im Alter von 18 Jahren als Theologiestudent ins Tübinger Stift ein. Unter Kommilitonen galt er als gesellig, aber auch als etwas schwerfällig und altklug. Ein Karikatur von 1791, die ihn als gebückten Greis mit zwei Krückstöcken darstellt, trägt die Aufschrift: "Gott stehe dem alten Mann bei!"[2]

Das theologische Abschlusszeugnis bescheinigt Hegel, dass er sich besonders um die Philosophie bemüht habe, jedoch ein schlechter Kanzelredner sei[3]. Hegel scheute sich deshalb, ein Pfarramt zu übernehmen; er verdingte sich von 1793-1800 in Bern und Frankfurt am Main als Hofmeister bzw. Privatlehrer. Diese Tätigkeit ermöglichte es ihm, in stiller Arbeit seine philosophisch-theolo-

---

[1] Fr. Nietzsche, *Der Antichrist*, § 10 [ed. K. Schlechta II, S. 1171]. - Als 'unschuldiges Lügen' demonstriert werden sollte, wurde in der ZDF-Sendung "Frontal 21" (5. Juli 2005) tatsächlich ein Porträt Hegels eingeblendet, um die 'Dialektik' zu veranschaulichen, welche darin bestand, dass die SPD dem Bundeskanzler Schröder ihr *Vertrauen* erwies, als sie ihm im Bundestag offiziell das *Misstrauen* aussprach.

[2] Friedrich Nicolin (Hg.), *Von Stuttgart nach Berlin - die Lebensstationen Hegels*. In: Marbacher Magazin 56 (1991 [Sonderheft]) 1-100, hier S. 21.

[3] Ebd., S. 22 f. Hegels rhetorische Unzulänglichkeit beobachtet auch Goethe in einem Brief vom 14. 3. 1807, wo es heißt: "[Hegel] ist ein so trefflicher Kopf und es wird ihm schwer, sich mitzuteilen" (Günther Nicolin [Hg.], *Hegel in Berichten seiner Zeitgenossen*, Hamburg 1970, S. 85).

gischen Studien zu vertiefen. Nach dem Tod seines Vaters (1799) stand ihm ein Erbteil von 3154 Gulden zur Verfügung. Er dachte nun "sehr lebhaft daran, in die akademische Sphäre einzutreten" (R 142)[4]. In einem Brief vom 2. Nov. 1800 bittet er seinen Freund Schelling (der seit 1798 außerordentlicher Professor für Philosophie in Jena war) um Mithilfe bei diesem Vorhaben; es heißt hier u.a.: "Ich suche wohlfeile Lebensmittel, meiner körperlichen Umstände willen ein gutes Bier, einige wenige Bekanntschaften" (I, 59). Und er betont: "Ich [würde] eine katholische Stadt einer protestantischen vorziehen - ich will jene Religion einmal in der Nähe sehen" (ebd.). Sein Ansinnen, sich "einige Zeit" in Bamberg aufzuhalten (ebd.), erfüllte sich (zunächst) noch nicht. Auf Schellings Rat hin reiste er im Januar 1801 nach Jena, habilitierte sich dort im August desselben Jahres, nahm im Wintersemester 1801/02 (ohne Besoldung) als "Privatdozent" seine Vorlesungstätigkeit auf, entwickelte allmählich den systematischen Grundriss seines Philosophierens und begann mit der Abfassung seiner *Phänomenologie des Geistes*. In einem Schreiben vom 29. Sept. 1804 nimmt sich Hegel die "untertänige Freiheit", sich mit einer Bitte um die Verbesserung seiner finanziellen Situation "vertrauensvoll" an Seine "Excellenz", an Johann Wolfgang von Goethe, zu wenden, welchen er u.a. darauf aufmerksam macht, dass er [Hegel] der "älteste" - und keineswegs erfolglose - "Privatdozent" in Jena sei (I, 84 f.). Im Februar 1805 erfolgte Hegels Ernennung zum außerordentlichen Professor; und erst im Juli 1806 erhielt er "auf Betreiben Goethes vom Sächsischen Hof ein minimales Jahresgehalt" von 100 Talern zugesichert[5].

Im Oktober 1806 rückte jedoch Napoleon mit seinen Truppen gegen Jena vor. In verklärendem Pathos wird berichtet, dass Hegel "unter dem Kanonendonner der Schlacht vone Jena" seine *Phänomenologie des Geistes* vollendet habe[6]. Der Lehrbetrieb an der Universität Jena wurde eingestellt. Hegel war arbeitslos; seine Papiere wurden von marodierenden Soldaten "wie Lotterielose" (I, 124) durcheinander gewirbelt. Er ist trotz alledem für "eine wunderbare

---

[4] R steht hier und im Folgenden für: Karl Rosenkranz, *Georg Friedrich Hegels Leben*. Unveränd. Nachdr. der Ausgabe Berlin 1844 Darmstadt 1977; E steht für: G. W. F. Hegel, *Enzyklopädie der philosophischen Wissenschaften* (1830). Hg. v. Friedhelm Nicolin u. Otto Pöggeler, Hamburg ²1975. Des Weiteren werden benutzt: *Briefe von und zu Hegel*. Bde. I-IV. 3. Aufl., hg. v. Johannes Hoffmeister u. Friedhelm Nicolin, Hamburg 1969-81 (die *römische* Ziffer nennt den zitierten Band, die arabische die Seitenzahl); G. W. F. Hegel, *Werke in zwanzig Bänden*. Hg. v. Eva Moldenhauer und Karl Markus Michel, Frankfurt/M. 1969-1971 [u.ö.] (die erste *arabische* Zahl benennt den zitierten Band, die zweite die Seitenzahl).

[5] F. Nicolin, a.a.O. [Fn. 2], S. 44.

[6] G. Nicolin, a.a.O. [Fn. 3], S. 76; dazu ebd., S. 492.

70

Empfindung" geöffnet (von der er in einem Brief vom 13. Okt. 1806 berichtet): "Den Kaiser [Napoleon] - diese Weltseele - sah ich durch die Stadt zum Rekognoszieren hinausreiten" (I, 120).

Für Hegels berufliches Weiterkommen spielte Immanuel Niethammer eine entscheidende Rolle. Niethammer, Hegels alter Freund aus württembergischer Zeit, Schwabe und Tübinger Stiftler, hatte bereits 1801 beim Habilitationsverfahren seines Landsmannes in Jena mitgewirkt (was dort sogleich auch Misstrauen erregt hatte[7]). Ab 1804 gewann Niethammer als Schulkommissar im Dienst der bayerischen Regierung politischen Einfluss (er setzte sich insbesondere für die Rechte der in Bayern lebenden Protestanten ein; II, 83). Niethammer unterstützte Hegel bei seinen Verhandlungen mit dem Bamberger Verleger der *Phänomenologie* (welche im März 1807 in 750 Exemplaren erscheinen konnte). Niethammer vermittelte auch den Redakteurs-Posten der "Bamberger Zeitung"[8], welchen Hegel von März 1807 bis November 1808 innehatte[9].

"Zwischen Februar und März 1807" (R 232) übersiedelte Hegel nach Bamberg und bewohnte dort das Haus zum Krebs am Pfahlplätzchen (wo noch heute eine entsprechende Gedenktafel an den später weltberühmten Philosophen erinnert). Hegel ließ sich von der "Jenenser Hungerprofessur"[10] beurlauben und setzte seine Hoffnung nunmehr auf Bayern, das sich nach der "Erweiterung seines Staatsgebiets auf neue, protestantische Gebiete ... aus seiner konfessionellen und politischen Enge zu lösen [schien]"[11]. Wenn Hegels Übersiedlung nach Bamberg bisweilen als "Flucht" bezeichnet wird, so hat dies einen persönlichen Grund: Am 5. Februar 1807 wurde ihm von der Frau seines Jenenser Hauswirts sein Sohn Ludwig geboren[12]. (Dieser Umstand bereitete ihm auch später noch einige Schwierigkeiten, was hier nicht weiter zu erläutern ist.)

---

[7] Horst Althaus, *Hegel und die heroischen Jahre der Philosophie*, München 1992, S. 146.

[8] Fr. Nicolin, a.a.O.]Fn. 2], S. 46.

[9] Vgl. im Einzelnen Heinrich Beck, *Weltvernunft und Sinnlichkeit. Hegel und Feuerbach in Bamberg*. In: Zeitschr. für philosoph. Forschung 29, 3 (1975) 409-424; Michael Gerten, *Vorbild für konkrete Philosophie: Hegel in Franken*. In: "Fränkischer Sonntag" [Beilage zum in Bamberg erscheinenden "Fränkischen Tag", 16. Juni 1990], S. 2; ferner die materialreiche (in explizit marxistischer Perspektive abgefasste) Monografie von Wilhelm Raimund Beyer: *Zwischen Phänomenologie und Logik. Hegel als Redakteur der Bamberger Zeitung*, Köln ²1974.

[10] Fr. Nicolin, a.a.O. [Fn. 2], S. 44.

[11] M. Gerten, a.a.O. [Fn. 9].

[12] Fr. Nicolin, a.a.O. [Fn. 2], S. 44.

71

Als Redakteur der "Bamberger Zeitung" arbeitete Hegel versiert und mit erstaunlichem Realsinn[13]. In sarkastischer Umkehrung von Mt. 6, 33 formuliert er: "Trachtet am ersten nach Nahrung und Kleidung, so wird euch das Reich Gottes von selbst zufallen" (I, 186). Er weiß dabei freilich: "Die Philosophie kann an diesen zeitlichen Dingen nicht hängen" (I, 181). Seine Jenenser Auffassung, dass "das Zeitungslesen des Morgens früh ... eine Art von realistischem Morgensegen" sei (R 543), konnte der Bamberger Hegel nun ins Zeitungsmachen überführen. Eine "Rückkehr zum Eingreifen in das Leben der Menschen" hatte er sich ja schon am Ende seiner Privatlehrertätigkeit gewünscht (I, 59 f.). Als ihm Niethammer die Redakteursstelle in Aussicht stellte, bekundete er sogleich sein Interessse, da er "die Weltbegebenheiten mit Neugierde verfolge" (I, 145). Ein erster Sondierungs-Besuch in Bamberg (im Nov. 1806) hatte Hegel von den Lebensqualitäten dieser Stadt überzeugt; er berichtet: "Ich ... habe ... einige artige Bekanntschaften schon gemacht, mit Damen L'hombre gespielt, woraus zu ersehen, um wieviel die Kultur hier weiter vorgerückt ist, da sogar Jenenser Damen noch nicht auf dieser Höhe stehen" (I, 129). An Major von Knebel schreibt er (im August 1807) nach Jena: "Das Bier ist hier gut, aber - kämen Sie doch hierher und tränken es an der Quelle im Felsenkeller ..., hälfen Sie es würzen" (I, 189). Für einen gut geschriebenen Artikel, der in seine Zeitung passt, stellt Hegel einen "Krug guten Bamberger Biers" (I, 188) in Aussicht. Für sich selbst erbittet er von Niethammmer die Übersendung einer in München hergestellten "Rumfordsche[n] Kaffeemaschine" und versichert dem Freund: "Ich werde mich durch ein solches Meuble in meiner Existenz wesentlich für befördert halten" (I, 193).

Mit Schneiderbanger, dem Verleger der Bamberger Zeitung, schließt Hegel einen unbefristeten Vertrag ab, der ihm die Hälfte des Reinerlöses der Zeitung sicherte, welche auch in den umliegenden Städten (Erlangen, Bayreuth und Würzburg) abonniert wurde. Hegel findet damit "erstmals in seinem Leben ein [ausreichendes] Einkommen zum Auskommen" (ein Gehalt, das sogar um ein Drittel höher lag als dasjenige, welches er später als Gymnasialprofessor in Nürnberg erhalten wird)[14]. Als Redakteur hatte Hegel allerdings *nicht* die Aufgabe, selbständige Recherchen zu betreiben oder seine eigene "Meinung" (z.B. in einem Leitartikel) zu publizieren. Seine alltägliche Arbeit bestand vielmehr darin, an sieben Tagen in der Woche (352 Mal im Jahr) die vierseitige

---

[13] Vgl. hierzu im Einzelnen Manfred Rühl, *Das publizistisch Neue aus dem Alten: Georg Wilhelm Friedrich Hegel.* In: ders., Publizieren. Eine Sinngeschichte der öffentlichen Kommunikation, Opladen 1999, S. 143-151; ders., *Neues von Hegel. Hegel in Bamberg - Redaktionsmanager und Philosoph des Neuen.* In: Dialog (Zeitung der Otto-Friedrich-Univ. Bamberg), 15. Jg., Febr. 2000, S. 24-25.

[14] Vgl. M. Rühl [erste Studie von Fn. 13], S. 145 und 144[6].

Zeitung mit möglichst unverfänglichen (meist anderweitig bereits gedruckten) Informationen zu "füllen". Seine ökonomische Arbeitsweise gestattete es ihm, diese alltägliche Aufgabe "in wenigen Stunden"[15] zu erledigen und so genügend Zeit für seine philosophischen Projekte (insbesondere die Ausarbeitung seiner *Logik)* zu gewinnen. Hegel verstand es offensichtlich recht gut, sich mit den strengen staatlichen Zensurbestimmungen, die für seine Zeitung galten, zu arrangieren. (Er war gewarnt, als eine Woche nach seiner Redaktionsübernahme die Erlanger Zeitung von der Zensurbehörde eingestellt wurde[16]. 1808 wurde er selbst zweimal "zur Einhaltung des Presse-Edikts von 1799 ermahnt"[17].)

Hegel hatte seine Arbeit für die Bamberger Zeitung von vornherein als "temporär" (I, 167) - als Sprungbrett für eine Universitätskarriere - eingestuft. Denn auf Dauer konnte ihn die Zeitungstätigkeit nicht befriedigen. Als humanistisch Gebildeter empfand er das Abfassen eines Zeitungsartikels, der vor der Zensur bestehen konnte, als "Strohessen" (I, 187). Als Indiz für sein inneres Angespanntsein kann gelten, wenn er erklärt: "In dieser traurigen Friedenszeit, die für den Zeitungsschreiber ist, was der schöne Mondschein und die gute Polizei für Diebe ..., habe ich alle Hülfe nötig, um der Neugier des Publikums ihr Futter zu liefern" (ebd.). Es tröstet ihn auch nicht mehr, "in den 'Bamberger Hof' zu gehen" (I, 238). So schreibt er am 15. Sept. 1808 an seinen einflussreichen Freund Niethammer: "Ich sehne mich ..., von der Zeitungs-Galeere endlich wegzukommen" (I, 240).

Bei all dem aber fühlte sich Hegel als "Provinz-Redakteur ... nie als reiner Provinzler"[18]. Seine Tätigkeit vermittelte ihm, wie er es selbst ausdrückt, eine "weitläufige Kommunikation ... mit der ganzen Welt" (I, 189). In der Überzeugung, "dass das Wahre die Natur hat, durchzudringen, wenn seine Zeit gekommen ist" (3, 66), war es ihm möglich, der "objektiven" Entwicklung des Politischen - dem sich darin anbahnenden "Übergang von dem Alten zum Neuen" (I, 149) - als neutraler Beobachter zuzusehen. Sein Interesse konzentriert sich auf die französische Nation, die "durch's Bad der Revolution" von vielen 'geistlosen Fesseln' befreit worden war (I, 138). Diesen äußeren Geschehnissen ist, wie er weiß, nicht durch bloße 'Klügelei' beizukommen. Sie verlangen eine tiefer dringende philosophische Untersuchung, eine "Wissenschaft [, die] ... allein die Theodizee [ist]" (I, 137). In diesem Sinne formuliert Hegel am Ende seiner Bamberger Zeit die Einsicht: "Die theoretische

---

[15] Ebd., S. 144.
[16] W. R. Beyer, a.a.O. [Fn. 9], S. 35.
[17] Ebd., S. 68.
[18] Ebd., S. 78.

Arbeit ... bringt mehr zustande in der Welt als die praktische; ist erst das Reich der Vorstellungen revolutioniert, so hält es die Wirklichkeit nicht [mehr] aus" (I, 253).

Hegels Blütenträume von einer Universitätskarriere reiften nicht so schnell, wie er es selbst wollte. Im Spätherbst 1808 avancierte er zunächst - durch Niethammers Vermittlung - zum "Rektor des [Nürnberger] Gymnasiums ... und zum Professor der philosophischen Vorbereitungswissenschaften" (IV/1, 95). Der "speculative Pegasus ... [wurde] aus Noth an den Schulkarren gesperrt" (R 247). Die anfallenden Amtsgeschäfte sind für Hegel "ein entsetzlicher und höchst widriger Zeitverlust" (I, 287). Einen inneren Ausgleich fand er jedoch im Persönlichen: Im Herbst 1811 heiratete er die zwanzigjährige Patriziertochter Marie von Tucher, mit der er bis zu seinem Lebensende verbunden blieb und mit der er zwei Söhne, Karl und Immanuel[!], hatte. Von 1812-16 konnte Hegel auch seine (im gymnasialen Unterricht "erprobte") 3-bändige *Wissenschaft der Logik* veröffentlichen.

Ende Juli 1816 erhielt Hegel endlich durch seinen Freund Karl Daub, den Prorektor der Heidelberger Universität, das Angebot einer Professur der Philosophie (II, 94 f.). Hegel sagte (nach ausgehandelter Gehaltsaufbesserung) zu und schreibt am 20. August an Daub: "Man ist in der Tat in keiner Wissenschaft so einsam, wie man in der Philosophie einsam ist, und ich sehne mich herzlich nach einem lebendigen Wirkungskreise. Ich kann sagen, es ist der höchste Wunsch meines Lebens" (II, 116). Im Wintersemester 1816/17 nahm Hegel seine Vorlesungstätigkeit in Heidelberg auf. Dort konnte er bereits im Frühjahr 1817 (aufgrund seiner Nürnberger Vorarbeiten) die *Enzyklopädie der philosophischen Wissenschaften* erscheinen lassen; es handelt sich hier um ein Kompendium zum Vorlesungsgebrauch, in welchem es ihm nun erstmals gelang, das Gesamtsystem seines Philosophierens zur Darstellung zu bringen.

Die nächste Berufung ließ nicht lange auf sich warten. Auf 26. Dez. 1817 datiert die Anfrage des preußischen Kultusministers, des Freiherrn von Altenstein, ob Hegel in Berlin die Fichte-Nachfolge übernehmen wolle. Altenstein lockt mit großzügiger Vergütung und schreibt u.a. an Hegel: "Sie haben noch größere Verpflichtungen für die Wissenschaft, für die sich Ihnen hier [in Berlin] ein ausgebreiteterer und wichtigerer Wirkungskreis eröffnet" (II, 170). Im Wintersemester 1818/19 begann Hegel mit seinen Berliner Vorlesungen, zu welchen eine große Zuhörerschaft strömte. Diese Entwicklung ist erstaunlich, da Hegels Vortragsweise stockend und spröde war. 1821 veröffentlichte Hegel seine *Grundlinien der Philosophie des Rechts*, welche ihn zum (freilich umstrittenen) preußischen "Staatsphilosophen" machten. Ansonsten aber wirkte Hegel "in seinen Berliner Jahren weit mehr durch seine Vorlesungen" [vor allem denen über die Geschichte der Philosophie, die Geschichts- und

Religionsphilosophie] "als durch seine Bücher"[19]. Hermann Glockner (der Herausgeber der sog. "Jubiläumsausgabe" der Hegelschen Werke) behauptet sogar, dass Hegel bei seinen Berliner Vorlesungen "von der Einsicht durchdrungen [war], dass sein verdienter Ruhm im wesentlichen auf Missverständnissen beruhte"[20].

Hegels Berliner Ausstrahlung faszinierte viele, u. a. auch den jungen Ludwig Feuerbach, der Vorlesungen bei ihm gehört hat und ihn überschwänglich seinen "zweiten Vater" nennt, welcher ihn zum 'Selbst- und Weltbewusstsein' geführt habe[21] (um ihn später freilich, nach dem inneren Bruch, nur noch "französisch" - als 'Eckel' - auszusprechen[22]). Und selbst vom gegnerischen Lager kommt (widerwillige) Anerkennung. So wird z.B. Schopenhauer (Hegels bekanntem Erzfeind) im März 1823 von einem Jugendfreund mitgeteilt: "Hegel [ist] immer noch der große Gott, der heilbringende allen denen, die ihn anbeten"[23].

II. Grundzüge in Hegels "protestantischer" Trinitätsphilosophie

Im zweiten Abschnitt dieser Erörterungen soll es nun, in mehr systematisch orientierter Absicht, darum gehen, 1. das typisch "Protestantische" an Hegels Denkweise zu charakterisieren, um von daher dann 2. unter Berücksichtigung desjenigen, was er 'Dialektik' nennt, die Spezifität seiner Trinitätskonzeption herauszuarbeiten. Eine kritische Würdigung derselben wird schließlich - von verschiedenen Gesichtspunkten aus - im dritten Abschnitt versucht werden.

1. Hegel als "protestantischer" Philosoph

Hegel zog es während der Stellensuche in eine katholische Stadt (nach Bamberg), um "jene Religion einmal in der Nähe [zu] sehen" (I, 59). Eine direkte Kontaktaufnahme mit der katholischen Konfession (etwa im Sinne einer der das Gemeinsame aufsuchenden Ökumene) liegt Hegel jedoch fern. Bei ihm überwiegt eine aversive Haltung gegenüber der katholischen Kirche. Deren

---

[19] Fr. Nicolin, a.a.O. [Fn. 2], S. 76.

[20] H. Glockner, *Die europäische Philosophie von den Anfängen bis zur Gegenwart*, Stuttgart [5]1980, S. 757.

[21] G. Nicolin, a.a.O. [Fn. 3], S. 292.

[22] Vgl. die Nr. 75 in: *Hegel in Franken*. Hg. von der Stadtbibliothek Nürnberg (Ausstellungskatalog Nr. 92, 1981).

[23] G. Nicolin. a.a.O. [Fn. 3], S. 258.

Gepränge und starre Hierarchie empfindet er als abstoßend. Selbst noch in der 'Zeitungs-Galeere' festgehalten, hofft er, dass sein Freund Niethammer "eine mehr oder weniger protestantische Universität" erlangen und ihn dann zu sich holen werde (I, 204). Das 'Geschwätz' von der "Vortrefflichkeit des katholischen Mittelalters" regt ihn ebenso auf wie "das jämmerliche Drehen und Wenden des Katholiken um die Reformation, ihren Wert und Wirkung, herum" (I, 205). Er mokiert sich über den "neukatholischen Dünkel" (I, 195) und fordert eine *"aufgeklärte* Religionslehre" (I, 196)[24]. In einem Brief, den er am 22. Jan. 1806 von Bamberg aus an Niethammer schickt, ist es ihm wichtig, mitzuteilen, dass "in acht Tagen ... die hiesige protestantische Kirche eröffnet [wird]" (I, 210).

Bei der Auffassung des konfessionellen Unterschiedes zwischen 'katholisch' und 'protestantisch' ist für Hegel offensichtlich ein gewisses Gegensatz-Denken leitend (welches in seiner 'Dialektik' eine methodische Ausprägung findet), - die Überzeugung, dass "das Negative und Alte" [das Katholische] "und das neue Positive" [das Protestantische] "in wechselseitiger Ablehnung miteinander verbunden seien (I, 230). An 'Versöhnung' ist dabei freilich nicht zu denken. Als Hegel z.B. 1826 von katholischen Zuhörern wegen der öffentlichen Verunglimpfung der katholischen Religion denunziert wurde, sieht er keinen Anlass zur Entschuldigung und weist jene rüde darauf hin, "dass sie philosophische Vorlesungen auf einer evangelischen Universität bei einem Professor, der sich dessen rühmt, als Lutheraner getauft und erzogen zu sein, es ist und bleiben wird, besuchen" (11, 70 f.).

Von seiner Tübinger Ausbildung her fühlt sich Hegel der "neuen" protestantischen Form des Christentums verbunden. In einem Brief an Schelling (Jan. 1795) formuliert er programmatisch: "Das Reich Gottes komme, und unsere Hände seien nicht müßig im Schoße! ... Vernunft und Freiheit bleiben unsere Losung, und unser Vereinigungspunkt die unsichtbare Kirche" (I, 18)[25]. Diese 'unsichtbare Kirche' stellt ein intellektuales Reich dar, weswegen Hegel betont:

---

[24] Eine harsche Kritik an herrschenden Formen des (wohl auch evangelischen) Religionsunterrichtes ist in Hegels Vergleich enthalten, dass (konventionelle) Religionslehre zu betreiben, welche dem Volke "eingetrichtert" wird, und eine theologische Logik zu schreiben, eine ähnliche Diskrepanz darstelle, wie "Weißtüncher und Schornsteinfeger zugleich [zu] sein" (I, 196).

[25] Vgl. hierzu Hegels Predigtentwurf von 1793 (dem Jahr, in dem er sein theologisches Examen ablegte *[Dokumente zu Hegels Entwicklung.* Hg. v. Johannes Hoffmeister, Repr. der Erstaufl. 1936, Stuttgart-Bad Cannstatt 1974, S. 179-182]): Hier wird betont, dass das Reich Gottes "nichts Äußerliches, sondern etwas Innerliches sei", dass es darauf ankomme, dass Christus, der 'eingeborene Sohn des himmlischen Vaters' "in unseren Herzen" seine Wohnung nehme, so dass wir zu 'Bürgern des Reiches Gottes' werden. Das Reich Gottes zeige sich nämlich "nicht in äußerlichen Zeremonien", wobei vorrangig zu beachten sei, dass der 'Buchstabe töte, der Geist aber lebendig mache'.

"Der Protestantismus besteht nicht so sehr in einer besonderen Konfession als im Geiste des Nachdenkens und höherer, vernünftiger Bildung" (I, 337). Man kann auch sagen: "Das protestantische Prinzip ist, dass im Christentum die Innerlichkeit allgemein als Denken zum Bewusstsein komme" (20, 123). Damit will gesagt sein, dass jeder Sachverhalt im Element des Geistes aufgefasst wird und sich darin allererst im Prozess seiner Selbstentfaltung konstituiert. Dem fideistischen Glaubensverständnis ist ein solches Ansinnen nicht ganz geheuer. Doch ist Hegel diesbezüglich zu keinerlei Konzessionen bereit; er erläutert nicht ohne Schroffheit: "Es ist ein großer Eigensinn, der Eigensinn, der dem Menschen Ehre macht, nichts in der Gesinnung anerkennen zu wollen, was nicht durch den Gedanken gerechtfertigt ist, - und dieser Eigensinn ist das Charakteristische der neueren Zeit, ohnehin das eigentümliche Prinzip des Protestantismus. Was *Luther* als Glauben im Gefühl und im Zeugnis des Geistes begonnen, es ist dasselbe, was der weiterhin gereifte Geist im *Begriffe* zu fassen ... bestrebt ist" (7, 27).

Gegenüber der "katholischen" Zwei-Klassen-Gesellschaft (der Unterteilung in herrschende Kleriker und geknechtete Laien) hebt Hegel als überzeugter Lutheraner in seiner Berliner *Rede zur dritten Säkularfeier der Augsburger Konfession* eigens hervor: "Wir aber verstehen die christliche Freiheit so, dass jedermann für würdig erklärt ist, sich mit seinen Gedanken, seinen Gebeten und seiner Verehrung Gott zuzuwenden, dass jeder das Verhältnis, das er zu Gott und Gott zu ihm hat, mit Gott selbst herstellt ... Wir haben es nämlich nicht mit einer Gottheit zu tun, die den Naturbestimmungen unterworfen ist, sondern mit einem Gott, der die Wahrheit, die ewige Vernunft und das Bewusstsein dieser Vernunft, d.h. Geist ist"[26].

Dieses geist-bezogene Gottesverständnis hat zur Folge, dass sich Hegel auf polemische Weise von verschiedenen Zeiterscheinungen abgrenzt. Sein 'protestantisches Prinzip' ist dabei zwar als eine (weitgehend) "genuine Eigenleistung seines Philosophierens"[27] einzuschätzen und wegen der in ihm liegenden emanzipatorischen Tendenzen keineswegs zu verachten. Als Protestant "protestiert" Hegel auch gegen real existierende Erscheiungsformen des Protestantismus und bemängelt, dass "bei den jetzigen Protestanten, die nur Kritik und Geschichte haben, Philosophie und Wissenschaft ganz auf die Seite gesetzt worden sind" (16, 209). Mit frischem Geist-Vertrauen wendet er sich gegen frömmelndes Bibellesen, welches den Bezug zum alles begründenden göttlichen Geist ver-

---

[26] G. W. F. Hegel, *Berliner Schriften (1818-1831)*. Hg. v. Walter Jaeschke, Hamburg 1997, S. 430.

[27] Jörg Dierken, *Hegels 'protestantisches Prinzip'*. In: Elisabeth Weisser-Lohmann / Dietmar Köhler (Hgg.), Hegels Vorlesungen über die Philosophie der Weltgeschichte, Bonn 1998, S. 123-146, Zitat S. 144.

loren hat und stillschweigend davon ausgeht, dass man darauf verzichteten könne. Hegel betont diesbezüglich: "Es hilft nichts zu sagen, diese Gedanken oder diese Sätze seien auf die Bibel gegründet" (17, 200). Denn: "Der wahrhaft christliche Glaubensinhalt ist zu rechtfertigen durch die Philosophie, nicht durch Geschichte. Was der Geist tut, ist keine Historie; es ist ihm nur um das zu tun, was an und für sich ist, nicht [um] Vergangenes, sondern [um] schlechthin Präsentes" (17, 318).

Das heißt: "Gott ist nur im Geist zu verehren; dies Wort [Joh. 4, 23] ist jetzt [in der Reformationszeit] erfüllt; Geist ist [indes] nur unter der Bedingung der freien Geistigkeit des Subjektes. Denn nur diese ist es, die sich zum Geist verhalten kann; ein Subjekt voller Unfreiheit verhält sich nicht geistig, verehrt Gott nicht im Geiste" (20, 53). Hegel konnte von daher nicht mit der These seines protestantischen Berliner Kollegen Schleiermacher übereinstimmen, dass christliche Religion das 'Gefühl schlechthinniger Abhängigkeit' darstelle. Er entgegnete, dass sonst jeder Hund, der dieses Gefühl ständig in sich trage, "der beste Christ" sein müsste (11, 577). Es gilt vielmehr: "Nur der freie Geist hat Religion und kann Religion haben" (11, 58).

Nicht ohne Häme richtet Hegel einen pauschalen Angriff gegen die katholische Kirche des Mittelalters; sie ist für ihn "keine *geistige* Gewalt ..., sondern [nur] eine *geistliche"* (12, 458): sie bekundet sich in veräußerlicht denkenden Geistlichen! So wie Hegel auch - im Ausgang von den Katechismus-Weisheiten des Oratorianers Malebranche verallgemeinernd die Polemik formuliert: "Theologen kommen ihr ganzes Leben [lang] nicht weiter" (20, 202).

Höchst zuwider ist Hegel jene "fromme Demut, ... [die] sich die Erkenntnis Gottes vom Leibe hält" (12, 27), indem sie sich permanent weigert, "die Anstrengung des Begriffes auf sich zu nehmen" (3, 56). Er hält dagegen: "Gott will nicht engherzige Gemüter und leere Köpfe zu seinen Kindern, sondern solche, deren Geist von sich arm, aber reich an Erkenntnis seiner ist" (12, 27). "Wahre Demut besteht" seiner Auffassung nach "darin, den Geist in die Wahrheit zu versenken, in das Innerste, den Gegenstand allein nur an sich zu haben" (17, 534). Da diese 'wahre Demut' bei seinen Zeitgenossen nicht praktiziert wurde, sieht sich Hegel - als Theologe - zur Feststellung genötigt, dass sich die Philosophie nicht zu scheuen habe, "an religiöse Wahrheiten zu erinnern"; es sei nämlich "in neueren Zeiten so weit gekommen, dass die Philosophie sich des religiösen Inhalts gegen manche Art von Theologie anzunehmen hat" (12, 27). Erst aus einer solchen philosophisch "aufgeklärten" Theologie kann jene "höchste Freiheit, die das Denken selbst als solches ist" (17, 201), resultieren.

2. Dialektik als trinitarischer Selbstvollzug?

"Hegel bekundete immer wieder seinen tiefen Respekt vor dem christlichen Mysterium der Trinität. Seine Philosophie verdankt ihm ihre eigentliche Inspiration"[28]. Dieses Statement sollte beachtet werden, sobald es darum geht, der Faszination der Hegelschen Denkweise aufzuspüren. Es kann von daher deutlich werden, dass das Theologumenon der Trinität, das von vielen der neuzeitlichen Theologen entweder im blinden Glaubensgehorsam übernommen oder gänzlich abgelehnt wird, zum zentralen Herzstück in Hegels ganzheitlich intendierten Wirklichkeitsanalysen avanciert (welche freilich, wie sich noch zeigen wird, auf spezifisch "protestantische" Weise dargeboten werden).

Hegel ist sich auch durchaus bewusst, dass er mit seiner Thematisierung des Trinitarischen *außerhalb* des "mainstreams" zeitgenössischer Denkungsart bewegt; er sagt: "Die Bestimmung Gottes als des Dreieinigen ist der Philosophie nachgerade ganz ausgegangen; in der Theologie ist kein Ernst mehr damit" (17, 236). Im Kontext seiner Ausleuchtung der Prinzipienwirklichkeit ergibt sich die Trinität dagegen als die 'Angel, um welche sich die Weltgeschichte dreht': "Gott wird nur so als Geist erkannt, indem er als Dreieiniger gewusst wird" (12, 386). Man kann auch sagen: "Ohne diese Bestimmung der Dreieinigkeit wäre Gott nicht Geist und Geist ein leeres Wort" (16, 38).

"Gegner der Dreieinigkeitslehre sind" nach Hegel "nur die sinnlichen und die Verstandesmenschen" (17, 229). Die sinnlichen Menschen sind es, weil sie, in unmittelbare Wahrnehmungen verstrickt, an distinkt-kompositiven Einsichten kein Interesse finden. Das Verstandesdenken lehnt die Trinität ab, weil es, auf abstrakte Begrifflichkeit fixiert ist und das darin Begriffene nicht als prozessuale Ganzheit zu durchschauen vermag. Auf die Frage, wer 'abstrakt' denke, antwortet Hegel deshalb: "Der ungebildete Mensch" [der 'Spezialist'], "nicht der gebildete" [der das konkrete Ganze in seinen Konstituenten zu analysieren vermag] (2, 577). Der Verstandesmensch lehnt die Trinität u.a. auch deswegen ab, weil er beim bloß quantitativen Abzählen die großartige Entdeckung macht, dass Eines nicht zugleich Drei "sein" kann. Hegels Kommentar hierzu: "Zählen ist das Gedankenloseste" (17, 231).

Gedankenlos wäre es aber auch, die drei göttlichen Personen (die in Mt. 28, 19 genannt werden) - eine "nach" oder "neben" der anderen - bloß aufzuzählen. Die Nennung jener drei Personen macht erst Sinn, wenn deren Ineinander als subsistierende Relationalität entfaltet wird. Hegel erläutert dementsprechend: "Sagen wir ... , dass der Geist die absolute Reflexion in sich selbst durch seine

---

[28] Bernhard Lakebrink, *Hegels dialektische Ontologie und thomistische Analektik*, Ratingen 1968, S. 298.

absolute Unterscheidung ist ..., so ist er als der *dreieinige* aufgefasst: der Vater und der Sohn, und dieser Unterschied in seiner Einheit als der [hl.] Geist" (12, 392). Auf die Bedenken 'frömmerer Theologen', dass nämlich die Dreieinigkeit von den "heidnischen" Neuplatonikern in die biblisch-christliche Lehre hineingetragen worden sei, antwortet Hegel: "Wenn ... auch zugegeben werden muss, dass die Kirchenväter die griechische Philosophie studiert haben, so ist es zunächst doch gleichgültig, woher jene Lehre gekommen sei; die Frage allein ist die, ob sie *an und für sich wahr* ist. Aber das wird [von jenen 'frömmeren Theologen'] nicht untersucht; und doch ist jene Lehre die Grundbestimmung der christlichen Religion" (16, 46).

Das aber will wohl sagen: Die Trinitätslehre ist für Hegel keineswegs ein "exklusiver" Besitz der christlichen Religion oder gar nur der protestantischen Kirche. Durch vollzugstheoretische Überlegungen entdeckt er darin ein universales Format, eine archetypale Grundstruktur, in welcher und durch welche interkonfessionelle, interkulturelle und interreligiöse Verständigung möglich wird. Hegel bringt deshalb auch außerchristliche Dreiheitsvorstellungen in den Blick; er sagt: "Merkwürdig ist ..., dass in dem [chinesischen] Tao, der Totalität, die Bestimmung der *Dreiheit* vorkommt. Das Eins hat das Zwei hervorgebracht, das Zwei das Drei, dieses das Universum" (16, 328). Aufschlussreich ist auch der sich hier unmittelbar anschließende Kommentar: "Sobald sich also der Mensch denkend verhielt, ergab sich auch sogleich die Bestimmung der Dreiheit". Wenig später heißt es: "Das Auffallendste und größte in der indischen Mythologie ist unstreitig diese Dreieinigkeit [welche *Trimurti* heißt]. Wir können sie nicht 'Personen' nennen; denn es fehlt ihnen die geistige Subjektivität als Grundbestimmung. Aber es hat die Europäer aufs höchste verwundern müssen, dieses hohe Prinzip der christlichen Religion hier anzutreffen. Wir werden dasselbe später in seiner Wahrheit kennenlernen und sehen, dass der Geist als konkreter notwendig als dreieiniger gefasst werden muss" (16, 343).

Es sind aber auch im nicht-christlichen Europa beachtliche Spuren einer trinitarischen Wirklichkeitsauffassung zu entdecken. Hegel kennt Aristoteles' Bericht *(De coelo* I, 1), dass bei den Pythagoreern die *Trias* [die Dreizahl] als die 'Zahl des Ganzen' verstanden wurde, weil sie 'Anfang', 'Mitte' und 'Ende' in sich enthalte (18, 252). Er erläutert hierzu: "Was diese Dreiheit ist, hat Aristoteles ganz bestimmt ausgesprochen; was vollkommen ist oder was Realität hat, hat es in der Dreiheit: Anfang, Mitte und Ende. Das Prinzip ist das Einfache, die Mitte sein Anderswerden (Dyas [Zweizahl], Gegensatz), die Einheit (Geist) das Ende" (18, 253 f.). An der Kantischen Kategorientafel findet Hegel, es sei "merkwürdig und ein Verdienst, dass jede Gattung wieder eine Dreiheit ausmacht. Diese Triplizität, diese alte Form der Pythagoreer, Neuplatoniker und christlichen Religion kommt hier, wiewohl ganz äußerlich, wieder hervor" (20, 344). Jene Triplizität "verbirgt in sich die absolute Form, den Begriff" (20,

345). Da im Kantischen Kritizismus jedoch keine prozesstheoretischen Überlegungen hinsichtlich der genannten Triplizität angestellt werden, spricht Hegel
von einem "geistlosen Schema" (20, 385), in welchem sie dort überliefert
wurde. Er sieht es als seine Aufgabe an, jenes Schema *im* Geist mit Geist zu
erfüllen, es als einen dreifach strukturierten Geist-Prozess zu erläutern. Bei der
Ausarbeitung seines 'dialektischen' Wirklichkeitsverständnisses versucht Hegel
jener Aufgabe zu entsprechen, was im Folgenden kurz skizziert werden soll

Als 'Mangel' des Kantischen Philosophierens bezeichnet Hegel das darin
beobachtbare "Auseinanderfallen der Momente der absoluten Form" (20, 386).
"Sinnlichkeit und Vernunft" bleiben hierbei "entgegengesetzt" (20, 405). Kants
Philosophie endet, anders gesagt, "mit Dualismus, ... [mit] dem unaufgelösten
Widerspruch" (20, 384). Eben dieser Widerspruch bedarf der Überbrückung und
Vermittlung, um menschliches Selbst- und Weltverständnis vor dem Untergang
in "schizophrener" Disharmonie zu bewahren. Die formale Logik, welcher in
Kants Kritizismus ein Vorrang (gegenüber der Physik und der Ethik) eingeräumt
wird[29], vermag bei besagter Übergangsproblematik per se keine Hilfestellung zu
gewähren. Hegel umschreibt sie als "Leeres-Stroh-Dreschen" (20, 362). Um
Denken und Ding, Subjekt und Objekt, Form und Inhalt "zusammenzubringen",
projektiert Hegel eine Methode, bei welcher "die immanente Entwicklung des
Begriffes ... zugleich die immanente Seele des Inhalts selbst" ist (5, 17), bei
welcher "das subjektive Denken unser eigenstes, innerlichstes Tun ist und der
objektive Begriff der Dinge die Sache selbst ausmacht" (5, 25). Solange das
Denken sinnlichen Vorstellungen verhaftet bleibt, ist ein "Einstieg" in die
Methode geistimmanenter Sachkonstitution nicht möglich. Der Nürnberger
Hegel, der vor Gymnasiasten erstmals seine neuartige Logik präsentierte, betont
deshalb: "Der Jugend muss zuerst das Sehen und Hören vergehen" (4, 413).
(Diese schroffe Formulierung versteht sich von daher, dass von Hegel, wie in
III.5. expliziert, statt der inhaltsbezogenen Abstraktion eine Totalabstraktion von
allem Inhaltlichen als methodisch verbindlich angesehen wird.)

Hegels philosophischer Neuansatz, der den offensichtlichen Widersprüchen
der Kantischen "Verstandesphilosophie" (20, 385) widerspricht, ist darin gekennzeichnet, dass er die traditionelle Definition, Wahrheit sei Übereinstimmung
zwischen Intellekt und Sache, unbeachtet lässt und bereits 1801 - den Stier
gewissermaßen bei den Hörnern packend - anlässlich seiner Jenenser Habilita-
tion die provokante These formuliert: "Der Widerspruch ist die Regel des
Wahren, der Nicht-Widerspruch die des Falschen" *("Contradictio est regula
veri, non-contradictio falsi";* 2, 533). Diese These impliziert eine "Prozess-
zualisierung" des Erkenntnisvorganges und erläutert sich, näher betrachtet, im
Bezug auf den protestantischen 'Widerspruchs'-Geist, von dem Hegel anmerkt:

---

[29] Vgl. I. Kant, *Grundlegung zur Metaphysik der Sitten,* Vorrede, BA III f.

"Die Wahrheit ist den Lutheranern nicht ein gemachter Gegenstand" [ein fertiges Dogma], "sondern das Subjekt selbst soll ein wahrhaftes werden, indem es seinen partikulären Inhalt gegen die substantielle Wahrheit aufgibt und sich diese Wahrheit zu eigen macht. So wird der subjektive Geist in der Wahrheit frei, negiert seine Parikularität und kommt zu sich selbst in seiner [objektiven] Wahrheit. So ist die christliche Freiheit wirklich geworden" (12, 496). Diese Freiheit meint näherhin, dass der subjektive Gedanke notwendigerweise *"die Sache an sich selbst ist* oder *die Sache an sich selbst ... ebensosehr der reine Gedanke"* (5, 43).

'Wahrheit' ist nach Hegel also keine "Münze ..., die fertig gegeben [ist] und so eingestrichen werden kann" (3, 40). Er betont von daher auch, dass das alltäglich Bekannte eben deswegen, "weil es *bekannt* ist, [gar lange noch] nicht *erkannt"* ist (3, 35). Um eine tiefer dringende Einsicht zu gewinnen, ist vielmehr dem Widerpruch zwischen Objektivem und Subjektivem zu widersprechen und die "Arbeit des Negativen" (3, 24) zu verrichten. Diese bewirkt es, dass die Begriffe, die das Verstandesdenken als fest umrandet ansieht, "flüssig" werden (3, 37) und sich so in den "Rhythmus des organischen Ganzen" (3, 55) einfügen lassen. Damit wird dem menschlichen Streben nach Integralität zu entsprechen versucht. Diesem gemäß darf sich die "Wissenschaft ... nur durch das eigene Leben des Begriffs organisieren; in ihr ist die Bestimmtheit ... die sich selbst bewegende Seele des erfüllten Inhalts" (3, 51). "Das Wahre ist [dabei] das Ganze. Das Ganze aber ist nur das durch seine Entwicklung sich vollendende Wesen. Es ist von dem Absoluten zu sagen, dass es wesentlich *Resultat,* dass es erst am *Ende* das ist, was es in Wahrheit ist" (3, 24).

Die Frage ist hierbei: Wie, wo und als was ist nun der absolute 'Anfang' zu entdecken, der jenem Vollzugsrhythmus des Wahren und Ganzen als Erstelement zugrunde liegt? Im Kontext des bisher Gesagten ist klar: Wir können nicht "wie aus der Pistole" (5, 65) von einem solchen Anfang reden, sondern wir müssen ihn uns - wie auch alles andere - allererst vermitteln: Da jener Anfang der Ursprung alles (raumzeitlichen) Bestimmten sein soll, kann er (so wie es Hegel in einer *begriffs*-logisch stringenten Deduktion erläutert) selbst nicht ein solches Bestimmtes sein. Er *ist* vielmehr die "Abstraktion aller Bestimmtheit" (7, 52) bzw. die Negation derselben. Vom gesuchten Anfang gilt also: *"Das reine Sein und das reine Nichts ist [hier] dasselbe"* (5, 83).

Diese "Einheit von Sein und Nichts" (5, 86) oder, auf abstrakte Weise formuliert, diese "Identität der Identität *und* Nichtidentität" (5, 74) mag Hegel konkret erfahren haben, als er 1796 bei einer Wanderung in den Schweizer Bergen das 'majestätische Schauspiel' eines Wasserfalls betrachtete. Seine Beschreibung lautet: "Durch eine enge Felsenkluft drängt oben das Wasser schmal hervor, fällt dann in breiteren Wellen senkrecht herab, in Wellen, die den Blick des Zuschauers beständig mit sich niederziehen und die er doch nicht fixieren, nie verfolgen kann; denn ihr Bild, ihre Gestalt, löst sich alle Augenblicke auf, wird in jedem Moment von einem neuen verdrängt. Und in diesem Falle sieht er *ewig das gleiche Bild, und [er] sieht zugleich, dass es nie dasselbe ist"* (R 478).

Anders als Platon, der 'Ruhe' und 'Bewegung' als zwei Momente des *einen* Seins-Vollzuges auslegt[30] und deren Zusammensein an einem Kreisel versinnbildlicht, der nur steht, solange er sich bewegt[31], denkt Hegel (was als "rationalistisches" Ingrediens seines Dialektizismus zu kennzeichnen ist) nur auf der Ebene von Begriffen: 'Ruhe' und 'Bewegung' "widersprechen" sich bei ihm. Sie sind nur im wechselseitigen Sich-Negieren miteinander identisch, wobei dieses Negative in ihnen, der sie durchwaltende Widerspruch, als das "Tiefere und Wesenhaftere" (6, 75), als die "Wurzel aller ... Lebendigkeit" (ebd.) und als das "Prinzip aller Selbstbewegung" (6, 76) aufgefasst wird. Für Hegel bestätigt sich diese seine Seins-Konzeption objektiv darin, dass "alle Dinge ... an sich selbst widersprechend [sind]" (6, 74). Er bespöttelt von daher die "gewöhnliche Zärtlichkeit für die Dinge ...", die dafür sorgt, dass diese sich nicht widersprechen" (6, 55); und er misskreditiert den Identitätssatz (den er offensichtlich nur logisch formal, aber nicht onto-logisch interpretiert) als "Gesetz des abstrakten Verstandes" (E 126).

Das Ursprünglich-Absolute, das alles aus sich hervorgehen lässt und das Hervorgebrachte wieder in sich hinein "aufhebt", charakterisiert Hegel als eine "sich auf sich selbst beziehende Negativität" (6, 23). Das heißt: 'Sein' oder besser: 'Werden' ist für ihn nichts anderes als ein fortwährendes Sich-Negieren und -Verdrängen. Er demonstriert dies an einem bekannten (und nicht selten belächelten) Beispiel in der Vorrede seiner *Phänomenologie:* "Die Knospe verschwindet in dem Hervorbrechen der Blüte, und man könnte sagen, dass jene von dieser widerlegt wird; ebenso wird durch die Frucht die Blüte für ein falsches Dasein der Pflanze erklärt, und als ihre Wahrheit tritt jene an die Stelle von dieser. Diese Formen unterscheiden sich nicht nur, sondern verdrängen sich auch als unverträglich miteinander". Nach dieser Erläuterung des Nicht-Identischen fügt Hegel, unmittelbar anschließend, auch den Aspekt des Übergreifend-Identischen hinzu; er sagt: "Aber ihre flüssige Natur macht sie zugleich zu Momenten der organischen Einheit, worin sie sich nicht nur widerstreiten,

---

[30] Platon, *Sophistes* 254 a - 255 a.

[31] Ders., *Politeia* 436 a - 437 a; dazu Augustinus, *Enarrrationes in psalmos* 92, 1: "Deus cum quiete operatur; et semper operatur et semper quietus est".

sondern eines so notwendig als das andere ist; und diese gleiche Notwendigkeit macht erst das Leben des Ganzen aus" (3, 12).

Was hat diese Veranschaulichung nun mit der Hegelschen Auffassung zu tun, dass die "Dreiheit ... erst im Christentum zur wahrhaften Idee Gottes gediehen [ist]"? (11, 199) Die in ihrer Anfangs-Bedingung skizzierte Negations-Bewegung wird von Hegel offensichtlich deswegen als die philosophische Aufhellung der Binnenstruktur des absoluten Geistes bzw. der göttlichen Idee ins Feld geführt, um damit die Wirklichkeitsbedeutung des Theologumenons der Trinität zu demonstrieren. Als Ausdruck der "ungeheure[n] Macht des Negativen" (3, 36) präsentiert er in seinen Schriften deshalb immer wieder eine drei-phasige Bewegung: eine [1.] "sich [in perennierender Negation] selbst erzeugen-de", [2.] [sich durch die Negation des Anfänglich-Negativen in seinem Anders-sein] "fortleitende und [3.] in sich zurückgehende" (3, 61). Oder er erläutert in unverfänglicher (die Anfangs-Aporie unerwähnt lassender) Weise: "Jedes Ding ist α) Sein, Einfaches, β) Verschiedenheit, Mannigfaltigkeit, γ) Einheit beider, Einheit in seinem Anderssein" (18, 254). Derartige Erläuterungen trugen zur Legendenbildung bei, dass sich Hegelsche Dialektik im Dreischritt von These, Antithese und Synthese vollziehe[32], dass sie von einem schematischen Dreitakt, von einem "Prozess-Walzer a priori"[33] durchwaltet werde.

Da es Hegel jedoch darum geht, seine These, "dass das Sein Denken ist" (3, 53), dadurch zu verifizieren, dass er, auf der Ebene "objektiver" Begrifflichkeit, auch den Anfang aller Bewegung (wie wir sahen: den wesenhaften Selbst-Widerspruch) zur Darstellung bringt, ist jene drei-phasige dialektische Bewe-gung in ihrer Authentizität wie folgt genauer zu erläutern: Jene drei Phasen meinen 1. den *implikativen* Selbst-Widerspruch reiner Unmittelbarkeit (A), 2. den *explikativen* Selbst-Widerspruch, der in Natur und Geschichte als 'Ent-zweiung' manifest wird (+A / -A), und 3. den *komplikativen* Selbst-Wider-spruch, den Hegel auch als 'Versöhnung' bezeichnet (±A). Oscar Daniel Brauer hat diesen Grundrhythmus (für welchen eine "gebrochene Mitte" charakteristisch ist) aufgrund sorgfältiger Analysen von Hegel-Texten im folgenden Schema veranschaulicht[34]:

---

[32] Vgl. Gustav E. Mueller, *The Hegel legend of 'Thesis-Antithesis-Synthesis'.* In: Journ. of the history of ideas 19 (1958) 411-414. Nach Muellers Erörterungen hat vor allem Karl Marx' vereinfachende Hegel-Rezeption zu besagter Legendenbildung beigetragen.

[33] Ernst Bloch, *Subjekt-Objekt. Erläuterungen zu Hegel,* Frankfurt/M. 1972, S. 135.

[34] O. D. Brauer, *Dialektik der Zeit. Untersuchungen zu Hegels Metaphysik der Welt-geschichte,* Stuttgart 1982, S. 110. (Rez. dieser Studie v. E. Schadel, in: Salzburger Jahrb. für Philos. 30, 1995, 104-109).

$+A$

A $\pm A$

$-A$

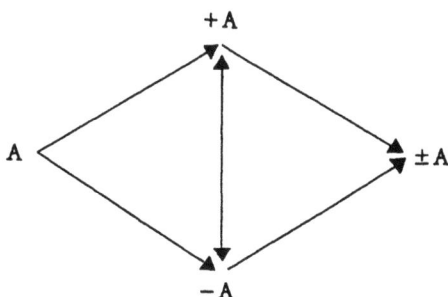

Dieses Schema macht das "Innerste der Weltgeschichte" aus, insofern sich darin (besonders in der Geschichte der Philosophie) die *"Enthüllung Gottes,* wie er sich selbst weiß", ereignet (20, 457). Dabei gilt vom Geist überhaupt (also *sowohl* vom göttlichen *als auch* vom menschlichen Geist), dass er "seine Wahrheit nur [gewinnt], indem er in der absoluten Zerrissenheit sich selbst findet" (3, 36). Verständlich wird von daher Hegels Aphorismus: "Ein geflickter Strumpf ist besser als ein zerrissener; nicht so das Selbstbewusstsein" (2, 558). Und nicht ohne einen gewissen Zynismus erläutert er in diesem Sinne auch: "Das Paradies ist ein Park, wo nur die Tiere und nicht die Menschen" [die in der Selbst-Zerrissenheit zum Bewusstsein des objektiven Begriffes gelangen sollen] "bleiben können" (12, 389).

Der Kreuzestod Christi versteht sich in diesem Kontext *nicht* als ein äußeres Indiz für den innertrinitarischen Austausch, in welchem der 'Sohn' seinen 'Geist' dem 'Vater' übergibt (vgl. Lk. 23, 46). Solche Unterscheidungen lässt Hegel unbeachtet; er interpretiert jenen Tod von der "notwendigen Entzweiung" her (2, 21), ohne welche der Prozess des absoluten Geistes, wie *er* ihn auffasst, gar nicht zustande käme. Das aber heißt: Ohne Beachtung der Unterscheidung, dass am Kreuz der inkarnierte *Sohn* Gottes und nicht *Gott* selbst gestorben ist, formuliert Hegel pauschlierend: "Gott ist gestorben, Gott ist tot - dieses ist der fürchterlichste Gedanke, dass alles Ewige, alles Wahre nicht ist, die *Negation selbst in Gott* ist" (17, 291). Und er fährt fort: "Gott erhält sich in diesem Prozess [der Negation], und dieser ist" [indem sich die Negation ihrem 'negativen' Wesen gemäß selbst negiert] "der *Tod des Todes.* Gott steht wieder auf zum Leben: er wendet sich somit zum Gegenteil" (ebd.).

Die Frage ist hier jedoch: Könnten diese Hegelschen Beschreibungen (die den 'Anfang' seiner reinen *Geist*-Philosophie zu rechtfertigen versuchen) nicht auch auf eine x-beliebige *Natur*-Gottheit angewandt werden, welche im Winter "tot" ist, in jedem Frühjahr aber aufs neue ihr "Totsein tötet" und so zu zum Leben erwacht? Auf eine solchen "natürlichen" Kreislauf weist Hegel selbst am Ende seiner *Logik* hin, wenn er seine absolute Denkmethode als einen *"Kreis von Kreisen"* bezeichnet, als einen "in sich verschlungene[n] Kreis ..., in dessen Anfang, den einfachen Grund, die Vermittlung das Ende zurückschlingt" (6, 571). Wie es scheint, ist damit aber ein "tragisches" Wirklichkeitsverständnis impliziert, welches Hegel in einer Jenenser Schrift tatsächlich bekundet. Er spricht hier von der "Aufführung der Tragödie ..., welche das Absolute ewig mit sich selber spielt: - [so] dass es sich ewig in die Objektivität gebiert, [sich] in dieser seiner Gestalt hiermit ... dem Leiden und dem Tod übergibt und sich [wie jener mythische Phoenix] aus der Asche in die Herrlichkeit erhebt" (2, 495). Können sich Hegel und sein Erzfeind Schopenhauer - wegen eines gemeinsamen "tragischen" Lebensgefühls - somit die Hände reichen? Anders gefragt: Ist der trinitarische Prozess, an sich betrachtet, ein "tragisches" Geschehen? Oder erscheint er bei Hegel nur so, weil dieser unter den Bedingungen des neuzeitlichen Philosophierens den 'Widerspruch' und die 'Negation' - den sich widersprechenden Widerspruch und die sich negierende Negation - im seins- und vollzugstheoretischen Aspekt überfrachtet hat? Ist aber nicht gerade darin - in der konzeptionellen Verschmelzung von 'Sein' und 'Nichts' - die "Ursache" dafür zu erkennen, dass sich das Autonomie-Experiment subjektozentrischer Moderne und Postmoderne als fortlaufend sich verschiebener Identitätsakt und am Ende als permanentes An-sich-selber-Scheitern inszenieren musste (was im nihilistischen Existenzialismus des 20. Jahrhunderts bis zum Überdruss zum Ausdruck kam)? Ist also die Negation der Negation tatsächlich der einzige und beste Weg, zu einem Positiven zu gelangen? Oder ist es etwa nicht so, dass jede Negation ein Positives voraussetzt, das auch ohne sie zu "sein" und schöpferisch zu wirken vermag? "Jede Negation", erklärte bereits der junge Leibniz, "ist die Negation eines Positiven; ansonsten wäre sie bloß dem Worte nach eine Negation"[35].

III. Aspekte einer kritischen Würdigung der Hegelschen Geist- und Trinitätsphilosophie

Groß und großartig ist am Hegelschen Philosophieren unzweifelhaft sein weit geöffneter Blick für die interkulturelle Verflochtenheit der Menschheitsgeschichte, für interreligiöse Gemeinsamkeiten, die sich Schritt für Schritt immer deutlicher herausarbeiten. Als außerordentlich "aktuell" ist sein Versuch zu werten, die "Spaltprodukte" frühneuzeitlicher Geistesentwicklung - den Rationalismus, der nichts glauben will, und den Fideismus, der nichts wissen

---

[35] "Omnis negatio est alicujus positivi, alioqui erit solum verbotenus negatio" (G. W. Leibniz, *Disputatio metaphysica de principio individui* [Lipsiae 1663]. In: Leibniz, *Philosophische Schriften*. Bd. 4; hg. v. C. I. Gerhard, Hildesheim 1978, S. 21).

will - miteinander zu versöhnen. Hegels Dialektik kann, anders gesagt, als ein wichtiger Beitrag zur Lösung des Integrations-Problems angesehen werden, an welchem essentiell der Fortbestand der (von Habermas proklamierten) "postsäkulare[n] Gesellschaft"[36] hängt: Die Entgleisungen der säkularen Gesellschaft und die Einsicht, dass ein wertneutraler Staat die Werte nicht zu begründen und zu garantieren vermag, veranlassen Habermas zur Aufforderung, den "unfaire[n] Ausschluss der Religion aus der Öffentlichkeit" zu überwinden, insofern er "die säkulare Gesellschaft von den wichtigen Ressourcen der Sinnstiftung" abschneidet[37]. In Hegels Geistphilosophie kann aber auch die Forderung, welche Habermas speziell an die Theologen richtet - dass sie nämlich die religiösen Überzeugungen "in eine säkulare Sprache [zu] übersetzen" hätten[38] -, als mehr oder weniger erfüllt betrachtet werden.

Zu denken gibt in diesem Zusammenhang allerdings die Habermassche Anmerkung: "Hegel bringt die heilsgeschichtliche Dimension der Zukunft einem *in sich* kreisenden Weltprozess zum Opfer"[39]. Zu fragen ist auch: Wie und warum konnte es dazu kommen, dass Hegel - von Popper als 'logischer Hexenmeister' persifliert[40] und der 'Scharlatanerie' bezichtigt[41] - zu den Feinden der offenen Gesellschaft gerechnet wurde. Ferner: Muss Schopenhauers Prophezeiung ernst genommen werden, dass Hegels 'sogenannte Philosophie' "eine kolossale Mystifikation [darstelle], welche noch der Nachwelt das unerschöpfliche Thema des Spottes ... liefern wird"?[42]

1. Notwendig: die Unterscheidung gegensätzlicher Gegensätze

Nach Johannes Hessen ist Hegels dreiphasige Dialektik "nichts anderes als eine spekulative Umdeutung der christlichen Trinitätslehre"[43]. Doch lässt Hessen im Unklaren, worin jene Lehre, die 'umgedeutet' wurde, denn eigentlich bestehe. Zu fragen wäre auch, was an 'Spekulation' (wörtlich: 'Spiegelschau') denn Anstößiges sein solle. (Nach Hegel beinhaltet sie, "dass man die Gedanken zusammenbringt" [19, 76] und "Entgegengesetzte[s]" in seiner Einheit" zu erfassen

---

[36] Jürgen Habermas, *Glauben und Wissen*, Frankfurt/M. 2001, S. 29.
[37] Ebd., S. 22.
[38] Ebd., S. 21.
[39] Ebd., S. 26.
[40] Karl R. Popper, *Die offene Gesellschaft und ihre Feinde*. Bd. 2, Tübingen [7]1992, S. 35.
[41] Ebd., S. 66.
[42] Arthur Schopenhauer, *Die beiden Grundprobleme der Ethik*, Vorrede zur ersten Auflage [Sämtliche Werke. Hg. v. Wolfgang von Löhneysen. Bd. 3, Darmstadt 1980, S. 496].
[43] J. Hessen, *Hegels Trinitätslehre*, Freiburg i. Br. 1922, S. 41.

vermag [5, 52]). Deutlicher wird Peter Wacker, der das 'total Neue' in Hegelscher Dialektik darin ausfindig macht, dass dieser "die Trinität Gottes als den
Widerspruch und dessen Aufhebung denkt"[44]. Denn hierin - in Hegels Zen-
tralbegriff des 'Widerspruchs' - sollte meines Erachtens eine tiefer dringende
Kritik seines dialektischen Systems, das die Trinitätslehre darzustellen vorgibt,
einsetzen.

In merklichem Gegensatz zu Mt. 5, 37 formuliert Hegel (im Anschluss an
Jakob Böhme) die These, "dass in Ja und Nein *alle* Dinge bestehen, sei es
göttlich, teuflisch, irdisch oder was [sonst noch] genannt werden mag" (20, 111
f.). Diese Auffassung hat in der neueren Philosophie (deren Denkmotive Hegel
übernimmt und weiterzuführen versucht) zur Folge, dass Gott "gleichsam als die
Gosse [bezeichnet wird], in welcher alle Widersprüche zusammenlaufen" (20,
255). Besagte Widersprüche werden von Hegel jedoch nicht weiter unterschieden. Er schenkt sich diesbezügliche Differenzierungen, indem er in seiner *Logik*
die traditionelle Unterscheidung zwischen *konträren* und *kontradiktorischen*
Begriffen mit der Behauptung bagatellisiert: "als ob das, was *konträr* ist, nicht
ebensosehr als *kontradiktorisch* bestimmt werden müsste" (6, 292).

Man kann von daher wohl sagen, dass vermittels eben dieser Begriffs-Ver-
schleifung die schwebende Beliebigkeit eingeführt wird, welche in Hegelscher
Dialektik fortwährend ihr Unwesen treibt: Da Hegel darauf "verzichtet", gegen-
sätzliche Gegensatzarten zu unterscheiden, muss er in Kauf nehmen, dass der
alles entscheidende Unterschied zwischen dem *exklusiven* Gegensatz, welcher
kein Mittleres hat und deswegen als 'kontradiktorisch' genannt wird, und den
inklusiven Gegensätzen, welche ein Mittleres aufweisen und eben darin als 'konträre', 'privative' und 'relativ-komplementäre' untergliedert werden, verloren
geht[45]. - *Zur Erläuterung:* Sein und Nichts (Wahr und Falsch, Gut und Böse)
sind kontradiktorische Gegensätze, wobei das Sein von sich her das Nichts
ausschließt. Was sollte nämlich jenseits des Seins noch "sein" können? Grün
und Blau sind konträre Gegensätze; sie sind verschiedene Darstellungen des
gemeinsamen Farbig-Seins. Gesundheit und Krankheit sind ein privativer
Gegensatz, der im Mittleren des Körpers, der gesund oder krank sein kann,
angesiedelt ist. Mann und Frau sind ein relativ-komplementärer Gegensatz; sie
sind ein je verschiedener Ausdruck des einen Mensch-Seins und vollenden sich

---

[44] P. Wacker, *Der dialektische Mythos. Fragmentarische Dokumentation zur Hermeneutik
des trinitarischen Denkmodells*, Frankfurt/M. 1975, S. 19.

[45] Diese elementaren Unterscheidungen sind in Aristotelischen Schriften auffindbar und
werden im Zusammenhang dargestellt in Thomas Aquinas, *De quatuor oppositis* [Opuscula
philosophica. Ed. R. M. Spiazzi, Taurini-Romae 1954, S. 205-217]; vgl. hier S. 207: "Contradictio est oppositio, cuius secundum se *non* dicit medium; medium enim ostendit distanti-
um convenientiam".

in wechselseitiger Ergänzuung (auf welche schon anatomische Dispositionen hinweisen).

Hegel spricht von der "Einheit von Sein und Nichts" (5, 86); und er versucht, diese Einheit als den sich schöpferisch negierenden Anfang seines dialektischen System in seiner *Logik* zu veranschaulichen; er sagt: "Reines Licht und reine Finsternis sind zwei Leeren, die dasselbe sind" (ebd.). Dieser Vergleich ist suggestiv, jedoch nicht mehr zu halten, sobald das Verglichene in seinem Sachgehalt betrachtet wird. Wird nämlich reinweißes Licht durch eine Prisma geschickt, so entstehen - als "gebrochenes" Licht - alle sichtbar leuchtenden Farben. Bei der reinen Finsternis kommt dieser oder ein ähnlicher Effekt nicht zustande. Er *kann* auch gar nicht zustande kommen, weil alles Sichtbare (alles Seiende) der einen Energie des Seins-Lichtes entstammt[46]. Erläutert Hegel indes: "Der Anfang ist nicht das reine Nichts, sondern ein Nichts, von dem etwas ausgehen soll" (5, 73), so heißt dies wohl: Hegel will von der reinen Nichtigkeit des Nichts (einem ontologisch "exakten" Begriff des Nichts) nichts wissen. Er relationiert das Nichts "unter der Hand" mit dem Sein (dessen interne Fruchtbarkeit er unbeachtet lässt). Vom selbstwidersprüchlichen 'seienden Nichts' bzw. 'nichtigen Sein' erhofft er dann eine schöpferische Allmacht, die allein dem "lichten" absoluten Sein zukommt. Dieses liegt allem raumzeitlich Seienden innerlich vorgängig zugrunde, welches durch "Beimischung" des Nichts (des Noch-nicht und des Nicht-mehr, des Nach- und des Nebeneinander) eine Trübung erfährt.

An der Verschleifung der Gegensatz-Arten (und speziell: an der Ausblendung des privativen Gegensatzes) liegt es, dass das Böse, das Aggressive und der Krieg, in der neueren Philosophie "Karriere" machen konnten. All diese "Phänomene" sind nach Hegel *notwendige* Momente des sich negativ realisierenden absoluten Begriffes (und damit auch des Göttlichen). Hegel betont diesbezüglich: "Das Gute und das Böse sind untrennbar" (7, 263). In diesem Wechselbezug rangiert das Böse als "die positive Negativität" (6, 72), das Gute, umgekehrt, als 'die negative Positivität'. Beides ist in der Weltgeschichte, in der sich "der Fortschritt im Bewusstsein der Freiheit" (12, 32) ereignen soll, unbedingt notwendig. Denn jener Fortschritt ist kein Resultat per se lauterer Motive; er wird durch die *"List der [absoluten] Vernunft"* bewerkstelligt, welche die partikularen "Leidenschaften für sich wirken lässt" (12, 49). Die "Individuen werden [dabei] aufgeopfert und preisgegeben" (ebd.). "Geschäftsführer des Weltgeistes" (12, 46) sind bei alledem die *"welthistorischen Individuen"* (12,

---

[46] Vgl. hierzu im Einzelnen E. Schadel, *Gott als 'Zusammenfall der Gegensätze'? Historische und systematische Überlegungen zu Nikolaus von Kues.* In: Eun Kim / Erwin Schadel / Uwe Voigt (Hgg.), Aktive Gelassenheit. Festschrift für Heinrich Beck zum 70. Geburtstag, Frankfurt/M. usw. 1999, S. 127-150.

45) (Alexander der Große, Caesar, Napoleon, - warum nicht auch ein Hitler?), die - indem sie auf der "Schlachtbank" der Weltgeschichte (12, 35) ihre Taten verrichten - "rücksichtslos" (12, 49) ihre Zwecke verfolgen und deshalb "manche unschuldige Blume (ebd.) auf ihrem Wege zertreten, um am Ende dann selbst wie die "leeren Hülsen des Kernes" (12, 47) abzufallen.

2. Negatives und Mangel als 'zureichender Grund' von allem?

Wie wenig Hegel mit reiner Positivität anzufangen weiß, wie sehr er immerdar nach Widerspruchs-Phänomenen Ausschau hält (welche den negativistischen Ansatz seines Dialektizismus "bestätigen" sollen), wird deutlich, wenn er darlegt: "Die Weltgeschichte ist nicht ein Boden des Glücks. Die Perioden des Glücks sind leere Blätter in ihr; denn sie sind Perioden der Zusammenstimmung, des fehlenden Gegensatzes" (12, 42): Dass besagte 'Zusammenstimmung' - innerlich-vorgängig - komplementäre Gegensätze voraussetzt, ist für Hegel offensichtlich "nicht der Rede wert" und langweilig. Er erklärt: "Die Philosophie muss sich hüten, erbaulich sein zu wollen" (3, 17). Das göttliche Leben ist für ihn ein 'Spielen der Liebe mit sich selbst'; und er warnt diesbezüglich, dass diese Idee zur 'Fadheit' herabsinke, "wenn der Ernst, der Schmerz, die Geduld und die Arbeit des Negativen darin fehlt" (3, 24). Und selbst dann, wenn er ein Positives darzustellen versucht, ist ein zynisch-fatalistischer Unterton unüberhörbar. So stellt er z.B. den Fortschritt in der völkerrechtlich legitimierten neuzeitlichen Kriegsführung heraus und kommentiert dies mit den Worten: "Die neueren Kriege werden daher menschlich [!?] geführt" (7, 502)[47].

Das 'Negative' ist für Hegel "das Prinzip *aller* Selbstbewegung" (6, 76)[48]. D.h.: Durch wechselseitige Verneinung ist für ihn alles mit allem verbunden. Er bezieht diese Auffassungsweise sogar noch auf den "Zusammenhang des Unendlichen und des Endlichen", welchen er mystizistisch (und in 'erbaulicher' Rede) als "heiliges Geheimnis" tituliert (1, 378). Das 'Unendliche' *ist* dabei das 'Nicht-Endliche' - "ein Sein in der Bestimmtheit der Negation. Gegen das Endliche, den Kreis der seienden Bestimmtheiten, der Realität, ist das Unendliche das unbestimmte Leere, das Jenseits des Endlichen, welches sein Ansichsein nicht an seinem Dasein, das ein bestimmtes ist, hat" (5, 152). Jenes leere Jenseits, das "wir auch das höchste Wesen nennen" (12, 211), kann - als

---

[47] Vgl. hierzu die zahlreichen "Belege", die Popper (a.a.O. [Fn. 40], S. 72-92) zusammengestellt hat, um zu zeigen, dass Hegel bei faschistischer Macht-Ideologie Pate stand.

[48] Vgl. Piero Coda, *Il negativo e la Trinità. Ipotesi su Hegel*, Roma 1987; hier S. 393: "Il primo significato che il negativo come tale assume nel sistema hegliana è quello di *elemento strutturale e neccessario dell' autocostituzione della totalità*".

abstraktes - von sich her nichts Endliches (nichts Raumzeitliches) in freier Schöpferkraft "sein" lassen. Es hält es gewissermaßen nicht bei sich selbst aus und *muss* sich deshalb, um Selbstbewusstsein zu erlangen, in sein Anderssein, ins Endliche hinein, negieren. Die 'Qual' seiner inneren Dürftigkeit wird so zur 'Quelle' der konkreten 'Qualitäten'. Hegel übernimmt diese Formulierung als "ein gutes Wortspiel" (20, 100) von Jakob Böhme, in welchem er das (oben erwähnte) 'protestantische Prinzip' entdeckt, das darin besteht, "die Intellektualwelt in das eigene Gemüt hereinzulegen" (20, 94). Als negiertes Unendliches, *ist* das Endliche jedoch nur eine einseitige Bestimmung des Ganzen. Es hat keinen Bestand in sich selbst und muss eben deswegen an sich selbst zugrunde gehen, - in den Ungrund der an sich unbestimmten Unendlichkeit zurückkehren.

Von vorgängiger Ontologie übernimmt Hegel die Auffassung, dass der Ursprung von allem der 'zureichende Grund' für alles sein müsse[49]. Den Aufweis dafür, dass dies auch für die selbstbezügliche Negativität seines dialektischen System zutreffend sei, wiegelt er mit der beiläufigen Bemerkung ab, es sei 'überflüssig', dies zu erklären; "denn es versteh[e] sich von selbst" (6, 83). Ist dies wirklich so? Ist es philosophisch überzeugend, zu proklamieren, dass "das Mangelhafte", das mit dem 'Trieb', sich weiterzuführen, begabt ist (6, 555), und *"nicht* eine Art von Überfluss" (ebd.) der 'zureichende Grund' von allem sei? Ist Gott als Prinzipienwirklichkeit wesenhaft nur dadurch bestimmt, ein Nicht-Endliches, ein leeres Jenseits zu sein? Ist er als solcher tatsächlich nichts anderes als eine "Bewegung zum Endlichen und dadurch, als Aufhebung derselben, zu sich selbst"? (16, 192). Ist Gott, der Schöpfer der raumzeitlichen Welt, dieser Welt bedürftig? Dies scheint jedenfalls in Hegels Behauptung vorausgesetzt zu sein, welche lautet: "Ohne Welt ist Gott nicht Gott" (ebd.). Der sich hier nahe legende Pantheismus wird von Ludwig Feuerbach (Hegels ehemaligem Schüler) explizit gemacht. Feuerbach greift den Hegelschen Gedanken der notwendigen Weiterentwicklung auf und erläutert: "Der *Pantheismus* ist die *notwendige Konsequenz* der Theologie (oder des Theismus), - die *konsequente* Theologie; der *Atheismus* [ist] die *notwendige Konsequenz* des *Pantheismus*, der *konsequente* Pantheismus"[50].

---

[49] Vgl. z.B. Thomas Aquinas, *Summa theologiae* I, qu. 46, a. 1, ad 9: "Deus ab aeterno ... [est] *sufficiens ratio* mundi". Diese 'sufficiens ratio' erläutert Thomas im onto-trinitarischen Kontext vermittels der drei aristotelischen Prinzipalursachen; er sagt ebd. qu. 44, a. 4, ad 4: "Deus ... [est] causa *efficiens, exemplaris* et *finalis* omnium rerum".

[50] L. Feuerbach, *Vorläufige Thesen zur Reform der Philosophie* (1842). In: Helmut Reichelt (Hg.), Texte zur materialistischen Geschichtsauffassung, Frankfurt/M. 1975, S. 236-253; Zitat S. 236.

3. Pantheistische Implikationen

Für besagten Pantheismus ist kennzeichnend, dass das Göttliche verendlicht und die endliche Welt (samt der in ihr herrschenden Ohnmacht, Torheit und Bosheit) vergöttlicht wird. Sowohl die ewig-göttliche wie auch die raumzeitliche Welt werden hierbei durch die beständige Unruhe der "notwendige[n] Entzweiung" (2, 21) in Bewegung gehalten. Da hierbei aber, wie es Heinrich Beck formuliert, die 'Rückbindung' an den in sich beständigen Seinsakt preisgegeben ist, präsentiert sich die Hegelsche Dialektik als "ein unendlicher Wirbel des gegenseitigen Sich-Identifizierens, [als] ein 'bacchantischer Taumel' des Denkens. Der wurzellose ... Pluralismus schägt [dabei] sofort in einen absoluten Monismus um" (wobei beide freilich negativ identisch bleiben)[51].

Die Menschwerdung des Gottessohnes stellt in diesem Zusammenhang keinen Akt der göttlichen "Güte und Menschenfreundlichkeit" (Tit. 3, 4) dar; sie dient vielmehr dazu, dass sich Gott, als anfänglich abstraktes Nichts und leeres Jenseits, im Anderssein der Natur und Geschichte selbst zu erkennen und zu erlösen vermag[52]. Den zeitbetroffenen Individuen kann in diesem Zusammenhang keine eigene Subsistenzweise zugesprochen werden. Ihr Sinnziel ist es, vergängliche Durchgangsmomente und Erscheinungsfelder des sich realisierenden göttlichen Selbst-Widerspruches zu sein. Sie sind deswegen "unter der Kategorie der Mittel zu betrachten" (12, 49). Oder, von Spinoza her formuliert: Sie sind bloße "Akzidenzien" (7, 305) der ihre Indifferenz negierenden einen Ursubstanz. Hegel betont diesbezüglich, dass jedes Individuum per se nichts anderes als ein "Sohn seiner Zeit" (7, 26) ist, dass es im Selbst-Widerspruch des Zeitlichen zugrunde gehen muss, dass 'Versöhnung' (wenn eine solche überhaupt möglich ist) darin besteht, "die Rose im Kreuze der Gegenwart zu erkennen" (ebd.)[53].

---

[51] H. Beck, *Der Akt-Charakter des Seins. Eine spekulative Weiterführung der Seinslehre Thomas v. Aquins aus einer Anregung durch das dialektische Prinzip Hegels.* 2., ergänzte Aufl., Frankfurt/M.u.a. 2001, S. 105 f.

[52] Vgl. Philip Merlan, *Hegel: Cur deus homo?* In: Atti del XII Congresso internazionale di filosofia (Venezia, 12-18 Settembre 1958). Vol. XII, Firenze 1961, S. 319-326.

[53] Vgl. Georg Lasson, *Kreuz und Rose. Ein Interpretationsversuch.* In: Lasson. Beiträge zur Hegel-Forschung, Berlin 1909, S. 43-70. - Ebd., S. 46, macht Lasson darauf aufmerksam, dass Martin Luther für sein Wappen "das Bild einer Rose inmitten eines Kreuzes" gewählt und dieses mit der Umschrift erläutert hat:

> "Des Christen Herz auf Rosen geht,
> Wenn's mitten unterm Kreuze steht".

4. Ewigkeit als sich selbst widersprechende Zeit?

Spricht Hegel von einem "bleibende[n] Werden" (3, 338), so ist darin ein Versuch erkennbar, die von Brauer so genannte "traditionelle Aufspaltung von Zeit und Ewigkeit" dialektisch zu überwinden[54]. 'Dialektik' meint dabei eine "Theorie des Seienden sub specie temporis"[55]. Was ist aber das Wesen der Zeit? Hegel sieht darin das Leitmotiv seines gesamten Philosophierens, den alles durchwirkenden Selbst-Widerspruch, zum Ausdruck kommen. Er definiert 'Zeit' von daher als "das Sein, das, indem es *ist, nicht* ist, und, indem es *nicht* ist, *ist*" (E 209)[56]. Die genannte 'Aufspaltung' von Zeit und Ewigkeit versucht Hegel dadurch zu aufzuheben, dass er dem expliziten Selbst-Widerspruch des Zeitlichen einen Ewigkeit-Charakter zuspricht. So teilt er z.B. am Ende seiner *Vorlesungen über die Geschichte der Philosophie* seinen Hörern mit: "[Dies ist] das *ewige* Leben [des Geistes] ..., den Gegensatz *ewig* zu produzieren [sich *ewig*

---

[54] Vgl. O. D. Brauer, a.a.O. [Fn. 34]. S. 144. - Brauer referiert hier mit besagter 'Aufspaltung' ein gängiges Vorurteil. Dieses ist allerdings, im Umfeld neuplatonischen Philosophierens, als unhaltbar anzusehen. Denn es geht hier nicht um eine Aufspaltung, sondern um eine Priorisierung des Ewigen gegenüber dem Zeitlichen: Jenes kann in seinem inneren Überfluss ohne dieses sein; dieses aber, als Ausfluss des ewigen Überflusses, nicht ohne jenes. Vgl. im Einzelnen Kyu-Hong Cho, *Die Zeit als Abbild der Ewigkeit. Historische und systematische Erläuterungen zu Plotins Enneade III 7*, Frankfurt/M. u.a. 1999.

[55] O. D. Brauer, a.a.O. [Fn. 34], S. 15. In diesem Sinne geht auch Martin Heidegger (als beharrlicher "Erneuerer" des Hegelschen Dialektizismus) davon aus, dass die Zeit "den Horizont *alles* Seinsverständnisses" darstelle *(Sein und Zeit*, Tübingen [13]1976, S. 17 [Hervorh. E. S.]). Die versprochene "Ausarbeitung der Seinsfrage" (ebd., S. 436) ist bekanntlich gescheitert. Der Grund und die innere Disposition dafür kann darin gesehen werden, dass Heidgger (drei Jahre vor dem Erscheinen von *Sein und Zeit)* in einem Vortrag vor Theologen 'Ewigkeit' als "das leere Immersein" auffasste und diese vermittels eines brüsken "Der Philosoph glaubt nicht" generös den Fideisten überließ *(Der Begriff der Zeit. Vortrag vor der Marburger Theologenschaft, Juli 1924.* Hg. von Hartmut Tietjen, Tübingen 1989, S. 5 f.). Die Ewigkeit als 'leeres Immersein' zu bezeichnen, hängt wohl damit zusammen, dass die Methode phänomenologischer Deskriptionen stets nur Eines nach oder neben dem Anderen (wie auch das dazwischen liegende "Nichts") zu gewahren vermag, nicht aber das subsistierende Ineinander desjenigen, was im je verschiedenen "Erscheinenden" - innerlich vorgängig zu diesem - als dessen Seins- und Konstitutionsgrund identifizierbar ist. Dieser Grund ist nicht mehr räumlich und zeitlich begrenzt, weshalb der neuplatonisch inspririerte *Philosoph* Boethius zur Auffasung gelangte: "Aeternitas ... est interminabilis vitae tota simul et perfeca possessio" *(Der Trost der Philosophie* [lat.-dt]. Hg. v. Ernst Neitzke, München-Leipzig 1997, S. 310).

[56] "Die Zeit ist immerdar ein Anderes" (ὁ χρόνος ἕτερον ἀεὶ) heißt es lapidar bei Plotin, *Enneade* VI 3, 22.44.

zu entzweien] und *ewig* zu versöhnen. In der Einheit den Gegensatz, und in dem Gegensatz die Einheit zu wissen, das ist das *absolute Wissen"* (20, 460).

Jenes 'absolute Wissen' - die formale Einsicht in den inneren Rhythmus des Sich-Negierens, des Sich-Negierens des Negierens usw. - hat indes, wie es scheint, dem philosophisch ausgereiften Hegel kaum mehr irgendwelche Impulse oder Inspirationen gewährt. Nach Beyer "erscheint der Philosoph des *Werdens*, der Hohepriester der *Entwicklung* im Alter ohne erstrebenswertes Endziel, ohne den Traum der Zukunft"[57]. Hegel geht offensichtlich davon aus, dass sein Versuch, die "Geschichte a priori" zu konstruieren (19, 497), geglückt sei; diesbezügliche Anzweiflungen weist er mit der Bemerkung zurück: "Es hilft nichts, es als unzulässig, ja selbst als übermütig zu verschreien" (ebd.). Es gibt für Hegel von daher nichts "Neues" mehr zu erhoffen. Die Philosophie stellt sich ihm "Grau in Grau" dar (7, 28). Was er tun konnte, bestand nur noch im Abwarten, bis der 'Weltgeist' seine Taten ausgeführt hatte, um dann - nachträglich - aufzuweisen (was "a priori" schon längst bekannt ist), "dass [nämlich] die [absolute] Vernnft die Welt beherrsche, dass es also auch in der Weltgeschichte" [trotz oder gerade wegen ihrer zahlreichen Misshellligkeiten] "vernünftig zugegangen sei" (12, 20).

5. Unterscheidung zwischen totaler und inhaltsbezogener Abstraktion

Diese "Denkeinstellung" des unbeteiligt Beobachtenden (welche Hegel als Redakteur der Bamberger Zeitung "trainiert" hat) drückt sich in Hegels berüchtigter These aus, die lautet: "Was vernünftig ist, das ist wirklich; und was wirklich ist, das ist vernünftig" (7, 24). Nimmt man zu diesem Satz die fatalistisch-resignierende Aussage hinzu, dass die Philosophie "ohnehin ... immer zu spät [komme]" (7, 28), so tritt als Defizit der Hegelschen Dialektik zutage, dass sie die Philosophie ihrer korrektiv-prognostischen Fähigkeit beraubt. Es fragt sich nämlich, populär formuliert, ob das Kind immer erst in den Brunnen gefallen sein muss, bevor es als 'vernünftig' eingesehen wird, diesen abzudecken. Wegen der sich ständig relativierenden Negationsbewegung, die den "Nerv" des Hegelschen Philosophierens darstellt, ist es diesem auch nicht möglich, allgemeingültige und ethisch relevante Kriterien aufzuweisen und z.B. der Einsicht zur Durchbruch zu verhelfen, dass "der Geist der Verantwortung ... den voreiligen Spruch der Unvermeidlichkeit" zu verwerfen habe[58]. Mit Hegelscher

---

[57] W. R. Beyer, a.a.O. [Fn. 9], S. 301.

[58] Hans Jonas, *Das Prinzip der Verantwortung. Versuch einer Ethik für die technische Zivilisation*, Frankfurt/M. ^{8}1988, S. 389.

Dialektik lässt sich *alles* und eben deswegen *nichts* mehr rechtfertigen und "beweisen"[59].

Versucht man herauszufinden, wie und warum Hegels Trinitäts-Konzeption den in sie gelegten Erwartungen eines ganzheitlich-integralen Wirklichkeits-Verständnisses nur begrenzt zu entsprechen vermag, so könnnen, wie es scheint, methodologische und ideengeschichtliche Beobachtungen einige Aufklärungen bringen: Auch Hegelsche Philosophie ist - wie, ihrer Aussage nach, auch jede andere - nichts anderes als *"ihre Zeit in Gedanken gefasst"* (7, 26). Was in Hegels Zeit en vogue ist und (stillschweigend) als verbindlich gilt, ist der Kantische Apriorismus, d.h. ein Denken in bloßen Begriffen, welche nicht in einer *inhaltsbezogenen Abstraktion* aus dem empirisch Gegebenen gewonnen werden, sondern eine *Totalabstraktion* des Empirischen voraussetzen. Gemäß der von Kant propagierten 'kopernikanischen Wende' wird das denkende Subjekt hierbei als einzige Quelle der Sinngebung aufgefasst. Es kommt aber eben deswegen zu keinem korrespondierenden Austausch zwischen Ding und Denken, zwischen Sein und Erkennen. 'Sein' wird vielmehr entweder als ein Produkt des Denkaktes ausgegeben oder anfänglich mit diesem verschmolzen, so wie es sich in Hegels These, "dass das Sein Denken ist" (3, 53) bekundet.

Bei aller Kritik an Kantischer "Verstandesphilosophie" (20, 385) übernimmt Hegel - ohne modifizierende Kritik - dessen begriffstheoretischen Denkansatz. So wie Kant 'Metaphysik' als "ein System der Erkenntnis a priori aus bloßen Begriffen" definiert[60], bezeichnet Hegel seine als "Neuheit" konzipierte Logik als "System der Begriffe überhaupt", welche sich in einem "von außen nichts hereinnehmenden Gange" zu vollenden haben (5, 49). Während Kant jedoch apriorische Form und aposteriorischen Inhalt unvermittelt stehen lässt, verfolgt Hegel im ganzheitlichen Aspekt ein ehrgeizigeres Ziel: Er versteht seine streng systematisch intendierte Dialektik als *"Ableitung ihres ganzen Inhalts* aus dem einfachen *Begriffe"* (7, 445); und er stößt dabei auf die sog. Anfangs-Problematik, die das Bewegungsprinzip des geplanten Deduktions-Projektes zu erläutern

---

[59] Als Beispiel für "freischwebende" dialektiksche "Artistik" sei hier angeführt, was Karl Marx in seinen *Pariser Manuskripten von 1844* aus der 'abstrakten Allgemeinheit' des Geldes zu deduzieren vermag: "Was durch das *Geld* für mich ist, was ich zahlen, d.h. was Geld kaufen kann, das *bin* ich, der Besitzer des Geldes selbst. So groß die Kraft des Geldes, so groß ist meine Kraft ... Das was ich *bin* und *vermag*, ist also keineswegs durch meine Individualität bestimmt. Ich *bin* hässlich, aber ich kann mir die schönste Frau kaufen. Also bin ich nicht *hässlich;* denn die Wirkung der Hässlichkeit, ihre abschreckende Kraft, ist durch das Geld vernichtet" (K. Marx, *Texte zur Methode und Praxis.* Bd. II, hg. von Günter Hillmann, Reinbek 1968, S. 105).

[60] Vgl. Immanuel Kant, *Einleitung in die Metaphysik der Sitten* II [AB 7].

hat. Hegel steht jedoch solchermaßen im Bann der neuzeitlichen Bewusstseins-philosophien, dass es ihm entgeht (oder dass er den Gedanken daran "ver-drängt"), dass 'Sein' - das einzige Verbum, das nicht ins Passiv gesetzt werden kann! - das gesuchte Bewegungsprinzip darstellt. Gewissermaßen als "Ersatz" hierfür entwirft und entwickelt er die 'artistisch' anmutenden Begriffs-Reihen selbstbezüglicher Negativität. In diesen soll aufgewiesen werden, "dass es die reine Form selbst ist, welche zum Inhalt wird" (11, 357). Diese reine Form, der reine Vernunft-Begriff wird damit jedoch überfordert und überfrachtet. Denn aus dem bloßen Begriff von 100 Talern kann nie und nimmer deren reale Existenz "deduziert" werden. (Durch die oben erwähnte negative Identifizierung von Sein und Nichts scheint Hegel diese Unmöglichkeit dennoch realisieren zu wollen.) Wird jedoch der Inhalt einer konkret erfahrenen Sache vorausausge-setzt, so hat der Begriff hiervon ein fundamentum in re; er lässt sich als geist-internes Sich-Ausdrücken des vorher Wahrgenommenen verstanden werden.

6. Dialektik als harmonischer Dialog?

Damit aber will gesagt sein: Sobald die Priorität des Seins gegenüber dem Bewusstsein erkannt und anerkannt ist, sobald also eine inhaltsbezogene Ab-straktion als methodisch sinnvoll, notwendig und legitim zur Anwendung gebracht wird, kann es gelingen, die oben angedeuteten Defizite in Hegels Dialektik (und damit auch in seiner Trinitäts-Konzeption) zu überwinden. 'Dialektik' kann so von ihrem üblen Rufe befreit werden, dass sich durch sie als einer bloßen Denk-Technik jede beliebige Möglichkeit "rechtfertigen" lasse. Dialektik, welche sich vom griechischen διαλέγεσθαι [sich unterreden] herleitet, vermag sich dann als sach- und inhaltsbezogener Dialog zu realisieren. Für diesen aber ist kennzeichnend, dass die einzelnen Gesprächspartner nicht als anonyme Durchgangs-Phasen eines allgegenwärtigen Selbst-Widerspruches fungieren; sie stellen vielmehr in sich ruhende Personen dar, die sich - jede einzelne ein mehr oder weniger vollkommener Spiegel des Ganzen - durch die Freundlichkeit des Miteinander-Sprechens in der Einsicht der unbegrenzten Fülle des göttlichen Seins- und Harmoniegrundes ergänzen.

Auf die "ungetrübte Einheit" eines solchen Harmoniegrundes verweist Hegel in seinen *Vorlesungen über die Ästhetik* anhand des Dreiklangs, welcher aus Grundton, Terz und Quinte besteht [15, 182]. Hätte er die vollzugstheoretischen Implikationen jener 'Einheit' im harmonikalen Horizont untersucht und in ihrer organischen Selbstentfaltung bis in die diatonische und chromatische Tonleiter hinein weiterverfolgt, hätte er in der Tat ein treffliches und objektiv gültiges "Modell" zur Verfügung gehabt, das ihm die permanenten "Eintrübungen" und die konzeptionellen Gewaltsamkeiten seines negativen Dialektizismus als systematische Defizite hätte bewusst machen können[61].

7. Bewusstsein als "Vorletztes"

Die Unmöglichkeit des im Idealismus behaupteten Vorranges des begrifflichen Erkennens gegenüber dem realen Sachbezug verdeutlicht Thomas von Aquin mit den schlichten Worten: "Niemand ... nimmt wahr, dass er erkennt, wenn nicht von daher, dass er *etwas* erkennt. Denn zuerst ist das Erkennen von etwas, ehe man erkennt, dass man erkennt"[62]. Will man dagegen, wie z.B. Kant, - bevor man etwas erkennt - erkennen, ob man erkennen könne, so hat dies ein empfindungsloses Räsonieren zur Folge; das denkende Subjekt beschäftigt sich dabei ständig nur mit sich selbst, ohne sich je auf den Grund kommen zu können. Ein 'Ding an sich' (ein 'Ich an sich'), ein Ansichseiendes wird deswegen, weil rezeptive Offenheit fehlt und weil die kritische Konstitutionsanalyse des Rezipierten der Analytik "apriorischer" Begriffe geopfert wird, gar nicht mehr in den Blick gebracht.

Die skizzierte Denkeinstellung hat auch Konsequenzen für die Theologie. Ludwig Feuerbach macht diesbezüglich eine aufschlussreiche Unterscheidung zwischen den beiden christlichen Hauptkonfessionen seiner Zeit; er sagt: "Der Protestantismus kümmert sich nicht mehr wie der Katholizismus darum, was Gott *an sich selbst ist,* sondern nur darum, *was er für den Menschen ist;* er hat deshalb keine spekulative oder kontemplative Tendenz mehr wie jener"[63]. Eine 'spekulative Tendenz' ist dem Hegelschen Philosophieren freilich nicht abzusprechen. Doch kann als sicher gelten, dass das Desintegrative, das für seine dialektisierende Trinitätslehre charakteristisch ist, in "protestantischer" Subjektozentrik begründet liegt[64]. Hegel bezieht zwar das Objektiv-Inhaltliche in

---

[61] Vgl. im Einzelnen E. Schadel, *Musik als Trinitätssymbol. Einführung in die harmonikale Metaphysik,* Frankfurt/M. u.a, 1995.

[62] Thomas Aquinas, *Quaestiones disputatae,* qu. 10, a. 8, resp.: "Nullus ... percipit se intelligere, nisi ex hoc quod *aliquid* intelligit. Nam prius est intelligere aliquid quam intelligere se intelligere". Vgl. dazu auch Augustinus, *De Trinitate* XIV, 19, 13: "Cognoscibilia cognitionem gignunt, non cognitione gignuntur"; ebd. XIV, 8, 12: "Sunt ... cognoscibilia et antequam cognoscantur suique cognitionis in discentibus gignunt".

[63] L. Feuerbach, *Grundsätze der Philosophie der Zukunft* (1843), Nr. 2 (a.a.O. [Fn. 50], S. 255).

[64] Dass das Bewusstsein des Protestantisch-Lutheranischen auch noch im späten Hegel präsent war, zeigt sich in einem Brief vom 3. Juli 1826, den er an seinen Kollegen August Tholuck richtete, nachdem ihm dieser eine historisierende Trinitätsmonografie übersandt hatte. Hegel betont hier nicht ohne Schroffheit: "Ich bin ein Lutheraner und durch die

seine Systemkonstruktion ein; doch bleibt dieses vom Subjektiv-Formalen abhängig, insofern es dessen Selbst-Negation manifestiert. Eine methodisch selbständige 'natürliche Theologie', welche Spuren des Göttlichen auch in sinnlichen Phänomenen zu eruieren vermag, wird von daher verunmöglicht. Hegel geht es primär darum, "das Absolute ... fürs Bewusstsein [zu] konstruier[en]" (2, 25). Was das Göttlich-Absolute 'an sich selbst ist' - nach Feuerbach der "katholische" Betrachtungsaspekt - bleibt unerläutert. In ganzheitstheoretischer Perspektive kann somit gesagt werden: Hegels "Phänomenologie des Geistes" bleibt auf der vorletzten Stufe, auf der Stufe des Bewusstseins, stehen. Gänzlich ausgeblendet wird das "Letzte", das zugleich das "Erste" ist: - das Sein, das in jenes Bewusstsein hineinwirkt (und das dort - von der vernehmenden Vernunft - 1. rezipiert und - von der tätigen Vernunft - 2. in seiner Sinngestalt dargestellt und ausgedrückt wird). Als "Ersatz" für die Wirk-lichkeit des Letzt- bzw. Erst-Seins muss bei Hegel der Konstruktions-Begriff herhalten. Bei diesem ist (stillschweigend) vorausgesetzt, dass nichts (das Nichts) vorauszusetzen ist. Eben deswegen aber - weil "das" Nichts als solches nichts Wesenhaftes hervorzubringen vermag - kann es Hegel niemals gelingen, die Realbedeutung des in irrationaler Rationalität Konstruierten darzulegen.

8. Bedenken seitens "katholischer" Autoren

Kein Zufall ist es, von daher gesehen, dass "katholische" Philosophen und Theologen Bedenken und Einwände hinsichtlich des Hegelschen Philosophierens anmelden: Heinrich Beck übernimmt von Thomas von Aquin die Einsicht, dass das Nichts (non-ens) ein bloßes Gedanken-Ding (ein ens rationis, also per se kein Reales) ist und gelangt von daher zur Aussage: "Weil Hegel das Non-ens gleichrangig neben das Sein stellt, beschränkt er das Sein auf die Ebene der Idee, oder macht er das Sein zur bloßen Idee"[65]. (Man könnte in dialektischer Manier zwar definieren, dass das Sein 'Nicht-Nichts' sei; doch sollte man, wie bei allen sprachlichen Äußerungen, auch hier nicht darauf verzichten, zwischen Aussageform und dem Inhalt der Aussage zu unterscheiden[66].) Nach Emerich

---

Philosophie ebenso ganz im Luthertum befestigt; ich lasse mich nicht über [eine] solche Grundlehre [wie die vom dreieinigen Gott] mit äußerlich historischer Erklärungsweise abspeisen" (IV/2, 61).

[65] H. Beck, a.a.O. [Fn. 51], S. 104 f.

[66] Vgl. hierzu Parmenides, *Fragment* 8, Verse 36 f.: "Denn nicht ohne das Seiende, worin die Aussage gründet, wirst du das Erkennen finden".- Beachtenswert ist hier auch die "protestantische" Selbstkritik, welche Friedrich Nietzsche in dem Aphorismus kondensiert: "Der Glaube an die Vernunft-Kategorie ist Ursache des Nihilismus" (*Nachgelassene Frag-*

Coreth (einem Innsbrucker Jesuiten) ist Hegel ein "Essenz-Philosoph", der "in der Denkordnung und darum in der reinen Soseinsordnung" verbleibt[67]; er moniert an seiner Dialektik, dass sie "keinerlei Raum für echte Transzendenz" übrig lasse[68]. Angesichts der 'titanischen Gewaltsamkeit' des Hegelschen Konstruierens gibt Coreth zu bedenken: "Das Sein öffnet sich nicht der Gewalt", sondern nur einem Denken, das ihm "in Ehrfurcht vernehmend entgegentritt"[69]. Ludger Oeing-Hanhoff (ein katholischer Philosoph aus Tübingen) würdigt an Hegel, dass er inmitten des neuzeitlichen Rationalismus, welcher in "bewusste[r] Ausklammerung der Trinitätslehre" eine Neubegründung der Philosophie zu unternehmen versuchte, eben jene Lehre erneut in wissenschaftlicher Form präsentierte[70]. Oeing-Hanhoff zitiert aus Rupert von Deutz: "In tantum vivimus,

---

mente, 1887-1889. Hg. v. G. Colli u. M. Montinari [Kritische Studienausgabe. Bd. 13], München 1988, S. 49). Vgl. auch ders.: "Erkenntnistheorie ist Liebhaberei jener scharfsinnigen Köpfe, die nicht genug gelernt haben und vermeinen, hier wenigstens könne ein jeder von vorne anfangen, hier genüge 'Selbstbeobachtung'" *(Nachgelassene Fragmente, 1880-1882;* a.a.O. [Bd. 9], München 1988, S. 63).

[67] E. Coreth, *Dialektik und Analogie des Seins. Zum Seinsproblem bei Hegel und in der Scholatik.* In: Scholastik 26 (1951) 57-86, Zitate S. 80 f.

[68] Ebd., S. 78.

[69] Ebd., S. 86.

[70] L. Oeing-Hanhoff, *Hegels Trinitätslehre. Zur Aufgabe ihrer Kritik und Rezeption.* In: Theologie und Philosophie 52 (1977) 378-407, Zitat S. 378. Oeing-Hanhoff führt nicht weiter aus, dass in der frühen Neuzeit die heftigsten Gegner der Trinitätslehre die rationalistisch argumentierenden Sozinianer waren; vgl. hierzu im Einzelnen E. Schadel, *Antitrinitarischer Sozinianismus als Motiv der Aufklärungsphilosophie.* In: Schadel, Kants "Tantalischer Schmertz". Versuch einer Kritizismus-Kritik in ontotriadischer Perspektive, Frankfurt/M. 1998, S. 31-108. Hegel erwähnt - am Rande - jene Sozinianer, welche in ihrer Trinitätskritik weitergingen als die Arianer der alten Kirche (19, 530). Nicht ohne Interesse ist in diesem Zusammenhang die Stellungnahme des "lutherischen" Philosophen Gottfried Wilhelm Leibniz: Er referiert von Luther (welcher sich bekanntlich der 'Schule des Ockham', einer den genannten Sozinianismus vorbereitetenden geistigen Strömung, verpflichtet fühlte), dass dieser die (scholastische) Philosophie als "Feindin des Glaubens" betrachtete und dass "die Gewissheit des Mysteriums von der Trinität ... in Luthers Seele nicht stärker gewesen [sei] als in der Seele Socins" (G. W. Leibniz, *Theodizee*, Hamburg ²1968, Zitate S. 43 und S. 75). Mit 'Socin' verweist Leibniz auf Fausto Sozzini, nach welchem die rationalistisch argumentierenden Trinitätskritiker des 16. und 17. Jahundert als "Sozinianer" bezeichnet wurden. Mit diesen hat sich u.a. der integral denkende "Pansoph" Johann Amos Comenius aufs heftigste auseinandersetzte, weil er durch sie den Weg zum Letzt-Atheismus vorbereitet sah, welcher in den Stufen einer dialektisierenden *"Seins"*-Theorie, einer relativierenden *"Erkenntnis"*-Auffassung und - als Resultat aus beidem - eines (unabweisbar) absurden Verständnisses alles menschlichen *"Handelns"* bis ins 20. Jahrhundert hinein tatsächlich zutage getreten ist. Vgl. J. A. Comenius, *Antisozinianischen Schriften.* Bde. I-III. Deutsche Erstübersetzung. In Zusammenarbeit mit Jürgen Beer, Horst Bulitta, Regine Froschauer und Otto Schönberger

in quantum beatam Trinitatem agnoscimus"[71] und plädiert (aus philosophischen Gründen) "für eine kritische Rezeption der Hegelschen Trinitätslehre"[72]; er formuliert als Desiderat die Ausarbeitung einer "trinitarischen Ontologie"[73].

9. Fatale Umdeutung neuplatonischer Vorgaben

Ihre spezifische Kennzeichnung erhält Hegels dialektische Trinitätslehre indes nicht nur aufgrund ihres "gespreizten" Verhältnisses zur scholastischen und patristischen Philosophie (was später noch verdeutlicht werden wird). Sie bildet sich vielmehr schon früh als "triadische Noologie" [Geistlehre] aus[74]. Vom Johannesevangelium (speziell von 4, 24: "Gott ist Geist") her findet Hegel (1, 382) eine "Brücke" zur neuplatonischen Geist-Spekulation. Die hier ausformulierte Bewegungs-Struktur des Geistes "als der sich entfaltenden und *in* der Entfaltung zugleich zu sich selbst zurückkehrenden Einheit ermöglicht Hegel gegen Ende der Frankfurter Periode auch die Rehabilitation des Trinitätsgedankens (den er kurz vorher noch scharf abgelehnt hatte). Denn in der Dreieinigkeit sieht er nun eben diese triadische Struktur des Geistes ausgedrückt"[75]. Noch in seinen Berliner Vorlesungen verwendet Hegel (von Proklos her) den prozessualen Ternar von *Verharren, Hervorschreiten* und *Umkehren* (19, 484)[76].

Dieser rezipierte Ternar ist in ganzheitlicher Hinsicht sicherlich sehr wertvoll. Doch hängt alles davon ab, *wie* er (vor allem im ersten und letzten Moment) interpretiert wird, ob er den Bewegungsvollzug im Transzendenten und/oder im Kontingenten darstellen soll usw. Wie Jens Halfwassen im Rück-

---

kommentiert hg. v. E. Schadel, Frankfurt u.a. 2008; hier bes. Bd. I, S. 28-36. - Vgl. auch unten die Fußnote 93.

[71] L. Oeing-Hanhoff, a.a.O. [Fn. 70], S. 402.

[72] Ebd., S. 379.

[73] Ebd., S. 401[95]; vgl. ders., *Art. 'Ontologie, trinitarische'.* In: Historisches Wörterbuch der Philosophie. Bd. 6, Basel 1984, Sp. 1201-1202; ferner Walter Kern S.J., *Dialektik und Trinität in der Religionsphilosophie Hegels. Ein Beitrag zur Diskussion mit L. Oeing-Hanhoff.* In: Zeitschrift für katholische Theologie 102 (1980) 129-147; Peter Henrici S.J., *Hegel und die Theologie. Ein kritischer Bericht.* In: Gregorianum 48 (1967) 706-745; bes. S. 718-731.

[74] Jens Halfwassen, *Die Rezeption des Neuplatonismus beim Frankfurter Hegel. Neue Quellen und Perspektiven.* In: Martin Bondeli / Helmut Linneweber-Lammerskitten (Hgg.), Hegels Denkentwicklung in der Berner und Frankfurter Zeit, München 1998, S. 105-125, Zitat S. 122.

[75] Ebd.

[76] Vgl. hierzu Werner Beierwaltes, *Proklos. Grundzüge seiner Metaphysik,* Frankfurt/M. ²1979, S. 118-164.

blick auf seine detaillierten Quellenstudien darlegt, hat Hegel die neuplatonischen Vorgaben bezeichnenderweise nur *in einer verkürzten Form* übernommen: "Hegel [akzeptiert] die neuplatonische Begründung des Geistes selber
in seinem Transzendenzbezug zum ... übergeistigen, absolut jenseitigen Einen
selbst nicht. Die systematische Grund-Konstellation der neuplatonischen Metaphysik, nämlich die Fundierung der Nouslehre in der Henologie, widerspricht
dem Grundgedanken des absoluten Idealismus Hegels"[77]. Mit dem Neuplatonismus beginnt für Hegel "die Welt der Geistigkeit" (19, 413). "Damit hängt", wie
Halfwassen noch weiter ausführt, "untrennbar zusammen, was man die Entdeckung der Subjektivität nennen kann, und was die 'Modernität' des Neuplatonismus verglichen mit der klassischen Philosophie ausmacht"[78].

Diese gravierende Umdeutung des Neuplatonismus, welche Halfwassen als
"produktives Missverständnis"[79] kennzeichnet, lässt dasjenige außer Acht, was
z.B. bei Plotin als basales bzw. zentrales In-sich-Sein dargeboten wird: das
'Eine' (ἕν), das als Prinzip von allem auch als das 'Seiende' (ὄν) schlechthin zu
umschreiben ist[80]. Plotin erläutert dementsprechend: "Überhaupt ist das Eine [als
Seinsgrund von allem] das Erste; der Geist hingegen und die Ideen ... sind *nicht*
das Erste. Jede einzelne der Ideen besteht nämlich aus Vielem, ist zusammen-
gesetzt und ist so ein Späteres. Denn das, woraus ein Etwas entsteht, ist früher
als dieses Etwas"[81]. "Wenn nun aber der Geist selbst das Denkende und das
Gedachte ist, ist er zweifältig und nicht einfach, also nicht das [erste] Eine"[82].

Damit aber zeigt sich nochmals, dass Hegelsche Geist-Philosophie - in der
Verdrängung des seienden Einen - beim Vorletzten stehen bleibt (und eben
deswegen - genauer gesagt, wegen der in ihr hypostasierten Zeitlichkeit - keinen
inneren Halt mehr zu finden vermag. Dies aber hat schwer wiegende Konsequenzen: Hegel kann (oder: er will aus "methodischen" Gründen) nicht
wahrnehmen, dass allem Endlichen innerlich vorgängig ein Unendliches zugrunde liegt, das sich als solches *nicht* durch die Negation des Endlichen bestimmt,
sondern *von sich her* eine "von Leben überquellende Natur"[83] darstellt, - ein auf
ewig in sich 'Vollendetes', das "auf ewig [zeugt] und ein Ewiges zeugt"[84].

---

[77] J. Halfwassen, *Hegel und der spätantike Neuplatonismus. Untersuchungen zur Metaphysik des Einen und des Nous in Hegels spekulativer und geschichtlicher Deutung*, Bonn
1999, S. 463.

[78] Ebd., S. 464.

[79] Ebd., S. 467.

[80] Plotin, *Enneade* VI 9, 2.1-5.

[81] Ders., *Enneade* VI 9, 2.29-32.

[82] Ders., *Enneade* VI 9, 2.36 f.

[83] Ders., *Enneade* VI 5, 12.9: [φύσις] ὑπερζέουσα ζωῇ.

[84] Ders., *Enneade* V 1, 6.38 f.: τὸ δὲ τέλειον ἀεὶ καὶ ἀΐδιον γεννᾷ.

Raumzeitlich Endliches versteht sich von daher als begrenzter Ausfluss jenes unbegrenzten Überflusses, der den göttlichen Seinsakt auszeichnet. Wie schon oben zu sehen war, versucht die Hegelsche Dialektik, die beim Vorletzten, beim 'Geist', ihre Prinzipienuntersuchung beendet, den 'zureichenden Gund' stattdessen als 'Mangel' zu charakterisieren.

10. "Kette" des sich realisierenden Negationsaktes

Der ontologische Mangel dieser 'Mangel'-Theorie wurde nicht behoben, als Hegel durch apriorisch-geometrische Dreiecks-Studien die innere Rhythmik des trinitarischen Prozesses aufzuspüren versuchte (2, 534-539)[85]. Als neuzeitlicher "protestantischer" Denker hatte Hegel eine "instinktive" Scheu, sich auf die neuplatonischen 'Überfluss'-Spekulationen einzulassen, die ein dem denkenden Subjekt innerlich Vorgängiges annehmen und damit dessen "Autonomie" zu gefährden scheinen. Eine ähnliche Scheu bekundet sich vor allem auch in Hegels ablehnender Haltung gegenüber mittelalterlichen und patristischen Autoren. Diese haben die neuplatonischen Theoreme (darin vor allem das problematische Theorem des 'Emanationismus') gehörig modifiziert, indem sie z.b. zwischen innertrinitarischer Zeugung des Logos-Sohnes *(generatio verbi)* und "nach außen" gerichteter Erschaffung der Welt *(creatio mundi)* unterschieden. Derartiges ist bei Hegel - vor allem wegen seiner "Abstinenz" gegenüber der patristischen und mittelalterlichen Philosophie - nicht "angekommen". Erläutert Jörg Splett, dass "die immanente Trinität im Denken Hegels nur eine untergeordnete Rolle" spiele[86], so wäre wohl verdeutlichend hinzuzufügen, dass Hegel die Unterscheidung zwischen ökonomischer und immanenter Trinität im Undeutlichen gelassen hat. Hegel redet in einem Atemzug davon, dass Gott, um sich im Anderssein zu realisieren, "seinen Sohn *[und]* die Welt erzeugt" (19, 91).

Von seiner *Logik* behauptet Hegel, sie sei "die Darstellung Gottes ..., wie er in seinem ewigen Wesen vor der Erschaffung der Natur und eines endlichen Geistes ist" (5, 44). Man könnte von daher meinen, dass *hier* die Lehre von der immanenten Trinität zu finden sei und dass in den beiden anderen Teilen der Hegelschen *Enzyklopädie*, in der *Natur-* und *Geist*philosophie, die beiden ver-

---

[85] Vgl. Helmut Schneider, *Zur Dreiecks-Symbolik bei Hegel.* In: Hegel-Studien 8 (1973) 55-77; ders., *Anfänge der Systementwicklung Hegels in Jena.* Ebd. 10 (1975) 133-171; dazu Alexander von Pechmann, *Der junge Hegel und Schelling. "Timaios" und der Trinitäts-gedanke.* In: M. Bondeli / H. Linneweber-Lammerskitten (Hgg.), a.a.O. [Fn. 74], S. 127-141.

[86] J. Splett, *Die Trinitätslehre G.W.F. Hegels* [1965]. 3. unveränd. Aufl. Freiburg-München 1984, S. 143.

schiedenen "Ausflüsse" des innertrinitarischen Prozesses zur Darstellung kämen (so wie es in entsprechenden Darstellungen mittelalterlicher Autoren konzipiert wurde[87]). Doch lässt sich bei Hegel bestenfalls ein Schattenspiel hiervon erkennen. Gottes 'ewiges Wesen', das (wie schon dargelegt) nach dem Muster des *zeitlichen* Selbst-Widerspruches analysiert wird, kann als solches weder raumzeitlich Natürliches noch zeitbetroffenes Geistiges als Ansichseiendes "neben" sich "sein" lassen. Alles Seiende überhaupt - Göttliches, Teufliches, Natürliches, Geistiges - ist bei ihm vielmehr gleichermaßen an die "Kette" des sich realisierenden Negationsaktes gelegt. Da das ursprüngliche Sein, das sich als Wahres und Gutes in reiner Mitteilsamkeit ausstrahlt, in Hegelscher Dialektik methodisch eliminiert wurde, ist es hinsichtlich der geschaffenen Natur- und Geistwesen auch nicht mehr möglich, auf je spezifische Weise *"im Abbild das Urbild zu betrachten"*[88]. Mit nicht geringen Vorbehalten ist von daher der überschwänglichen Schmidtschen These zu begegnen, dass die Theologie Hegel dafür dankbar sein müsse, "dass er ihr eine widerspruchslose [!?] Trinitätslehre geschenkt hat"[89]. Peter Wacker scheint der Sache näher zu kommen, wenn er schreibt: "Was Thomas von Aquin und Bonaventura zum augustinischen [und neuplatonischen] Ansatz hinzugetragen haben, ist die immer erneuerte Beschreibung der 'überquellenden Positivität des göttlichen Wesens'; [sie taten dies] unter Verzicht darauf, die Negativität menschlichen Denkens" [so wie dies bei Hegel geschieht] "im Zentrum Gottes anzusiedeln"[90].

11. Hegels zwiespältige Haltung zu Patristik und Scholastik

Von etlichen Ungereimtheiten ist Hegels Stellungnahme zum vorneuzeitlichen Philosophieren durchsetzt. Gemäß seiner Widerspruchs-"Ideologie" meint

---

[87] Vgl. hierzu die "klassischen" Explikationen bei Thomas Aquinas, *Summa theolgiae* I, qu. 27-48.

[88] Vgl. Plotin, *Enneade* V 3, 6.17 f.: ἐν εἰκόνι τὸ ἀρχέτυπον θεωρεῖν

[89] Erik Schmidt, *Hegel und die kirchliche Trinitätslehre*. In: Neue Zeitschrift für systematische Theologie und Religionsphilosophie 24 (1982) 241-260, Zitat S. 259.

[90] P. Wacker, a.a.O. [Fn. 44], S. 19. - Wenn Wacker im Zitierten vom 'Verzicht' auf Negatives spricht, so ist dies gewisslich nicht im eigentlichen Sinne zu verstehen. Denn wirklicher Verzicht setzt ein Positives voraus, das nicht in Anspruch genommen wird. Gemeint ist wohl: Die augustinisch-mittelalterliche Trinitätslehre arbeitet den Selbstvollzug des Rein-Positiven heraus, um so eine Kriterienwirklichkeit zu gewinnen, an welcher das Negative, das sich ins raumzeitlich Seienden "einmischt", als Defizitäres beurteilt werden kann. (Da in Hegelscher Dialektik, die das Endlich-Kontingente hypostasiert, Positives und Negatives, Sein und Nichts als gleichrangige Pole anzusehen sind, ist hier an eine solche Beurteilung freilich nicht mehr zu denken.)

103

er z.b., dass das Mittelalter insgesamt abzuwerten sei. Er durcheilt diese Periode mit "Siebenmeilenstiefeln" (19, 493) und spricht von der "furchtbaren Nacht des Mittelalters" (12, 491). Diese 'Nacht' soll offensichtlich als dunkler Hintergrund dafür dienen, dass "die alles verklärende Sonne" der Reformation (ebd.), umso heller aufstrahlen könne. Dem Philosophieren der Kirchenväter und der Scholastiker spricht Hegel den "Charakter der Unselbständigkeit" zu (19, 524), obgleich er an modernen Philosophen die "Marotte des Selbstdenkens" (20, 419) - dies, dass sie sich der Sache wegen nicht zurücknehmen können - geißelt. An den Scholastikern tadelt er deren "stroherne Verstandesmetaphysik" (19, 587), lässt dabei aber ungeklärt, dass eine solche Metaphysik (im Spätmittelalter) deswegen zustande kam, weil sie - wie auch sein eigener Denkansatz! - vom aufkommenden Nominalismus (vom reinen Begriffsdenken) unterminiert wurde. (Bezeichnenderweise wurde gegen Hegels eigene dialektische Denkweise der Vorwurf der "Begriffsscholastik"[91] erhoben.)

Was Hegel von der Lektüre mittelalterlicher Autoren abhielt, war der große Umfang der überlieferten Werke. (Es könnte sein, dass er während seiner Bamberger Zeit diese Werke "vor Ort" eingesehen hat.) Hegel sagt wörtlich: "Es ist keinem Menschen zuzumuten, dass er diese Philosophie des Mittelalters aus Autopsie kenne, da sie ... schrecklich geschrieben und voluminös ist" (19, 541). Als wenn dieser Vorwurf nicht auch auf seine *Phänomenologie des Geistes* zuträfe, welche von Zeitgenossen als "fast ungenießbar"[92] empfunden wurde! (Es ist so, wie wenn ein Ziegenbock dem anderen Ziegenbock den Vorwurf macht, dass er sein Gesicht nicht rasiert habe.) Nichtsdestoweniger merkt Hegel hinsichtlich der 'voluminösen' Werke der Scholastiker an: "Es ist keine geringe Aufgabe, sie zu studieren" (19, 541). Er rühmt an Anselm von Canterbury, dass er (so wie er es ja selbst beabsichtigt) "mit der Philosophie die Theologie verband" (19, 560); und er führt weiter aus: "Die Theologie des Mittelalters steht so viel höher als die der neueren Zeit. [Denn:] Nie sind Katholiken solche Barbaren gewesen, dass ... [sie] die ewige Wahrheit nicht erkannt, sie nicht philosophisch gefasst [hätten]" (19, 560). Und von bemerkenswerter Selbstkritik zeugt es, wenn er darlegt: "Noch bis auf diesen Tage werden wir in der katholischen Kirche und ihrem Dogma die Anklänge und gleichsam die Erbschaft von der Philosophie der alexandrinischen Schule [der Neuplatoniker] finden. Es ist in ihr viel mehr Philosophisches, Spekulatives als in dem protestantischen Lehrbegriff ... Die Verbindung der Philosophie mit der Theologie des Mittelalters ist in der katholischen Kirche der Hauptsache nach erhalten

---

[91] Walter Jaeschke, *Die Vernunft in der Religion. Studien zur Grundlegung der Religionsphilosophie Hegels*, Stuttgart-Bad Cannstatt 1985, S. 283.

[92] Vgl. G. Nicolin, a.a.O. [Fn. 3], S. 87.

worden; im Protestantismus dagegen hat sich das subjektiv religiöse Prinzip von der Philosophie getrennt" (20, 54 f.)

Hegel erwähnt aber auch die patristische Epoche mit Hochschätzung; er sagt: "Die Ausbildung der christlichen Religion in der denkenden Erkenntnis haben die *Kirchenväter* geleistet ... Wir wissen, dass die Kirchenväter sehr philosophisch gebildete Männer waren und dass sie die Philosophie, besonders die neuplatonische, in die Kirche eingeführt haben" (19, 501)[93]. Von der von daher gewonnenen Konzeption von Dreieinigkeit berichtet er, sie sei "ein vernünftiger Gedanke, nicht eine bloße Vorstellung" (19, 510). Merkwürdig ist dabei allerdings Folgendes: Hegel bekundet in seinen Berliner Vorlesungen bisweilen ein stupendes Detailwissen von nicht-christlichen Religionen und Kulturkreisen, während sich "eine ... genauere Kenntnis der Kirchenväter ... aus seinem Werke nirgends belegen [lässt]"[94].

12. Kontroverse Bewertungen der Hegelschen Trinitätslehre

Hans Friedrich Fulda gibt zu bedenken, dass es dem "normalen" religiösen Bewusstsein als "Versuchung"[95] erscheinen müsse, den Glaubensinhalt in reinen Begriffen präsentiert zu bekommen. Er meint deshalb: "Hegels Philosophie der absoluten Religion [hat] wahrscheinlich nur diejenigen überzeugt, die dem traditionellen Verständnis des christlichen Glaubens bereits entfremdet waren"[96]. Unerläutert lässt Fulda freilich, was unter 'religiösem Bewusstsein' und 'traditionellem Glaubensverständnis' eigentlich zu verstehen sei. In ähnlicher Unschärfe thematisiert auch Walter Jaeschke in Hegels Religionsphilosophie deren "Differenz zur Kirchenlehre"; er stellt deshalb die Forderung auf: "Eine Kritik an Hegels Position müsste nicht nur zeigen, dass er die traditionelle Form der Trinitätslehre umdeutet, sondern dass deren Leistungsfähigkeit der Hegelschen überlegen und dass sie auch besser als die Hegelsche begründet sei"[97]. Ent-

---

[93] Zu erinnern ist in diesem Kontext daran, dass Michael Servet, ein markanter Vorreiter frühneuzeitlicher Trinitätskritik, den frühen Christen und Kirchenvätern ihre philosophische Bildung zum Vorwurf macht; er spricht diesbezüglich von einer "philosophischen Pest" (pestis philosophica), welche in die "reine" christliche Lehre eingedrungen sei und diese verdorben habe; vgl. ders., *De Trinitatis erroribus libri septem*. Repr. der Ausgabe 1531 Frankfurt/M. 1965, S. 104 a, dazu oben die Fußnote 70.

[94] W. Jaeschke, *Anmerkung in: G. W. F. Hegel, Vorlesungen über die Philosophie der Religion*, Teil 1, Hamburg 1983, S. 387.

[95] H. F. Fulda, *Das Problem einer Einleitung in Hegels Wissenschaft der Logik*, Frankfurt/Main 1965, S. 47.

[96] Ebd., S. 47 f.

[97] W. Jaeschke, *Die Religionsphilosophie Hegels*, Darmstadt 1983, S. 88 f.

sprechendes stellt auch Herbert Huber heraus: "Bevor theologischerseits nicht geklärt ist, worin ... orthodoxe Trinitätslehre zu erblicken sei, bleibt die Frage nach Hegels Orthodoxie kaum klar beantwortbar"[98]. Kontrovers wird seit eh und je diskutiert, "ob Hegel als Philosoph der Trinität oder als Vorläufer des Atheismus und pantheistischer Zerstörer des christlichen Glaubens an den dreieinigen Gott anzusehen ist"[99]. Beachtung verdient hier allerdings der von Walter Kern beobachtete Umstand, dass "Hegel in seiner Berliner Spätzeit" [in der er in den Sommersemestern 1821, 1824, 1827 und 1831 jeweils vierstündig religionsphilosophische Vorlesungen gab] "stärker als je zuvor bestrebt war, christlichen Glaubenspositionen in seinem Denken Raum zu geben"[100].

Kerns Beobachtung zufolge ist es Hegel zuzusprechen, dass er sich bonā fide darum bemüht hat, der Trinität, dem zentralen Glaubensinhalt des Christentums, einen angemessenen wissenschaftlichen Ausdruck zu verleihen. Ob diesem Vorhaben in einer drei-phasigen Dialektik, die den sich realisierenden Selbst-Widerspruch betrachtet, entsprochen werden kann, muss allerdings fraglich bleiben. Doch zeigen die zitierten Stellungnahmen, dass Hegels dialektische Trinitätskonzeption als höchst "provokativ" gelten kann, - provokativ auch in dem Sinne, dass sie zum intensiven Nachdenken über dasjenige anregt, was die Wirklichkeitsbedeutung dieses "Mysteriums" ausmacht. Eine Art von "Schattenkampf" stellt es in diesem Zusammenhang allerdings dar, wenn darum gestritten wird, ob Hegels Dialektik als (noch) 'christlich' oder als (noch) 'orthodox' angesehen werden könne. Da diese Benennungen in den letzten 2000 Jahren häufiger dazu benutzt wurden, irgendwelche Macht-Positionen abzusichern als den trinitarischen Problem-Gehalt aufzuklären, scheint es nicht hilfreich zu sein, sie in die Argumentation einzufügen. Ein wirklicher Fortschritt in der Problemerhellung ist jedoch dann zu erwarten, wenn man sich - um eine Hegelsche Formulierung aufzugreifen - auf die "Natur der Sache selbst" (7, 21) einlässt, um diese - von innen her - durch sich selbst aufzuklären.

13. Mangelhaft: die Hypostasierung des Mangelhaften

Beobachtet Jaeschke, dass Hegel "keine hinreichende Begründung des [triadischen] Aufbaus der Religionsphilosophie" zu erkennen gebe[101], so ist dies

---

[98] H. Huber, *Idealismus und Trinität. Pantheon und Götterdammerung*, Weinheim 1984, S. 97.

[99] Peter Koslowski, *Hegel - "der Philosoph der Trinität"? Zu Kontroversen um seine Trinitätslehre*. In: Theologische Quartalschrift 162 (1982) 105-131, Zitat S. 105.

[100] W. Kern, a.a.O. [Fn. 73], S. 133.

[101] W. Jaeschke, a.a.O. [Fn. 91], S. 227.

nicht verwunderlich, sobald man sich daran erinnert, dass Hegel (wie oben dargelegt) den 'zureichenden Grund' von allem *nicht* im Seins-'Überfluss', sondern im nichtigen 'Mangel' - in der "ungeheure[n] Kraft des Negativen" (3, 36) - meint aufdecken zu können. Das Mangelhafte dieser Hypostasieren des Mangels tritt, speziell in seiner Religionsphilosophie, darin zutage, dass er das erste bzw. "paternale" Moment des trinitarischen Prozesses *nicht* als "Quell-fülle"[102], *nicht* als "höchste Aktualität und höchste Fruchtbarkeit"[103], sondern als "Abgrund" und "noch Leere[s]" (17, 238) umschreibt. Mit eben dieser abgründi-gen Leere hängt jedoch die "Vertracktheit"[104] des von Hegel praktizierten Be-griffs-Denkens zusammen, welches - per se inhaltslos - jedwede Inhaltlichkeit vorausentwerfen soll. Besagte Vertracktheit tritt in Hegels negativer Identität von 'Sein' und 'Nichts' als "Doppelbödigkeit"[105] in Erscheinung, näherhin als "funktionale Leerstelle"[106], welche x-beliebige und auch gegensätzlichste Wirk-lichkeitsauffassungen ermöglicht. Hegels Versuch, den 'Inhalt' aus der 'reinen Form' zu deduzieren (11, 357) ignoriert die Unterscheidung zwischen *Wirk-*, *Form-* [und *Ziel-]*Ursächlichkeit, welche (von Aristoteles her) in hochmittel-alterlicher Trinitätsmetaphysik eine wichtige Rolle spielt[107]. Wegen der Aus-blendung dieser triplizitären Ursächlichkeit mutet Hegels Deduktions-Versuch wie ein "Kunststück" des Barons von Münchhausen an[108]. Seine These, dass *"Denken ... Dingheit* oder *Dingheit ... Denken"* sei (3, 427), ist - um einen Terminus der Elektrotechnik zu gebrauchen - unter den Bedingungen seines Denkansatzes als "Kurzschluss" zu charakterisieren.

Besagter "Kurzschluss" ist jedoch (wie oben bereits angedeutet) durchaus zu "reparieren", sobald Denken als geistinternes Sich-Ausdrücken des Dinges, Bewusstsein als repräsentative Dimension von Seiendem wahrgenommen wird. Denn es kann nichts erkannt werden, was nicht etwas ist. (Sein ist innere Vor-

---

[102] Bonaventura, *De mysterio Trinitatis,* qu. 8 [Opera omnia. Vol. V, Quaracchi 1891, S. 115]: "Est in ipso [Patre] *fontalis plenitudo".*

[103] Ebd. [a.a.O., S. 114]: "Primitas summa in summo et alitissimo principio ponit *summam actualitatem ... et summam fecunditatem";* dazu Thomas Aquinas, *Summa contra gentiles* I, 98: "Omne quod est per participationem, reducitur ad id quod est per se"; ders., *Summa theologiae* I, qu. 4, a. 2, resp.: "Deus est ipsum esse per se subsistens".

[104] Josef Schmidt, *Hegels Wissenschaft der Logik und ihre Kritik durch Adolf Trendelen-burg,* München 1977, S. 66.

[105] Alexander Schubert, *Der Strukturgedanke in Hegels 'Wissenschaft der Logik',* König-stein/Ts. 1985, S. 26.

[106] Ebd., S. 278.

[107] Vgl. z.B. das letzte Thomas-Zitat in Fußnote 49

[108] Vgl. Charles Taylor, *Hegel,* Frankfurt/M. 1978, S. 145: "Hegels Gott ist ein Münch-hausener Gott".

aussetzung für Bewusstsein.) Es kann aber auch nichts gewollt oder geliebt werden, was nicht, wenigstens anfänglich, erkannt ist. (Seins-Erkenntnis - nicht aber ein formaler 'kategorischer Imperativ' - ist innere Voraussetzung für verantwortliches Handeln.)

Die "ewige Harmonie" (7, 15), welche von Hegel als Herzstück seiner Dialektik aufgesucht und erstrebt wird, ist somit

nicht:

1. leerer Abgrund, 2. Anderssein, das durch Entzweiung aus dem Ersten entsteht, und 3. Rückkehr aus dem Anderen durch Versöhnung und Aufhebung (sprich Auslöschung) des Verschiedenen,

sondern:

1. quellhaft wirkendes Sein, 2. sich-ausformendes Erkennen, das unmittelbar (d.h. *ohne* 'Bruch' und 'Entzweiung'!) aus seinem Seins-Grund hervortritt, und 3. erfüllendes Wollen bzw. Handeln, das gleichermaßen dem Sein *und* dem Erkennen entstammt, beides jedoch nicht "vernichtet", sondern als lebendiges Pulsieren in sich selbst hinein zur Auswirkung kommen lässt.

Der interne Rhythmus dieses *onto-logo-ethischen* Ganzheitsvollzuges lässt sich - in einer Kurzformel, die die Akzente des Ganzen einzeln markiert - als *In-ek-kon*-sistenz darstellen. Eine Anregung hierzu findet sich bei Augustinus, der in einer frühen Skizze erläutert: "Jedes Seiende ist Eines, *worin es besteht*, ein Anderes, *worin des sich unterscheidet*, und ein Drittes, *worin es mit sich übereinkommt*"[109].

14. "Aufhebung" der Hegelschen Trinitätslehre in die Augustinische

Mit Augustinus ist einer der oben erwähnten 'philosophisch gebildeten' Kirchenväter ins Spiel gebracht. Dass Hegel dessen Hauptwerk *De Trinitate*, wenigstens dem Titel nach, kannte, kann wohl angenommen werden. Merkwürdig ist jedoch, dass er sich auf dieses Werk nicht eingelassen hat, sondern, wie es scheint, einen so "großen Bogen" um diesen Kirchenvater gemacht hat, dass er sogar als der "Anti-Augustin[us]"[110] bezeichnet wird. Das Bindeglied zwischen beiden hätte der Neuplatonismus sein können, von dem auch Augusti-

---

[109] Augustinus, *De diversis quaestionibus* 83, qu. 18: *De Trinitate*: "Omne quod est, aliud et *quo constat,* aliud, *quo discernitur,* aliud, *quo congruit".*

[110] W. R. Beyer, a.a.O. [Fn. 9], S. 284[129].

nus im starken Maße beeinflusst ist[111]. Doch lag es wohl an gravierenden Differenzen in der Rezeptionsweise der neuplatonischen Vorgaben, dass Hegel davon Abstand nahm, sich intensiver mit Augustinus und dessen analogischer Theorie menschlicher Geistinnerlichkeit zu befassen: Hegel hat (wie oben von Halfwassen her dargelegt wurde) die Seins-Basis der neuplatonischen Hypostasenlehre, das im Überfluss sich verströmende 'Eine' und 'Gute', eliminiert und lediglich den 'Geist' beibehalten, welchem es, im Sinne des "protestantischen" Subjektivitätsprinzips zukommt, "in der absoluten Zerrissenheit" (3, 36) den Weg zu sich selbst zu suchen. Augustinus hingegen übernimmt die neuplatonischen Elemente in unverkürzter, wohl aber in korrektiver Weise. Das obige Zitat, das die Formulierung in-ek-kon-sistenzialer Ganzheitlichkeit anregte, kann als ein Beispiel dafür gelten, wie er den neuplatonischen Emanationismus, der, indem er das oberste 'Eine' wie auch die unterste 'Materie' bisweilen als Unbestimmtes bestimmt, eine "dialektische" Interpretation suggeriert, in die Integralität eines triadisch binnendifferenzierten Ganzheitsvollzuges zu überführen versteht. Während Hegel von den Initianden seiner ontologisch intendierten Logik fordert, es solle ihnen "zuerst das Sehen und Hören vergehen" (4, 413), ist es für den Augustinischen Selbstvergewisserungsakt kennzeichnend, dass hier - auf einer Erfahrungsbasis, die von allen Menschen überprüft und nachvollzogen werden kann - eine sensibilisierte Seins- und Sachwahrnehmung angeregt wird.

Zweifeln heißt nach Hegel: "Man muss *alle* Voraussetzungen aufgeben, um es als durch den Begriff Erzeugtes wiederzuerhalten" (18, 467). Diese Auffassung versteht sich von René Descartes her, den Hegel als den 'wahrhaften Anfänger der modernen Philosophie' (20, 123) feiert: Der "methodisch" Zweifelnde entqualifiziert die gesamte sinnlich gegebene Natur so weit, dass von ihr nur noch ein bloßes 'Ausgedehntsein' übrig bleibt. In dieses trägt er dann, als Mathematiker, seine apriorischen Evidenzen hinein und vermag sie auf solche Weise 'als durch den Begriff Erzeugtes' "in den Griff" zu nehmen und auszubeuten. Die sokratische Frage, was etwas überhaupt ist, wird hierbei gar nicht gestellt. Augustinus dagegen sieht diese Was-Frage als unerlässlich an, da sie zur Steigerung der Rezeptionsfähigkeit beiträgt. Der Fragende lässt sich dabei vom jeweils Problematisierten "affizieren"; er lässt dieses zu einem Bewusstseinselement werden. Auf der Basis des rezipierten Sachgehaltes kann Hegels These, dass *"Denken ... Dingheit* oder *Dingheit ... Denken"* sei (3, 427) nun auch bestätigt werden (was bei Hegel selbst, wegen der "methodischen" Elimination des Problemgehaltes nicht möglich ist): Das *Denken* ist (nach Augusti-

---

[111] Vgl. die ideengeschichtlich sorgfältig recherchierte Studie von Olivier du Roy: *L'intelligence de la foi en la Trinité selon saint Augustin. Genèse de sa théologie trinitaire jusqu'en 391*, Paris 1966.

nus) *Dingheit*, weil sich die menschliche Geistseele in die "internalisierten" Realgehalte hinein ausdifferenziert. Die *Dingheit* ist dabei *Denken*, weil es die Strukturen der wahrgenommenen Wirklichkeit sind, welche sich in die intellektuale Anschauung des Geist-Subjektes hinein ausprägen. Ding und Denken bleiben auf solche Weise auf einander bezogen: Erkennen meint nicht - wie es Hegel immer wieder darlegt - die sich realisierenden Selbst-Entzweiung des Geistes. Es meint hier vielmehr - so wie es Augustinus mit seiner Theorie des 'inneren Wortes'[112] ausführt - einen dem Geist immanent bleibenden Hervorgang, eine sich steigernde Selbstentfaltung des Geistes, bei welcher der *gleiche* Problemgehalt, der zunächst im "Speicher" des Gedächtnisses "in-sistiert", - ohne jeglichen Substanzverlust! - in die vernehmende Vernunft hinein "ek-sistiert". Dass das 'innere Wort' (welches jedem "sachverständigen" äußeren Sprechen zugrunde liegt) "gezeugt" wird, meint unter den genannten Bedingungen, dass menschliches Erkennen einen Zuwachs in seinem Selbst- und Weltbewusstsein erfährt, dabei aber zugleich an der Zeugung jenes Logos partizipiert, "durch welchen alles geworden ist" (Joh. 1, 3).

Erläutert Hegel hinsichtlich des Zweifelns, dass man hier *'alle* Voraussetzungen' aufgebe, um das dabei Zurückgestoßene als 'durch den Begriff Erzeugtes' wiederzuerlangen, so wäre zu überlegen: Ist zu *'allen* Voraussetzungen' auch der Zweifelnde selbst hinzuzurechnen? Wenn ja, - *wer* sollte dann noch 'das durch den Begriff Erzeugte' wiedererlangen? Denn ein Zweifel, bei dem auch der Zweifelnde beseitigt würde, verlöre das ihn Tragende und Ausprägende; er müsste in sich selbst zusammensinken, sich selbst vernichten, bevor er sich realisieren könnte. Man kann daher sagen: Auch bei Hegel, der den Zweifel daraufhin finalisiert, dass er die Anfangsbedingungen seines Philosophierens (den sich selbst realisierenden Widerspruchs-Begriff) hervorbringe, bleibt die Existenz des Zweifelnden, der ja in den Genuss der originär 'Erzeugten' kommen soll, stillschweigend "vorausgesetzt". Eben diese 'Voraussetzung' kommt - ohne die Geschraubtheit, welche für idealistisches Deduzieren charakteristisch ist - bei Augustinus aufs deutlichste zum Ausdruck. Inmitten des verunsichernden Fragens und angesichts der Möglichkeit, sich (in allem) täuschen zu können, erklärt er lapidar: "Wenn ich mich täusche, *bin ich"* (Si fallor, *sum)[113]*. Und er führt dazu noch weiter aus: "Wer nämlich nicht ist, kann sich auch nicht täuschen. Eben deswegen aber *bin* ich, wenn ich mich täusche. Weil ich also bin, wenn ich täusche, - wie sollte ich mich dann in meinem Sein

---

[112] Vgl. Augustinus, *De Trinitate* XV, 12, 22; ebd. XV, 21, 40. - Bereits Platon hat Denken als einen 'Dialog der Seele mit sich selbst' bezeichnet; vgl. *Theaitetos* 189e - 190a, *Sophistes* 263 d-e; *Philebos* 38 c-e.

[113] Augustinus, *De civitate Dei* XI, 26.

täuschen, da es doch gewiss ist, gerade wenn ich mich täusche? ... Ohne Zweifel täusche ich mich also darin nicht, dass ich *weiss*, dass ich *bin*"[114].

Diesem 'Sein' und 'Wissen' fügt sich noch ein Drittes bei, das sich aus diesen beiden ergibt. "Wir *sind* [nämlich], wir *wissen*, dass wir sind; und dieses Sein und Wissen *lieben* wir"[115]. Die basalen Elemente - 'Sein', 'Wissen' und 'Lieben' (bzw. 'Wollen') kommen so in der sukzessiven Rekonstruktion ihrer Ganzheitlichkeit zum Ausdruck. Sobald sie alle drei ins Bewusstsein gehoben sind, lässt sich ihr wechselseitiges Einander-Innesein im Sinne einer 'untrennbaren Unterschiedenheit' wie folgt darstellen: "Ich nenne diese drei *Sein, Wissen, Wollen [esse, nosse, velle]*. Denn ich bin und ich weiß und ich will. Ich *bin* wissend und wollend, *ich weiß*, dass ich bin und will, und ich *will* sein und wissen"[116].

Dieses "perichoretische" Ineinander von *Sein, Wissen* und *Wollen* kann als onto-anthropologisch durchgeklärte Explikation desjenigen aufgefasst werden, was Hegel aufsuchte, als er vom "Rhythmus des organischen Ganzen" sprach (3, 55). Die aktive Gelassenheit, welche dem Augustinischen Ursprungskonzept eignet - das quellhafte Ruhen des sich ausströmend Vereinigenden - wird in Hegels 'Anfangs'-Verständnis jedoch nicht erreicht, weil hier die innere Unruhe des sich selbst widersprechenden Begriffes als 'zureichender Grund' stilisiert wurde und weil dabei ein "Maß" an der maßlosen Haltlosigkeit des zeitlichen Sich-Verströmens genommen wurde. Die schroffe Antithetik des Hegelschen Ansatzes bringt es auch mit sich, dass auch das dritte Moment des dialektischen Prozesses als in sich Gebrochenes aufzufassen ist, dass also auch durch die 'Versöhnungs'-Phase (in welcher vorgängige 'Entzweiung' und 'Entfremdung' "aufgehoben" werden sollen) ein Riss geht. Dies rührt von daher, dass Hegel aufgrund des anfänglich durchnichteten Seins, das der produktive Urwiderspruch von allem sein soll, eine wahrhafte Kon-sistenz, ein finales Erfüllt- und Vollendetsein *nicht* zu konzipieren vermag. Wie dem "Zauberlehrling" (dem Goethe ein Gedicht gewidmet hat) gelingt es ihm nicht mehr, den herbeigerufenen Geistern der alles überschwemmenden Negativität Einhalt zu gebieten. Das aber heißt: Weil im Hegelschen Panlogismus "Ostern und Pfingsten" zusammenfallen[117], kann hier das Lieben bzw. Wollen *nicht* als relativ eigenständige

---

[114] Ebd.

[115] Ebd.

[116] Augustinus, *Confessiones* XIII, 11, 12.

[117] W. Jaeschke, a.a.O. [Fn. 97], S. 103. - Nach Günther Pöltner ist "der Ausfall des Heiligen Geistes in Hegels Trinitätslehre ... der letzte Grund für den Ausfall der göttlichen Freiheit" (ders., *Die spekulative Deutung des Christentums bei Hegel*. In: Theologie und Glaube 72, 1982, 310-329, Zitat S. 327).

Finalphase des innertrinitarischen Prozesses dargestellt werden (was letztendlich den Ausfall eines kon-sistenten Ethik-Begriffes impliziert).

Während Hegel Geistinnerlichkeit als 'absolute Zerrissenheit' (3, 36) kennzeichnet, gelingt des Augustinus, im 'inneren Menschen' ein solides zwar nicht Aus-sich-selbst-, wohl aber In-sich-selbst-Sein zu eruieren, welches alle menschlichen Geistestätigkeiten und sogar auch die des Zweifelns durchwaltet; er erläutert: "Wenn [jemand] zweifelt, *erinnert er sich* an das, woran er zweifelt; wenn er zweifelt, *sieht er ein,* dass er zweifelt; wenn er zweifelt, *will er* Gewissheit erlangen"[118]. Der hier genannte Geist-Ternar von *Gedächtnis, Einsicht* und *Willen* (der in strukturaler Analogie zum Basis-Ternar von *Sein, Wissen* und *Wollen* gesehen werden kann) ist einer von vielen anderen Ternaren, vermittels derer Augustinus den Gedanken entfaltet, dass das Menschsein eine imago Trinitatis repräsentiere. Die Augustinischen Geist-Ternare lassen sich per introspectionem "verifizieren" und ermöglichen die Einsicht in die innere Notwendigkeit der sich rhythmisch ausgliedernden Ganzheits-Bewegung. Eben diese 'innere Notwendigkeit' kann aber auch (auf einer höheren Reflexionsstufe) - losgelöst von den individuellen Bedingungen, an welchen sie erfahren wird - zur Aufhellung gebracht werden; sie gewährt dann einen (in analoger Prozesstheorie vermittelten) Erkenntnis-Zugang zur inneren Gefügtheit und zur Aktions-Immanenz des transzendenten Seinsgrundes: zur in Ewigkeit schöpferischen Trinität. Bei dieser analogen Erkenntnis wird aber zugleich immer auch miterkannt, dass sich die überließende Fülle jener Trinität nicht ausschöpfen und, im strikten Sinne, nicht "auf den Begriff" bringen lässt. (So wie etwa auch ein Komponist, der sich am archetypalen Feld der dem senarischen Dreiklang entstammenden Tonalitätsstrukturen "inspiriert", in dem Bewusstsein arbeitet, dass der diese Strukturen niemals "auszuschöpfen" vermag.)

Während Hegel das 'Absolute' als "Resultat" (3, 24) eines sich dialektisch vollziehenden Werdeprozesses zu analysieren versucht, sind für Augustinus Geist-Ternare wie *Gedächtnis, Einsicht* und *Wille* - aber auch die Beobachtung, dass alles Sinnlich-Natürliche aus *Überhaupt-Sein, Gestaltet-Sein* und *Geordnet-Sein* besteht - empirisch gewonnene Indizien für einen trinitarischen Schöpfergott, welcher als solcher - jenseits aller raumzeitlichen Schranken - "im Höchstmaße *ist,* im Höchstmaße *weise ist* und im Höchstmaße *gut* ist"[119]. Bei Hegel wird die hiermit ausgedrückte ontologische Differenz konfundiert, indem er (wie oben expliziert) den zeitlichen Selbst-Widerspruch "verewigt". Seine Dialektik, welche das 'Ganze' darstellen soll, empfängt von daher einen untilgbaren desintegrativen Charakter.

---

[118] Augustinus, *De Trinitate* X, 10, 14.
[119] Ders., *De civitate Dei* XI, 28.

Als Theologe versucht Hegel seine dialektische Geist-Philosophie mit dem Hinweis auf das biblische "Gott ist Geist" (Joh. 4, 24) "abzusichern". Doch hat die Bibel freilich noch mehr zu bieten; sie sagt auch: "Gott ist die Liebe" (1 Joh. 4, 8). Und in Ex. 3, 14 wird, als göttlicher Name, das 'Ich bin, der ich bin' mitgeteilt, das die Septuaginta mit ἐγώ εἰμι ὁ ὤν ("Ich bin *der* Seiende") übersetzt. Im Augustinischen Ternar von *Sein, Wissen* und *Wollen* (bzw. *Lieben)* kann man diese drei Bibel-Zitate zusammengebracht sehen; und es markiert sich darin auch eine wesentlich breitere Basis des Selbstvergewisserungsaktes, als sie im Cartesianischen 'cogito' oder, von daher, im Hegelschen 'Begriff' vorgegeben wird[120].

15. Ontologische Differenz

Die von Hegel konfundierte ontologische Differenz findet bei Johann Amos Comenius (einem aus dem Hussitischen stammenden mährischen Reformator, der zeit seines Lebens die antitrinitarischen Sozinianer abzuwehren versuchte[121]) einen deutlichen Ausdruck. Da die Sozinianer behaupteten, dass die Trinität in der Bibel "nicht vorkomme", bezieht sich Comenius auf Ex. 3, 14, welches er vermittels der Präpositionen-Dreiheit von Röm. 11, 36 und unter Einbeziehung des pythagoreischen Ternars von *Anfang, Mitte* und *Ziel* als reinen Identitätsvollzug folgendermaßen interpretiert:

"Gott .... sagte zu Moses, dass sein Name 'Ich bin, der ich bin' sei (Ex. 3, 14); damit deutete er an, dass sein Sein *von sich, durch sich* und *in sich* ist. Denn *aus ihm, durch ihn* und *in ihm* sind alle Dinge (Röm. 11, 36). Jener ist also *aus sich selbst*, bevor Anderes *aus ihm* ist; er ist *durch sich selbst*, bevor Anderes *durch ihn* ist; er ist *in sich selbst*, bevor Anderes *in ihm* ist. Als Erstseiender war er natürlicherweise vor allen Dingen. Haben doch alle diese Dinge ihren *Anfang*, ihre *Mitte* und ihr *Ziel* von ihm her; er aber besitzt in sich einen Anfang ohne Anfang, eine Mitte ohne Mitte und ein Ziel ohne Ziel"[122].

---

[120] Vgl. hierzu den systematisch aufschlussreichen Vergleich zwischen Augustinus' seinsbbasiertem *analogischen* Erkennen und Hegels *dialektischer* Begriffsanalytik in: Klaus Hedwig, *Trinität und Triplizität. Eine Untersuchung zur Methode der Augustinischen und Hegelschen Metaphysik,* Diss. Freiburg i. Br. 1968, hier S. 178: "Das ternare Bild, das nach Augustin[us] aus dem Grund der *Substanz* aufleuchtet, setzt sich für Hegel zu einer *Funktion* um, deren Rhythmus die Triplizität ist" [Hervorhh. E.S.].

[121] Vgl. oben die Fußnote 70.

[122] J. A. Comenius, *De iterato sociniano irenico iterata ad christianos admonitio,* Amstelredami 1661, S. 131 (Antisozinianische Schriften, hg. v. E. Schadel, Hildesheim 1983, S. 951): "[Deus] Mosi nomen suum esse dixit, SUM-QUI-SUM (Ex. 3, 14), esse suum A SE esse, PER SE esse, IN SE esse, innuens. Nam quia EX illo, PER illum, et IN illum sunt omnia (Rom.

16. Hegels Dialektik als fruchtbare Provokation

Wie abschließend formuliert werden kann, stellt Hegels Dialektik ein (im wörtlichen Sinne) pro-vozierendes Unterfangen dar, das Trinitätsmysterium in einer Geist-Lehre, welche unter den Bedingungen des neuzeitlichen Philosophierens konzipiert wurde, zur Entfaltung zu bringen. Sie lässt die Gedanken "flüssig" werden (3, 37) und ist auch nach Hegels eigener Einschätzung nichts "Fertiges"[123]; sie veranlasst und ermöglicht von daher eine Kritik, welche, sofern das Problematisierte nicht aus dem Blick verloren wird, weiterführende Perspektiven eröffnet. Wie im Vorangehenden angedeutet, treten, im genuin ontologischen Aspekt, keineswegs geringfügige konzeptionelle Defizite zutage. Diese sollten nicht unerwähnt bleiben; doch gilt es auch die ganzheitliche Aussageabsicht des Hegelschen Philosophierens im Auge zu behalten: Vermittels seiner triplizitären Explikationen versucht es - für die derzeitige Globalisierungsproblematik höchst aktuell - einen Universalhorizont aufzuweisen, in welchem nicht bloß die christlichen Konfessionen übereinkommen können, sondern auch die nicht-christlichen Religionen und Kulturen in ihrem spezifischen Beitrag zum Ganzen eingeschätzt werden. Dieser positive Ausblick blockiert sich jedoch, sobald das Trinitätsmysterium von fideistischer Position aus in "Schutzhaft" genommen und die These aufgestellt wird, dass Hegels Philosophieren "den eigentlichen Sinn des christlichen Mysteriums zerstört [habe]"[124]. Als wenn besagter 'eigentlicher Sinn' des Trinitarischen per se auf der Hand läge und nicht immerdar intensivste geistige Bemühungen verlangte, damit er, wenigstens annäherungsweise, verdeutlicht werden kann!

Für *kontingente* Systementwürfe bestätigt sich die Wahrheit der Hegelschen Dialektik selbst dann noch, wenn diese von Sergej N. Bulgakov - aus russisch-

---

11, 36). Ille igitur ipse prius est EX seipso, quam alia EX illo; ipse prius PER seipsum, quam alia PER ipsum; ipse prius IN seipsum, quam alia IN ipsum. Quippe ille omnium entium primum Ens, prius fuit quam omnia. Et quia omnia illa principium suum, medium, finem, ab illo habent: Ille igitur Principium sine principio, Medium sine medio, Finemque sine fine, in seipso possidens".

[123] Dass Hegel als Philosoph und Theologe selbst noch "auf dem Wege" war, zeigt sich an einem Text, den er eine Woche vor seinem Tode abgefasst hat, - an der 'Vorrede' zur geplanten Zweitauflage seiner *Wissenschaft der Logik:* Er spricht von der "Schwierigkeit" des Gegenstandes seiner *Logik* wie auch von der "Unvollkommenheit" ihrer bisherigen Ausarbeitung (5, 19). Er weiß, dass sie eigentlich nicht bloß "siebenmal", sondern "siebenundsiebzigmal" überarbeitet werden müsste (5, 33); und er will sich dafür den "Raum für die Teilnahme an der leidenschaftslosen Stille der nur denkenden Erkenntnis" (5, 34) offenhalten.

[124] Joseph Möller, *Der Geist und das Absolute. Zur Grundlegung einer Religionsphilosophie in Begegnung mit Hegels Denkwelt* [Habilitationsschrift an der Mainzer Katholischen Fakultät], Paderborn 1951, S. 215

orthodoxer Sicht - als "Tragödie der Vernunft"[125] oder als "Luftschloss" gekennzeichnet wird, das wegen der begrifflichen Identifikation von Sein und Nichts und der daraus resultierenden 'Zweideutigkeit' eines tragfähigen Fundamentes entbehre[126]. Denn jede Tragödie enthält kathartische Elemente. Diese aber vermögen die problematisierende Philosophie (im merklichen Unterschied zum dogmatisierenden Theologie) - vermittels der Einsicht in die Aussichtslosigkeit vorgegebener Entwürfe - solchermaßen zu sensibilisieren, dass sie "zu einer Erneuerung ... in ihrem [schöpferischen] Wesen"[127] gelangt. Die "sich wiederholenden Stürze des Ikarus"[128] lehren sie, dass alles raumzeitlich Seiende zwar *in sich*, aber nicht *aus sich* selbst ist und somit, um von solipsistischer Selbstüberfrachtung befreit zu werden, eines es transzendierenden Auslegungshorizontes bedarf. In diesem ist jedwede raumzeitliche Beschränkung "prinzipiell" überwunden. Er *ist* deshalb reinste Selbstmitteilung und absoluter innerer Überfluss, als dessen (raumzeitlich determinierter) Ausfluss alles endliche Seiende erfahrbar wird. Seine essentielle Unerschöpflichkeit kann nicht "begriffslogisch" erschöpfend "erfasst", wohl aber durch strukuranalogische Überlegungen, die das Ewige im Ausdruck des Raumzeitlichen aufspüren, in den Blick gebracht werden. Alles raumzeitlich Seiende und insbesondere die zeitbetroffene menschliche Geistseele erläutert sich von daher in mehr oder weniger defizienter Partizipation an jener totizipativen Selbstdurchdrungenheit, welche den innertrinitarischen Kommunikationsprozess auszeichnet.

Menschliches Selbst- und Seinsverständnis emanzipiert sich in dieser Betrachtungsart von repressiven Emanzipationsideologien. Indem es z.B. die "Ohnmacht des [titanisch konstruierten] Panlogismus"[129] erkennt, eröffnet sich ihm der all-gemeine distinkt-kohärente Horizont, der sachgemäßes Erkennen und herzhaftes Handeln von Grund auf ermöglicht. Feuerbachs These, dass "das Geheimnis der *Theologie* ... die *Anthropologie*" sei[130], erfährt damit ihre Umkehrung.

---

[125] Vgl. Sergius Bulgakow, *Die Tragödie der Philosophie*. Aus dem Russ. übers. von Alexander Kresling, Darmstadt 1927, S. 27.

[126] Ebd., S. 274.

[127] Ebd., S. 127 f.

[128] Ebd., S. 14.

[129] Ebd., S. 262.

[130] L. Feuerbach, a.a.O. [Fn. 50], S. 236.

Sein, Erkennen, Lieben.
Grundzüge einer ganzheitlichen Kommunikationstheorie
im Ausgang von Augustinischer Trinitätsspekulation

I. Vorsondierungen:
Osmotischer Austausch zwischen Wissens- und Glaubensansprüchen

Am 11. September 2001 ist, wie es Habermas formuliert, "die Spannung zwischen säkularer Gesellschaft und Religion ... explodiert"[1]. Die nachfolgenden Terroranschläge in Madrid und London stellen den bisherigen Commonsense eines "weltanschaulich neutrale[n] Staat[es]"[2] auf eine harte Probe. Es ist nunmehr (von Ernst Wolfgang Böckenförde her) zu diskutieren, "ob der freiheitliche, säkularisierte Staat von normativen Voraussetzungen zehrt, die er selbst nicht garantieren kann"[3]. Angesichts einer 'entgleisenden Säkularisierung' fordert Habermas "postsäkulare Gesellschaften"[4], in welchen sich die Lernbereitschaft erneuert und ein "osmotischer" [wechselseitig durchlässiger] Austausch zwischen Wissens- und Glaubensansprüchen realisiert wird[5]. Bei diesem Austausch soll es vor allem darum gehen, "der schleichenden Entropie der knappen Ressource Sinn entgegenzuwirken"[6]. Die von daher eingeleitete "osmotische" Kooperation, welche sich unter der "Leitidee der Anschließbarkeit"[7] vollzieht, stellt Anforderungen an *beide* Seiten:

a) Dem Wissen, das sich weithin als Instrument des Willens zur Macht und *nicht* als Instanz zur Erschließung des Seins-Sinnes versteht, wird abverlangt,

---

[1] Jürgen Habermas, *Glauben und Wissen*, Frankfurt. 2001, S. 9. [Es handelt sich hier um den Abdruck einer Rede, welche Habermas im Oktober 2001 in der Frankfurter Paulskirche anlässlich der Überreichung des Friedenspreises des Deutschen Buchhandels gehalten hat.]

[2] Ebd., S. 15.

[3] Vgl. ders., *Grundlagen des demokratischen Rechtsstaates?* In: Jürgen Habermas / Joseph Ratzinger, Dialektik der Säkularisierung. Über Vernunft und Religion. Mit einem Vorwort von Florian Schuller, Freiburg 2005, S. 15-37, Zitat S. 16. [Die genannte Veröffentlichung repräsentiert zwei Statements, die Habermas und Ratzinger anlässlich eines Gespräches vorlegten, welches am 19. Januar 2004 an der Kath. Akademie in München stattfand.]

[4] Ebd., S. 17.

[5] J. Habermas, a.a.O. [Fn. 1], S. 15.

[6] Ebd., S. 29.

[7] Jan Philipp Reemtsma, *Laudatio*. In: Habermas, a.a.O. [Fn. 1], S. 35-57, Zitat S. 36.

117

dass es die Fähigkeit zur Rezeptivität wiedergewinnt. Es geht, anders gesagt, darum, den "unfairen Ausschluss der Religion aus der Öffentlichkeit" zu überwinden, welcher "die säkulare Gesellschaft von den wichtigen Ressourcen der Sinnstiftung"[8] abschneidet. Auf der säkularen Seite soll also der "Sinn für die Artikulationskraft religiöser Sprachen"[9] bewahrt und kultiviert werden.

b) Die religiösen Überzeugungen sind angehalten, ihr Ghetto-Dasein aufzuheben, die Wirklichkeitsbedeutung ihrer fideistisch gehüteten "Geheimnisse" offenzulegen und "in eine säkulare Sprache [zu] übersetzen"[10]. Denn ein bloßer Rekurs auf "Offenbarungen", deren Seins-Sinn *nicht* offenbar gemacht wird, muss fruchtlos bleiben. Da nämlich die aufgeklärt-säkulare Gesellschaft - mit gutem Recht, wie es scheint - auf bloß autoritäre Vorgaben, deren Aussagesinn rhetorisch verschleiert wird, "allergisch" reagiert, besteht für Glaubensüberzeugungen erst dann eine Aussicht, "die Zustimmung von Mehrheiten zu finden"[11], wenn besagte Überzeugungen mit überzeugenden Argumenten entfaltet werden. (Auch für Theologen gilt also: Tantum valent, quantum probant.)

Nach Habermas könnten durch den 11. September Enwicklungen ausgelöst werden, welche "im günstigen Fall den Übergang vom klassischen Völkerrecht zu einem kosmopolitischen Rechtszustand befördern"[12]. Auf dem Weg dorthin

---

[8] J. Habermas, a.a.O. [Fn.1], S. 22.

[9] Ebd.

[10] Ebd., S. 21.

[11] Ebd. - Zum genannten Komplex vgl. auch Sebastian Maly, *Die Rolle der Religion in der postsäkularen Gesellschaft. Zur Religionsphilosophie von Jürgen Habermas*. In: Theologie und Philosophie 80 (H. 4, 2005) 546-565, hier S. 562: "In der postsäkularen Gesellschaft sind nach Habermas die Lasten der Säkularisierung nicht mehr nur auf die Schultern von gläubigen Bürgern verteilt. Gläubigen wie ungläubigen Bürgern ist eine Reflexivität ihrer jeweiligen Weltanschauung abgefordert. Die Religion ist somit kein voraufklärerisches Relikt und ... [k]ein Fremdkörper in einer modernen Gesellschaftsordnung, sondern ein mit der Wissenschaft gleichberechtigter Stichwortgeber und Diskussionsteilnehmer in der politischen Öffentlichkeit. Säkularisierung ist für Habermas ein komplementärer Lernprozess, der an religiöse wie auch nicht-religiöse Menschen bestimmte Anforderungen stellt. Nach Habermas gilt diese Symmetrie nicht in erster Linie aus funktionalen, sondern aus inhaltlichen Überlegungen. Somit wäre die Rolle der Religion in der postsäkularen Gesellschaft nicht mit dem bitteren Beigeschmack des Lückenbüßerseins für die schwindende normative Selbststabilisierung einer säkularen Gesellschaft verbunden". Maly gibt (ebd., S. 563) allerdings zu bedenken: "Da Habermas nicht genauer darauf eingeht, wie das Verhältnis von Glaube und Vernunft von einer lernbereiten Philosophie zu bestimmen sei, bleibt die Grenzbestimmung von Glauben und Wissen letztlich unklar und die These von der Säkularisierung als komplementärer Lernprozess somit fragwürdig".

[12] Vgl. Jürgen Habermas / Jacques Derrida, *Philosophie in Zeiten des Terrors*, Berlin-Wien 2004, S. 51. vgl. auch E. Schadel, *Brücken in die Zukunft. Zum Ethos des Interkulturellen nach Verlautbarungen der UNO, in Dokumenten des Zweiten Vatikanischen Konzils und*

diagnostiziert er: "Die Spirale der Gewalt beginnt mit einer Spirale der gestörten Kommunikation, die über die Spirale des unbeherrschten reziproken Misstrauens zum Abbruch der Kommunikation führt"[13]. Damit aber ist die anspruchvolle Aufgabe formuliert, vermittels eines universal gültigen Kommunikations-Konzeptes "Therapie"-Vorschläge für die Misshelligkeiten unserer Zeit zu unterbreiten.

Die nachfolgenden Erörterungen verstehen sich als ein Beitrag zur Lösung dieser Aufgabe. Die Überlegungen werden sich dabei auf das Mysterium Trinitatis konzentrieren, an welches Habermas rührte, als er - als Philosoph - die Präexistenz des johanneischen Christus-Logos gegen die relativierende Interpretation des Tübinger Theologen Karl-Josef Kuschel (eines Mitarbeiters Hans Küngs) verteidigte[14]. Im Kontext seiner 'Theorie des kommunikativen Handelns' versucht Habermas hier offensichtlich nach einer "Überwindung des [neuzeitlichen] Logozentrismus"[15]; es geht ihm um einen 'weiteren Rationalitätsbegriff', "der an älteren Logosvorstellungen anknüpft"[16].

In der genannten Präexistenz-Studie erläutert Habermas: "In der Vater-Sohn-Beziehung wird das *aktive* Handeln Gottes und das *passive,* wenngleich authentische Sein des [Logos-]Sohns betont"[17]. Die von ihm selbst geforderte Übersetzung "in eine säkulare Sprache" bietet er dabei allerdings ebensowenig dar wie eine seins- uns vollzugstheoretische Aufklärung der genannten Vater-Sohn-Relation. Gegen derartige Reflexionen schirmt er sich mit der Behauptung ab, bei den johanneischen Präexistenzaussagen sei "nicht Ontologie um der Ontologie willen intendiert"[18]. Und um tiefer dringende Erklärungsversuche abzuwiegeln, betont er: Jene Aussagen "wollen das Geheimnis des ewigen Logos

bei Johann Amos Comenius. In: Wilhelm Rees u.a. (Hgg.), Im Dienst von Kirche und Wissenschaft. Festschrift für Alfred E. Hierold zur Vollendung des 65. Lebensjahres, Berlin 2007, S. 1061-1090.

[13] Jürgen Habermas, a.a.O. [Fn. 12]., S. 61.

[14] Vgl. J. Habermas, *Präexistenzchristologische Aussagen im Johannesevangelium. Annotationes zu einer angeblich "verwegenen Synthese".* In: Rudolf Laufen (Hg.), Gottes ewiger Sohn. Die Präexistenz Christi, Paderborn usw. 1997, S. 115-141.

[15] Ders., *Nachmetaphysisches Denken,* Frankfurt 1992, S. 16.

[16] Ders., *Vorstudien und Ergänzungen zur Theorie des kommunikativen Handelns,* Frankfurt 1995, S. 605. Vgl. hierzu auch E. Schadel, *Denken als 'Dialog der Seele mit sich selbst'. Prä-moderne Logos-Konzeption als Desiderat.* In: Schadel, Kants "Tantalischer Schmertz". Versuch einer konstruktiven Kritizismus-Kritik in ontotriadischer Perspektive, Frankfurt u.a. 1998, S. 520-524.

[17] J. Habermas, a.a.O. [Fn. 14], S. 132 [Hervorhh. E.S.].

[18] Ebd., S. 128.

nicht erforschen, sondern [lediglich] das Extra nos, das Unvordenkliche des Offenbarers zum Ausdruck bringen"[19]. Habermas lässt in diesem Zusammenhang auch unangedeutet, *was* aus der Relation zwischen Vater und Sohn (zwischen arché und lógos[20]) resultiert, nämlich die Liebe zwischen beiden, welche sich bei näherer Betrachtung sowohl aus *aktiven* wie auch *passiven* Momenten konstituiert. Sagt Habermas an anderer Stelle: "Liebe kann es ohne Erkenntnis in einem anderen, Freiheit ohne gegenseitiges Anerkennung nicht geben"[21], so ist diese Aussage a primera vista sicherlich akzeptabel. Doch kann sich ganzheitlich orientiertes Philosophieren nicht damit begnügen, einzelne Momente einer Ganzheit bloß additiv aneinander zu reihen. Es ist vielmehr das Ganze selbst zu problematisieren, um im Sinne einer sich differenzierenden Selbst-Ausgliederung jener Momente dessen innere Disposition, dessen logische Spezifität und pneumatische Fülle gewahren zu können.

Im Hinblick auf das bisher Ermittelte wird es bei der Ausarbeitung einer universal dimensionierten Kommunikationstheorie also darum gehen, das distinkt-kohärente Ineinander von "paternaler" Arché, "filialem" Lógos und befreiender "spiritualer" Liebe im seins- und vollzugtheoretischen Aspekt solchermaßen aufzuhellen, dass der genannte Komplex als eine sich "von innen her" entfaltende Ganzheitlichkeit in den Blick kommen kann. Die Habermasschen Vorgaben werden dabei in die Überlegung aufgenommen und in ihren onto-theo-logischen Implikationen auszufächern versucht.

---

[19] Ebd., S. 141. - Diese merkwürdige Karenz gegenüber den elementaren ontologischen Fragestellungen erhellt sich von daher (was Reemtsma, a.a.O. [Fn. 7], S. 45, hervorhebt), dass Habermas' Hauptwerk, die *Theorie des kommunikativen Handelns*, eine *"Kritik der ontologischen* (oder besser: *ontologisierenden) Vernunft"* beinhaltet. Diese ablehnende Haltung ist durchaus "verständlich", wenn man sich die Vertracktheiten vergegenwärtigt, die im Deutschen Idealismus und auch noch bei Heidegger dadurch entstehen, dass man auf den unkritisiert übernommenen Voraussetzungen des Kantischen Kritizismus "ontologisierend" umfassende Systementwürfe zu konstruieren versucht. Die Indifferenz-Bedingungen des erkennenden Subjektes werden hier "unter der Hand" als die Konditionen des Seinsgrundes vorgestellt. Um diese desasträse Verwechslung aufzudecken, wäre es notwendig (was weder Reemtsma noch Habermas versuchen), die authentische Gestalt von Ontologie und Metaphysik in den Blick zu bringen: das Aristotelische Projekt einer "Wissenschaft, die das Seiende, *insofern* es ein Seiendes ist, betrachtet" *(Metaphysik* 1003 a.21). Habermas verschmäht dies ausdrücklich, indem er betont, dass er seine Analysen "unter Vernachlässigung der Aristotelischen Linie" betreibe *(Nachmetaphysisches Denken*, Frankfurt/M. 1992, S. 36). Sein Vorgehen gleicht dem eines Musikologen, der 'unter Vernachlässigung' des Bachschen Kompositionen eine Studie über Polyphonie und die Kunst der Fuge abzufassen gedenkt.

[20] Vgl. hierzu das ἐν ἀρχῇ ἦν ὁ λόγος von Joh. 1, 1.

[21] J. Habermas, a.a.O. [Fn. 1], S. 30.

II. Interpretation des Arias'schen Trinitätsschemas
1. Trinität als philosophisches Problem

Um die geforderte "osmotische" Kooperation zwischen Wissens- und Glaubensansprüchen anhand eines ganzheitlich konzipierten "Modells" beispielhaft durchführen zu können, beziehe ich mich im Folgenden auf ein Schema, das der spanische Augustinermönch Luis Arias in den (1948 abgefassten) Vorspann seiner Ausgabe von Augustinus' *De Trinitate* eingefügt hat[22].

Mir ist bewusst, dass das Grenzgebiet zwischen Philosophie und Theologie ein "vermintes Gelände"[23] darstellt. Eines integrales Selbst- und Weltverständnisses wegen scheint es jedoch ein durchaus sinnvolles und lohnendes Wagnis zu sein, einen Vermittlungsversuch zwischen den beiden "Fronten" zu unternehmen: zwischen der (rationalistischen) Philosophie, die nichts glaubt (nichts glauben will)[24], und der (fideistischen) Theologie, die nichts weiß (nichts wissen will) und das Trinitätsmysterium seit Wilhelm von Ockham (d.h. seit der beginnenden Priorisierung des Logischen gegenüber dem Ontologischen) nur noch als ein *"solā fide tenendum"*[25] im blinden Glaubensgehorsam überliefert.

Das vorgelegte Schema mag beim ersten Hinsehen höchst kompliziert und befremdlich erscheinen. Doch kann hier auch etwas alltäglich Bekanntes darin erkannt werden: Blendet man das eingezeichnete Dreieck zunächst einmal aus, so lässt sich - in den drei Strahlen, die vom Kreis umschlossen werden - der sog. Mercedes-Stern erkennen, - ein Logo, das die Käufer von Autos davon

---

[22] Vgl. die Seite VII in: Obras de San Agustín. Vol. V: Tratado sobre la Santísima Trinidad. Primera versión española, introducción y notas del padre Luis Arias (O.S.A.). Edición bilingüe. Tercera edición (Biblioteca de autores cristianos. 39), Madrid 1968. [Das Schema findet sich, nebst einer deutschen Version, auf den Seiten 122 f.]

[23] J. Habermas, a.a.O. [Fn. 1], S. 28.

[24] Vgl. hierzu das hybride "Der Philosoph glaubt nicht" in: Martin Heidegger, *Der Begriff der Zeit (Vortrag vor der Marburger Theologenschaft, Juli 1924)*, Tübingen 1989, S. 6; dazu das das berühmt-berüchtigte Heidegger-Interview, das auf Wunsch des Interviewten erst nach dessen Tod erscheinen durfte: *"Nur noch ein Gott kann uns retten"*. Spiegel-Gespräch mit Martin Heidegger am 23. Sept. 1966. In: Der Spiegel (31. Mai 1976), S. 193-219.

[25] Vgl. Guilelmus de Ockham, *Scriptum in librum sententiarum. Dist. IV-XVII*. Ed. Girardus I. Etzkorn (Opera theologica III), St. Bonaventure, N. Y. 1977, S. 275: "Dico quod per nullam rationem naturalem probari potest Filium generari, quia per nullam rationem naturalem potest probari esse plures personas in divinis; sed quod sunt plures personae, quarum una est Pater et alia Filius, et quod Filius vere generatur a Patre, est *solā fide tenendum*" [Hervorh. E.S.].- Vgl. hierzu auch im Einzelnen E. Schadel, *Antitrinitarischer Sozinianismus als Motiv der Aufklärungsphilosophie*. In: Schadel, a.a.O. [Fn. 16], S. 31-108.

III. APPROPRIATA PRIMAE PERSONAE

III. APPROPRIATA SECUNDAE PERSONAE

III. APPROPRIATA TERTIAE PERSONAE

CIRCUM INSESSIO

I. COMMUNIA TRIBUS PERSONIS
1° esse
2° intelligere
3° velle
in eo ipsum et sibi a se

II. PROPRIA 1ª PERSONAE

II. PROPRIA 2ª PERSONAE

II. PROPRIA 3ª PERSONAE

II. PROPRIA 3ª PERSONAE:
1° A Patre et Filio seu per Filium procedit, constituitur spiratione passivá et non producit ad intra:
2° Est terminus Trinitatis et vocatur tribus nominibus notionalibus.
a) Spiritus Sanctus b) Amor Patris et Filii c) Donum Patris et Filii
3° A Patre et Filio seu per Filium mittitur invisibiliter vel visibiliter

Omnia Pater operatur per Verbum in Spiritu Sancto, ad cuius bonitatem terminantur omnes Dei relationes ad extra

überzeugen soll, dass das in Aussicht genommene Gefährt 1. durch solide Grund-aussstattung, 2. durch klare Formgebung und - daraus resultierend - 3. durch höchste Praktikabilität gekennzeichnet ist.

Bei der Interpretation des Arias'schen Schemas, das man vielleicht als ein "Mandala" (als eine Meditationshilfe) bezeichnen könnte, will ich versuchen, die vorgegebene theologische Terminologie nicht bloß "in eine säkulare Sprache" zu übersetzen. Es geht mir vor allem auch darum, die im Schema dargebotene Vollzugs-Rhythmik auf nachvollziehbare Weise (d.h. durch Hinweise auf entsprechende Erfahrungsbereiche) zu rekonstruieren. Theologie soll dabei nicht gegen Philosophie ausgespielt und jene nicht in diese "aufgehoben" werden. Das Verhältnis zwischen Theologie und Philosophie wird vielmehr als ein Begegnungsraum aufgefasst, der die Kreativität des wechselseitigen Sich-Inspirierens

122

ANDER-WOHNEN

IN-EIN-

III. ZUEIGNUNGEN DER 1. PERSON

III. ZUEIGNUNGEN DER 2. PERSON

I. EIGENARTEN DER 1. PERSON

Hervorgang des Sohnes vom Vater durch den göttlichen Intellekt, der durch Vatersein mitbezeichnet ist

GEMEINSAMES DER DREI PERSONEN
1° Sein
2° Erkennen
3° Wollen
in sich selbst und in Anderes hinein

II. EIGENARTEN DER 2. PERSON

Hervorgang des Hl. Geistes vom Vater und vom Sohn

durch den göttlichen Willen, der durch die aktive Hauchung beider mitbezeichnet ist

II. EIGENARTEN DER 3. PERSON

1° Sie geht vom Vater und dem Sohne bzw. durch den Sohn hervor; sie besteht in passiver Hauchung und ist nach innen nicht produktiv.
2° Sie ist das innere Ziel der Trinität und durch drei Kennzeichnungen benannt: a) Hl. Geist, b) Liebe des Vaters und des Sohnes, z) Geschenk des Vaters und des Sohnes.
3° Sie wird unsichtbar bzw. sichtbar vom Vater und vom Sohne bzw. durch den Sohn gesandt.

Alles bewirkt der Vater durch das Wort im Hl. Geist; auf dessen Güte sind alle nach außen gerichteten göttlichen Bezüge orientiert.

1° Genesis 2° Harmonie 3° Güte 4° Zielursache 5° Lenkung, Heiligung, Verherrlichung bzw. Verklärung

III. ZUEIGNUNGEN DER 3. PERSON

ermöglicht. Als Ergebnis hiervon ist eine Prinzipieneinsicht zu erwarten, die es gestattet, jede einzelne Sache von ihrer Ursache her zu erkennen[26].

Philosophie wird von Aristoteles bekanntlich als "Ursachen-Wissen"[27], als "Weisheit von den Erst-Ursachen"[28], als Wissen des "ersten Warum"[29] umschrieben. Die "erste und stärkste Ursache" ist für ihn 'das Göttliche' (τὸ

---

[26] Vgl. Aristoteles, *Zweite Analytiken* I, 2 [71 b.9-12]; *Physik* I, 1 [184 a.12-14] u.a.
[27] Ders., *Metaphysik* XI, 1 [1059 a.18].
[28] Ebd. I, 1 [981 b.28].
[29] Ebd. I, 3 [983 a.29].

θεῖον)[30]. Das heißt aber: Philosophie ist von ihrer eigentlichen Fragestellung her im höchsten Sinne als 'Theologie' zu bezeichnen. Sollte eine eifriger "christlicher" Theologe die These vertreten, dass ihn der "heidnische" Philosoph Aristoteles nichts angehe, so sei z.b. auf den "christlichen" Theosophen Nikolaus von Kues verwiesen, der von den "heidnischen" Neuplatonikern (Plotin und Proklos) das Kreissymbol und vom "heidnischen" Aristoteles die Lehre von den drei Prinzipalursachen rezipierte, um vermittels eben dieser Vorgaben die binnendifferenzierte Einheit des trinitarischen Prozesses zu veranschaulichen: Dieser repräsentiert sich im *Zentrum* als "paternales" Wirken, im *Radius* (bei Cusanus: "Durch-messer") als "filiales" Sich-Formen und im *Umfang* als "spirituales" Sich-Vollenden[31].

Zu betonen ist in diesem Zusammenhang auch, dass die neutestamentliche Rede von 'Vater', 'Sohn' und 'Hl. Geist' (welche, in den ersten beiden Elementen, ihre Herkunft aus einem patriarchalischen Umfeld zu erkennen gibt, d.h. einen gewissen Anthropomorphismus darstellt) im frühen Christentum philosophisch reflektiert wurde. Es ist hier vor allem der Kirchenvater Augustinus zu nennen, welcher die neuplatonische Hypostasenlehre samt der hierfür grundlegenden prozessualen Triadik rezipiert, aber auch im entscheidenden Punkt modifiziert hat[32]: Er kritisiert den neuplatonischen Emanationismus, indem er aufs deutlichste zwischen interner *generatio verbi* (die in menschlicher Geistinnerlichkeit "verifiziert" werden kann) und externer *creatio mundi* (die das Aufspüren der vestigia Trinitatis im raumzeitlich Gegebenen ermöglicht) unterscheidet. Man kann, von daher gesehen, sogar die Behauptung aufstellen, dass die Trinitätslehre (entgegen der üblichen Auffassungsweise) eher ein genuin philosophisches als ein biblisch-theologisches Theorem darstellt. Oder, zugespitzt formuliert: Das Christentum wäre (wie viele juden-christlichen Teil-Gruppierungen) im historischen Verlauf "auf der Strecke" geblieben, wenn es in biblizistischer Redeweise unverändert beibehalten und darin nicht - ver-

---

[30] Ebd. XI, 7 [1064 b.37 f.].

[31] Vgl. Nikolaus von Kues, *De docta ignorantia* I, 21, 63-65; dazu auch Thomas Aquinas, *Summa theologiae* I, qu. 44, a. 4, ad 4: "Deus ... [est] causa *efficiens, exemplaris* et *finalis omnium rerum*".

[32] Vgl. hierzu die materialreiche Studie von Olivier du Roy, *L'intelligence de la foi en la Trinité selon saint Augustin. Genèse de sa théologie trinitaire jusqu'en 391*, Paris 1966 (hier S. 537-540: Table des triades); ferner Plotin, *Enneade* V 1 ("Über die drei ursprünglichen Hypostasen"), Paul Aubin, *Plotin et le Christianisme. Triade Plotinienne et Trinité Chrétienne*, Paris 1992; Jens Halfwassen, *Das Eine als Einheit und Dreiheit. Zur Prinzipienlehre Jamblichs*. In: Rheinisches Museum N. F. 139 (1966) 52-83; M. J. Edwards, *Porphyry and the intelligible triad*. In: Journ. of hellenic studies 110 (1990) 14-25; Axel Dahl, *Augustin und Plotin. Philosophische Untersuchungen zum Trinitätsproblem und zur Nuslehre*, Lund 1945.

mittels onto-theo-logischer Reflexionen - ein universales Format ausfindig gemacht hätte![33].

Sollte der apostrophierte "christliche" Theologe weiterhin am Buchstaben der neutestamentlichen Rede von den drei trinitarischen Personen festhalten wollen, so könnte hier vielleicht der bereits genannte Nikolaus von Kues weiterhelfen. Dieser gelangte (immerhin als Kurienkardinal) in seinem Spätwerk *De non-aliud* zur Auffassung, dass die biblische Rede von 'Vater', 'Sohn' und 'Hl. Geist' "weniger genau" *(minus praecise)* sei und der philosophischen Erläuterung (durch den Ternar *unitas - aequalitas - nexus)* bedürfe[34].

2. Zur Chrarakteristik des Augustinischen Denkansatzes

Nach diesen Vorbemerkungen wollen wir uns detaillierter auf das vorgelegte Schema eingehen. Wenn es jemandem allzu verwirrend erscheint, möge er sich von Augustinus selbst ermuntern und motivieren lassen, welcher zu Beginn seines Hauptwerkes *De Trinitate* darlegt: "Nirgends ist das Irren gefährlicher, das Suchen mühseliger und das Finden fruchtbarer"[35]. Augustinus strengt sich

---

[33] Hingewiesen sei hier auch darauf, dass die frühen Christen, welche gerade aus dem jüdischen Umfeld hervorgetreten waren, sich *nicht* scheuten, Elemente der griechischen Mythologie zu adaptieren. In den römischen Katakomben z.B. wird Christus nicht als 'guter Hirte' (Joh. 10, 11), sondern - für die verstädterten Römer wesentlich aussagekräftiger! - als 'Orpheus' dargestellt, der, in die "Unterwelt" hinabgestiegen, mit harmonischem Lyra-Spiel die wilden Tiere und die gesamte Natur zu besänftigen und zu befrieden vermag. - Ähnliches ist bei den Christen der Renaissancezeit und auch noch - als Ausstrahlung hiervon - im 17. Jahrhundert zu beobachten. Beim mährischen Theologen Johann Amos Comenius z.B. avancierten Orpheus und Pythagoras zu Galionsfiguren seines Projektes einer pansophischen Erneuerung. Im Tanz der drei Grazien (Chariten), die Marsilio Ficino als *virididas, splendor* und *laetitia* bezeichnete, erkennt er ein trinitarisches "Modell" für friedvolle Globalisierung, in welcher *Politik, Philosophie* und *Religion* als "ebenbürtige Schwestern" bezeichnet werden. Vgl. dazu im Einzelnen E. Schadel, *Musen, Chariten, Orpheus und Pythagoras. Die Präsenz antiker Mythologie und Musikphilosophie in Comenius' pansophischem Friedenkonzept.* In: Schadel (Hg.), Johann Amos Comenius - Vordenker eines kreativen Friedens. Deutsch-tschechisches Kolloquium anlässlich des 75. Geburtstages von Heinrich Beck (Univ. Bamberg, 13-16. April 2004), Frankfurt/M. u.a. 2005, S. 419-505.

[34] Nikolaus von Kues, *De non-aliud,* Kap. V [Philosophisch-theologische Schriften. Hg. von Leo Gabriel. Bd. II, Wien 1966, S. 464 f.]; vgl. auch ebd., Kap. XXI [a.a.O., S. 541]: "Jedes Ding wird dann am genauesten [praecisissime] erfasst, wenn man es als das Nicht-Andere [dessen interne Selbstausgliederung sich in 'Einheit', 'Gleichheit' und 'Verknüpfung' erläutern lässt] erblickt".

[35] Augustinus, *De Trinitate* I, 3, 5: "Nec periculosius alicubi erratur, nec laboriosius aliquid quaeritur, nec fructuosius aliquid invenitur". Augustinus bekundet (ebd.) auch, dass ihm das Problem des sprachlichen "Transfers" dessen, was er mitteilen möchte, durchaus

nach Kräften an, die trinitarische Wirklichkeit auf scharfsichtige Weise zu explizieren. Doch ermahnt er seinen Leser, er solle seine Schriften nicht so auffassen, als ob sie "kanonische" wären[36], sondern kritische Distanz bewahren. Für den Fall, dass er (Augustinus) selbst in Irrtümer hineingeraten sei, bittet er (was auch für die nachfolgenden Ausführungen gelten soll): "Verbessern soll mich, wer es besser versteht" (Corrigat me, qui melius sapit)[37].

Welt, Seele und Gott sind die drei Felder, welche Augustinus im Sinne einer Aufstiegsordnung auszuloten versucht. In einem frühen Brief unterscheidet er diesbezüglich die körperliche Natur, die in Raum und Zeit wandelbar ist, die seelisch-geistige Natur, die nur noch in der Zeit veränderlich ist, und die gött-

---

bewusst ist; er sagt: "Kein Mensch hat jemals so gesprochen, dass er in allem von allen verstanden wurde". - Zu Augustins *De Trinitate* sind neuerdings ein Tagungs-Band und eine Monografie erschienen: Johannes Brachtendorf (Hg.), *Gott und sein Bild - Augustins De Trinitate im Spiegel gegenwärtiger Forschung*, Paderborn 2000; ders., *Die Strukturen des menschlichen Geistes nach Augustinus. Selbsterkenntnis und Erkenntnis Gottes in De Trinitate*, Hamburg 2000. Beide Bände bleiben meines Erachtens zu sehr der "bewusstseinsphilosophischen" Denkeinstellung verhaftet und gelangen deshalb nicht zum ontotheologischen Aspekt des Augustinischen Trinitätstheorems; vgl. meine Besprechung in Philosoph. Jahrbuch 108 (2001) 336-342. Was die übersichtliche Darstellung der Hauptprobleme von Augustins *De Trinitate* und dessen ideengeschichtliche Erläuterungen angeht, ist heute noch empfehlenswert: Michael Schmaus, *Die psychologische Trinitätslehre des hl. Augustinus.* Fotomech. Nachdruck der 1927 erschienenen Ausgabe mit einem Nachtrag und Literaturergänzungen des Verfassers, Münster 1967. Im 'Nachwort' von 1967 bekundet Schmaus allerdings, dass er sich vom Trend einer (metaphysik-fernen) "heilsgeschichtlichen" Theologie in Beschlag nehmen ließ; er sagt zu Augustinus' *De Trinitate* (S. VIII*): "Die hohe Begrifflichkeit, die hier waltet, der Fortschritt, der in der Dimension der begrifflichen Druchdringung erreicht wurde, muss mit einem Verlust an heilsgeschichtlicher und religiöser Dynamik bezahlt werden". Den oben erwähnten "osmotischen" Austausch zwischen Philosophie und Theologie realisiert Schmaus offensichtlich nicht. Seiner Meinung nach hat es der Theologe "primär mit Geschichte, nämlich mit Heilsgeschichte, zu tun" (ebd., S. XIX*). Er macht Augustinus den absurden Vorwurf, es sei ihm "nicht vollkommen gelungen, das Metaphysische in das Heilsgeschichtliche zu integrieren" (ebd.). Was sollte aber die sog. 'Heilsgeschichte' anderes als eine Leerformel sein, solange das "Ansichsein" des Heils-Grundes - dasjenige was "für uns" in der Geschichte zum Ausdruck kommt - prinzipiell unaufgehellt bleibt? Ähnliches wäre auch zu Studer anzumerken, der die philosophisch akzentuierten letzten 7 Bücher von Augustinus' *De Trinitate* "ausgeblendet" und sich auf "theologische" und dogmengeschichtliche Aspekte beschränkt, deren Wirklichkeitsbedeutung nicht expliziert wird. Vgl. Basil Studer, *Augustinus' De Trinitate in seinen theologischen Grundlagen.* In: Freiburger Zeitschrift für Philosophie und Theologie 49 (2002) 48-72; ders., *Patristische Anstöße zu einer Erneuerung der Trinitätslehre.* Ebd. 47 (2000) 463-483.

[36] Augustinus, *De Trinitate* III, prol. 2: "Noli meis litteris quasi scripturis canonicis inservire".

[37] Ebd. I, 8, 17.

liche Natur, die - jenseits von Raum und Zeit - in gänzlicher Unveränderlichkeit (als gänzlich uneingeschränkter Identitätsvollzug) den Schöpfer (creator) alles Räumlich-Körperlichen und Zeithaft-Seelischen darstellt[38]. Die menschliche Geistseele befindet sich demnach (so wie es auch in neuplatonischer Hypostasenlehre aufgefasst wird) "in der Mitte" zwischen Körperwelt und Göttlichem[39]. Um Ursprungserfahrungen erlangen zu können, muss sie einen doppelten Überstieg vollziehen, von dem Augustinus sagt: "Überschreite den Körper und schmecke die Geistseele! Überschreite aber auch die Geistseele und schmecke Gott!"[40]

Eigens angemerkt sei hier, dass der erste Überstieg *keine* Totalabstraktion vom sinnlich Gegebenen impliziert (so wie dies für den Cartesianischen und Kantischen Rationalismus kennzeichnend ist), sondern (was noch weiter zu erläutern sein wird) als inhaltsbezogene Abstraktion aufzufassen ist, in welcher es darum geht, die Sinngestalten (species) der sinnlich gegebenen Welt ins erkennende Bewusstsein einzubergen. Dieses kann sich von daher als repräsentative Dimension alles welthaft Seienden verstehen. Die Zeitlichkeit, welche in diesem Welt-Bewusstsein als ein Noch-nicht und ein Nicht-mehr erfahren wird, veranlasst den zweiten Überstieg, in welchem an das Ewigsein des welttüberlegenen Schöpfungsgrundes gerührt wird.

Die aporetische Natur dieses zweiten Überstiegs besteht darin, dass er eine Entzeitlichung der zeitbetroffenen Geistseele beinhaltet. Er kann nicht unvermittelt geleistet werden, sondern verlangt eine sorgfältige Vorbereitung. Augustinus sagt deshalb: "Zuvörderst muss der Mensch zu sich selbst zurückgebracht werden, damit er sich - nachdem dort gleichsam eine Tribüne errichtet wurde - von dort her erhebe und zu Gott emporgetragen werde"[41].

In Entsprechung hierzu erläutert Augustinus im Kontext seiner trinitarischen Forschungen: "Zuvörderst muss die Geistseele in ihrem eigenen Bestand" [auf ihrer inneren 'Tribüne'] "betrachtet werden, bevor sie zur Teilhaberin Gottes

---

[38] Ders., *Epistulae* 18, 2: "Est natura per locos et tempora mutabilis, ut *corpus*. Et est natura per locos nullo modo, sed tantum per tempora etiam ipsa mutabilis, ut *anima*. Et est natura, quae nec per locos nec per tempora mutari potest: hoc est *Deus*. Quod hic insinuavi quoquo modo mutabile, creatura dicitur, quod immutabile, creator".

[39] Ders., *In Joh. ev. tract.* 20, 1: "Tu si in animo es, *in medio* es. Si infra attendis, corpus est, si supra attendis, Deus est".

[40] Ebd.: "Transcende et corpus, et sape animum: transcende et animum, et sape Deum!"

[41] Ders., *Retractationes* I, 8, 3: "Prius sibi homo reddendus est, ut illic quasi gradu facto inde surgat atque attollatur ad Deum"; vgl. ders., *De vera religione* 39, 72: "Noli foras ire, in te ipsum redi; in interiore homine habitat veritas. Et si tuam naturam mutabilem inveneris, transcende et te ipsum. Sed memento, cum te transcendis, ratiocinantem animam te transcendere. Illuc ergo tende, unde ipsum lumen rationis accenditur".

127

werden kann; in ihr kann so das göttliche Abbild aufgespürt werden"[42]. Besagtes Abbild versteht sich im Bezug auf jenen Gott, der "innerlicher ist als mein Innerstes"[43]. Als dessen Abbild ist es also erst dann wirklich erfahrbar, wenn es - inmitten der menschlichen Geistinnerlichkeit - sein innerlich vorgängiges ewiges Urbild wahrgenommen hat. Analysen, die sich auf die immanente Prozessualität des menschlichen Geistes methodisch einschränken wollen, greifen zu kurz. Augustinus sagt deshalb: "Die Dreiheit des Geistes ist nicht deshalb ein Abbild Gottes, weil der Geist sich seiner *erinnert*, sich *einsieht* und *liebt*, sondern deshalb, weil er sich auch denjenigen ins *Gedächtnis rufen, einsehen* und *lieben* kann, von welchem er geschaffen wurde"[44].

3. Zum Aufbau des Arias'schen Schemas

Ein Einstieg zum inneren Aufstieg ist im Schema vermittels der Betrachtung des kleinen Zentralkreises zu finden, welchem "I. COMMUNIA TRIBUS PERSONIS" (I. GEMEINSAMES DER DREI PERSONEN) eingeschrieben ist. Die weitere Entfaltungsbewegung vollzieht sich *von innen nach außen:* zu "II. PROPIA" (EIGENARTEN) der 1., 2. und 3. Person (die - links oben, rechts oben und unten - in den drei Flächen-Segmenten des Dreiecks dargestellt werden) und schließlich zu "III. APPROPRIATA" (ZUEIGNUNGEN) der 1., 2. und 3. Person (die - links oben, rechts oben und unten - in den entsprechenden Segmenten der Kreislinie genannt werden). Den drei Zueignungen sind, jeweils von 1° - 5° nummeriert, Begriffe untergeordnet, die parallel, d.h. in wechselseitiger Korrespondenz, zu lesen sind. Sie sollen offensichtlich dazu dienen, in verschiedenen Betrachtungsweisen (die später genauer erläutert werden) das *Ein-ander-Innesein* oder *In-ein-ander-Wohnen* der apostrophierten drei Personen zum Ausdruck zu bringen. Eben dieses Ein-ander-Innesein wird - auf der Kreislinie an den Stellen, wo sie vom Dreieck berührt wird - mit CIRCUM-IN-SESSIO umschrieben, was in 'sessio' [Sitzen] einen *statischen* Aspekt suggeriert, welcher - der inneren Ausgeglichenheit der exponierten Prinzipienwirklichkeit wegen - durch ein *dynamisches* 'cessio' [Schreiten] (in CIRCUM-IN-CESSIO) zu ergänzen ist. (So wie ja die griechische Vorlage für diese Termini, der Begriff περιχώρησις [= Herumschreiten] des Johannes Damascenus, im 12. Jahrhundert zuerst mit 'circumin-

---

[42] Ders., *De Trinitate* XIV, 8, 11: "Prius mens in se ipsa consideranda, antequam sit particeps Dei; et in ea reperienda est imago Dei".

[43] Ders., *Confessiones* III, 6, 11: "Tu [‚Deus meus,] eras interior intimo meo et superior summo meo".

[44] Ders., *De Trinitate* XIV, 12, 15: "Trinitas mentis non propterea Dei est imago, quia sui *meminit* mens et *intelligit* ac diligit se, sed quia potest etiam *meminisse* et *intelligere* et *amare*, a quo facta est".

cessio' und, ein Jahrhundert später, mit 'circumin*s*essio' ins Lateinische übersetzt wurde[45].)

Durch die mit I., II. und III. bezeichneten Problemfelder soll im Schema, wie schon gesagt, eine Argumentationsbewegung, die "von innen nach außen" führt, nahe gelegt werden. Die Effizienz eines solchen Vorgehens hat Aristoteles wohl im Auge, wenn er betont: "Wenn man die Dinge in ihrer Entwicklung von Anfang an nachvollzieht, so ist dies ... die vollkommenste Betrachtungsweise"[46].

Folgen wir also diesem methodischen Rat und wenden wird uns zunächst dem kleinen Zentralkreis zu, der das 'Gemeinsame' der drei Personen als ein Ineinander von 1. *Sein*, 2. *Erkennen* und 3. *Wollen* charakterisiert, welches sich sowohl "in sich selbst" als auch "in Anderes hinein" vollzieht. Damit ist ein ganze Bündel von Fragestellungen ins Spiel gebracht, z.B.: Was ist hier eigentlich unter 'Person' zu verstehen? Warum wird von 'dreien' geredet? Wie unterscheiden sich diese drei, wenn *Sein, Erkennen* und *Wollen* deren 'Gemeinsames' ausmachen? Wie lässt sich die Unterscheidung von 1. *Sein*, 2. *Erkennen* und 3. *Wollen* im vollzugstheoretisch-ganzheitlichen Sinne erläutern und rechtfertigen? Ist es möglich, einen Unterschied darin aufzuweisen, wie jene drei Momente "in sich selbst" und "in Anderes hinein" wirken?

Auffallend ist in diesem Zusammenhang, dass in den drei Dreiecks-Segmenten des Schemas - in neutestamentlicher Redeweise - die jeweiligen 'Eigenarten' des 'Vaters', des 'Sohnes' und des 'Hl. Geistes' dargelegt werden, während die Dreiheit des zentralen Kreises (1. Sein, 2. Erkennen, 3. Wollen) *keinen* direkten biblisch-christlichen Einfluss zu erkennen gibt, sondern auf eine Begrifflichkeit rekurriert, welche von *jedem* Menschen, also auch von Nicht-Christen, nachvollzogen werden kann. Damit will gesagt sein: Sobald *Sein, Erkennen* und *Wollen*

---

[45] Vgl. Santiago del Cura Elena, *Art. 'perikhōresis'.* In: Xabier Pikaza / Nereo Silanes (Hgg.), Diccionario teológico: El Dios cristiano, Salamanca 1992, S. 1086-1094, bes. S. 1089; ferner August Deneffe, *Perichoresis, circumincessio, circuminsessio. Eine terminologische Untersuchung.* In: Zeitschr. für kath. Theologie 47 (1923) 497-522; Peter Stemmer, *Perichorese. Zur Geschichte eines Begriffs.* In: Archiv für Begriffsgeschichte 27 (1983) 9-55; vgl. auch die ökumenisch orientierte Aufsatzsammlung von Ciril Sorč: *Entwürfe einer perichoretischen Theologie*, Münster 2004 - Beachtet man noch eigens, dass iń circumin*s*essio *Ruhe* und in circumincessio *Bewegung* zum Audruck kommt, so kann deutlich werden, dass im trinitarischen Prozess dasjenige "ko-in-zidiert", was dem Verstand, der auf der Begriffsebene bleibt, unvereinbar erscheint. Platon aporetisiert den Übergang zwischen beidem in *Parmenides* 156 d-e. In *Politeia* 436a-437a versinnbildlicht er das paradoxe Ineinander von Ruhe und Bewegung vermittels eines Kreisels, der nur dann "steht", wenn er in Bewegung ist. Vgl. dazu auch Augustinus, *Enarrationes in psalmos* 92, 1: "Deus cum quiete operatur, et semper operatur et semper quietus est".

[46] Aristoteles, *Politika* I, 1, 3 [1252a.24-26]: Εἰ δή τις ἐξ ἀρχῆς τὰ πράγματα φυόμενα βλέψειεν, ...κάλλιστ' ἂν οὕτω θεωρήσειεν.

als notwendige Momente eines in sich strukturierten Prozesses erkannt sind, ist eben darin ein "hermeneutischer Schlüssel" ausfindig gemacht, der es gestattet, die interne Selbstausgliederung, die in II. in biblischer Redeweise dargeboten wird, in ihrer ganzheitlichen Allgemeingültigkeit "aufzuschließen".

4. Zweifel als Initiation reflektierender Selbst- und Seinsvergewisserung

Um zu verhindern, dass das basale Ineinander von *Sein, Erkennen* und *Wollen* aufgrund irgendeiner "ideologischen" Voreingenommenheit dargeboten wird, muss dieses zuallererst durch das "Reinigungsbad" der Skepsis hindurchgehen. Von daher versteht es sich, dass der frühe Augustinus eine intensive Auseinandersetzung mit den akademischen Skeptikern führt, deren Argumente ihm von Cicero her geläufig sind. Im Rückblick hierauf berichtet er: "Zuerst verfasste ich ein Werk gegen die Akademiker bzw. über die Akademiker, um deren Argumente, welche vielen die Verzweiflung beim Auffinden des Wahren einflößen und sie abhalten, irgendeiner Sache zuzustimmen, ... mit Vernunftgründen zu widerlegen"[47]. Das skeptische Argument, dass derjenige, der überhaupt nichts anerkennt, nichts Falsches anerkennen und somit auch nicht irren könne[48], lässt er nicht gelten, da ihm die "Konsequenz" einer solchen totalen Urteilszurückhaltung bewusst ist: die "freischwebende" Intelligenz, die wegen der sie beherrschenden Indifferenz zu nichts und zu allem "fähig" ist.

Wahres Wissen ist für Augustinus nur im adäquaten Seins- und Sachbezug zu gewinnen. Als Vorbereitung hierzu ist allerdings die "Erweckung eines [selbst-]kritischen Bewusstseins"[49] vonnöten. Dies ist unbezweifelbar. Denn "Eines ist das Lernen, ein Anderes aber die Meinung, etwas gelernt zu haben"[50]. Um Scheinwissen als solches überwinden zu können, ist der Sokratische Rat zu beherzigen, welcher lautet: "Damit du etwas lernen kannst, lerne das Nicht-Wissen" (Ut scias, disce nescire)[51]. Denn erst in diesem wissenden Nicht-Wissen

---

[47] Augustinus, *Retractationes* I, 1, 1: "Contra Academicos vel de Academicis primum scripsi, ut argumenta erorum, quae multis ingerunt veri inveniendi desperationem et prohibent cuiquam rei assentiri ..., rationibus amoverem".

[48] Ders., *Contra Academicos* I, 4, 11: "Falsum ... probare non potest, qui probat nihil; non igitur potest errare".

[49] Rudolph Berlinger, *Vom Anfang des Philosophierens*, Frankfurt 1965, S. 78.

[50] Augustinus, *De anima et eius origine* II, 7, 11: "Aliud est discere, aliud videri sibi didicisse".

[51] Ebd. IV, 24, 38; vgl. ders., *Epistulae* 130, 15, 28: "Est ... in nobis quaedam, ut ita dicam, docta ignorantia, sed docta spiritu Dei, qui adiuvat infirmitatem nostram". Vgl. dazu auch E. Schadel, *Platon als Interpret des Sokratischen Denkimpulses*. In: Peter Bruns (Hg.),

erlangt der menschliche Geist jene Sensibilität und Empfänglichkeit, die es ihm ermöglicht, das jeweils Problematisierte so, wie es wirklich ist, von seiner Ursache her zu erkennen und anzuerkennen. Augustinus kann von daher zugespitzt formulieren: "Wissen besteht nicht nur darin, Sachverhalte erfasst zu haben, sonden sie so erfasst zu haben, dass man darin weder irren kann noch, von irgendwelchen Gegnern beeindruckt, zum Schwanken gebracht wird"[52].

Die skeptizistische Anfrage: 'Was ist, wenn du dich auch hierin täuschst?' beantwortet Augustinus mit einem lapidaren "Wenn ich mich täusche, bin ich" (Si fallor, sum)[53]. Zur Erläuterung fügt er unmittelbar hinzu: "Wer nämlich überhaupt nicht ist, kann sich auch nicht täuschen. Eben deswegen aber, *bin* ich, wenn ich mich täusche. Weil ich also bin, *wenn* ich mich täusche, - wie sollte ich mich dann in meinem Sein täuschen, da es doch gewiss ist, gerade wenn ich mich täusche? ... Ohne Zweifel täusche ich mich also darin nicht, dass ich *weiß*, dass ich *bin*"[54].

Paradox ist hierbei, dass der Zweifel, der die Seinsgewissheit eliminieren sollte, eine Intensivierung derselben herbeiführt. Oder, anders gesagt: "Der Zweifel wird zum Initiationsakt des reflexiven Denkens"[55]. Er macht deutlich, dass menschliche *Selbst*-Vergewisserung unlösbar mit *Seins*-Vergewisserung

---

Große Gestalten der Alten Welt, Frankfurt u.a. 2005, S. 101-121; ders., *Skepsis - Ermöglichung oder Verhinderung menschlicher Ursprungserfahrung? Ein Vergleich antiker und neuzeitlicher Positionen.* In: Martin Götze / Christian Lotz / Konstantin Pollok / Dorothea Wildenburg (Hgg.), Philosophie als Denkwerkzeug. Zur Aktualität transzendentalphilosophischer Argumentation. Festschrift für Albert Mues zum 60. Geb., Würzburg 1998, S. 101-118.

[52] Ders., *Contra Academicos* I, 7, 19: "Scientia ... non solum comprehensis, sed ita comprehensis rebus constat, ut neque in ea quis umquam errare, nec quibuslibet adversantibus impulsus nutare debeat". Vgl. auch das "verum inconsussum tenere" (ebd.).

[53] Ders., *De civitate Dei* XI, 26. Vgl. auch ders., *De Trinitate* XV, 12, 21: "Certum est etiam eum, qui fallitur, vivere"; ebd.: "[Etiam] qui furit, vivit"; ders., *De libero arbitrio* II, 3, 7: "Si non esses, falli omnino non posses". Das letzte Zitat kann als Antizipation jenes "Nisi essemus, cogitare non possemus" aufgefasst werden, welches Comenius im 17. Jahrhundert dem Cartesianischen *cogito* (das er als "strohernes Fundament" des Philosophierens ansah) entgegensetzt. Vgl. hierzu im Einzelnen E. Schadel, *Exkurs 5 (Zu Comenius' Descartes-Kritik).* In: Johann Amos Comenius, Pforte der Dinge (Janua rerum). Übers. u. hg. von E. Schadel, Hamburg 1989, S. 247-250.

[54] Augustinus, *De civitate Dei* XI, 26: "Nam qui non est, utique nec falli potest. Ac per hoc *sum*, si fallor. Quia ergo sum, *si* fallor, - quomodo esse me fallor, quando certum est me esse, si fallor ... Procul dubio in eo quod me *novi esse*, non fallor".

[55] Rudolph Berlinger, *Augustins dialogische Metaphysik*, Frankfurt/M. 1962, S. 164.

verbunden ist. "In dir", sagt Augustinus, "kannst du erkennen, was ist"[56] (was etwas überhaupt ist, ja sogar auch, was das 'Ist' ist[57]).

5. 'Sein', 'Erkennen' und 'Wollen' als in-ek-konsistenzialer Identitätsvollzug

Der Zusammenhang des bisher Dargelegten kann - in der Rekonstruktion der Selbstgewissheit - abrundend formuliert werden: "Wir *sind,* wir *wissen,* dass wir sind; und dieses Sein und Wissen *lieben* wir"[58]. Diese Aussage gestattet einen ersten Erkenntniszugang zu den drei Strahlen unseres Schemas: Dem *senkrechten Stahl* ist eingeschrieben: "*Processio Filii a Patre per divinum **intellectum** Paternitate connotatum*" (Hervorgang des Sohnes vom Vater durch den göttlichen **Intellekt,** der durch Vatersein mitbezeichnet ist). Dieser Strahl stellt dar, wie das "paternale" Sein (das, als Basis alles Anderen, selbst *nicht* hervorgeht) *unmittelbar* in die intellektuale Distanz des "filialen" Wissens hervortritt. Dieses Wissen "wurzelt" - inhaltlich betrachtet - ganz und gar im ursprünglichen Sein und wird deshalb durch das 'Vatersein' mitbezeichnet. Oder, prägnant formuliert: Bewusst-Sein meint per se nichts anderes als bewusstes Seins, ein Sein, das in-sistierend (in sich bleibend) ins Wissen hinein ek-sistiert.

Die beiden *schrägen Strahlen* sind in Eines zusammenzufassen. Ihnen ist (von links nach rechts gelesen) eingeschrieben: "*Processio Spiritûs Sancti a Patre et Filio / per divinam **voluntatem** connotatam activâ utriusque spiratione*"[59] (Hervorgang des Hl. Geistes vom Vater und vom Sohn / durch den göttlichen **Willen,** der durch die aktive Hauchung der beiden mitbezeichnet wird). Dieser Doppelstrahl kennzeichnet das *vermittelte* Hervortreten des "spiritualen" Willens bzw. der "spiritualen" Liebe. Denn dieser liebende Wille

---

[56] Augustinus, *Sermo* 52, 23: "In te .., quod est, potes nosse".

[57] Vgl. ders., *Enarrationes in psalmos* 38, 7: "Nec 'esse' possumus dicere, quod non stat, nec 'non esse', quod venit et transit. Est illud simplex quaero, Est verum quaero, Est germanum quaero".

[58] Ders., *De civitate Dei* XI, 26: "Et *sumus* et nos esse *novimus;* et id esse ac nosse *diligimus*".

[59] 'Spiratio' versteht sich vom Verbum spirare (= hauchen, atmen) her, in welches das griechische πνεῖν übersetzt wurde. Χάριν τινὶ πνεῖν heißt im Griechischen wörtlich: 'Liebe' [oder 'Anmut' und 'Gunst'] für jemanden hauchen'. Diese Konnotation liegt der neutestamentlichen Bezeichnung der dritten göttlichen Person, dem 'Heiligen Geist' (πνεῦμα ἅγιον), zugrunde, welcher mit der Taube, einem altorientalischen Liebessymbol, dargestellt wird (z.B. Joh. 1, 32). - Erinnert sei hier aber auch daran, dass Hesiod (in seinem "Dichterbekenntnis") den Geschenkcharakter seiner "inspirierten" (und deshalb inspirierenden) Verse im Bezug auf die 'olympischen Musen' kennzeichnet und von ihnen aussagt: "Sie hauchten mir göttlichen Gesang ein" (ἐνέπνευσαν δὲ μοι αὐδὴν δέσπιν; *Theogonie,* Verse 31 f.).

(dieser wollende Liebesimpuls) konstituiert sich nur auf relationale Weise in sich selbst. Er ist im wörtlichen Sinne das Er-gebnis, das durch das aktive Zusammenwirken des "paternalen" Seins und "filialen" Wissens zustande kommt. Er ist das subsistierende "Kon-spirieren" dieser beiden Momente oder, wenn man es so sagen will, deren lebendig pulsierende und zugleich frucht-bringende Kon-sistenz. (Berücksichtigt man dieses interne Konstituiertsein von Lieben und Wollen, so weicht von Augustinus' provokanter Aufforderung: "Liebe, und tu', was du willst!"[60] sogleich der Anschein von Willkürlichkeit zurück.)

Um eine solide Einsicht in die innere Notwendigkeit des Vollzugs-Rhyth-mus von 'Sein', 'Wissen' und 'Wollen' zu gewinnen, scheint es überaus hilfreich zu sein, eine Skizze, die der frühe Augustinus *De Trinitate* abfasste, in die Überlegung aufzunehmen. Von Seiendem überhaupt (von Seiendem, das noch nicht in kontingentes und absolutes differenziert ist) wird hier ausgesagt: "Jedes Seiende ist Eines, *worin es besteht*, ein Anderes, *worin es sich [primär in sich und sekundär von Anderem] unterscheidet*, und ein Drittes, *worin es mit sich übereinstimmt*"[61]. Unter Beiziehung des im Neuplatonismus[62], aber auch schon bei Parmenides[63] verwendeten Kreissymbols lässt sich die binnendifferenzierte Ganzheitlichkeit von Seiendem überhaupt als in-sistentes "Zentrum", ek-sistenter "Radius" und kon-sistente "Zirkumferenz" untergliedern. Die sich von daher ergebende Abbreviatur einer *in-ek-kon-sistenzialen Rhythmik* markiert hierbei sowohl die Unverwechselbarkeit der einzelnen Bewegungsmomente als auch deren Integralität, insofern jedes einzelne dieser Momente eine "genetische" Relation zu den beiden anderen impliziert. Als Rhetor bringt Augustinus diese Perichorese durch das wechselseitige Bezogensein von *esse, nosse, velle* (im Schema ist *nosse* durch *intelligere* ersetzt worden) auch in der sprachlichen Ebene zum Ausdruck. Angesichts des vielfältigen Streites, den viele Menschen hinsichtlich des Trinitätsproblems führen, macht Augustinus - zur Schlichtung dieses Streites - den Vorschlag, das jeder 'in sich selbst' einkehre, um hier ein (wenigstens entferntes) Abbild der originalen Trinität aufzuspüren. Er führt

---

[60] Vgl. Augustinus, *Tract. in epist. Joannis* VII, 8 [PL 35, 2033]: "Dilige et quod vis fac!"; dazu ders., *De Trinitate* X, 1, 1: "Rem prorsus ignotam amare omnino nullus potest".

[61] Ders., *De diversis quaestionibus* 83, qu. 18: "Omne ens est aliud, *quo constat*, aliud, *quo discernitur*, aliud, *quo congruit*". Vgl. dazu auch ders., *De vera religione* 7, 13: "Omnis ... res vel substantia vel essentia vel natura ... simul haec tria habet: ut et *unum* aliquod sit et *specie propriâ* discernatur a caeteris et rerum *ordinem* non excedat".

[62] Vgl. Werner Beierwaltes, *Proklos. Grundzüge seiner Metaphysik*, Frankfurt ²1979, bes. S. 165-239.

[63] Vgl. Parmenides, *Fragm.* 8, Zeilen 42-44; dazu Dietrich Mahnke, *Unendliche Sphäre und Allmittelpunkt. Beiträge zur Genealogie der mathematischen Mystik*, Halle 1937, Repr. Stuttgart-Bad Cannstatt 1966.

dabei aus: "Ich nenne diese drei: *Sein, Wissen, Wollen.* Denn ich bin und ich weiß und ich will. *Ich bin* wissend und wollend, *ich weiß*, dass ich bin und will, und *ich will* sein und wissen"[64].

Die Brillanz dieser Formulierung verleitet Augustinus jedoch nicht zur Auffassung, dass er damit den Selbstvollzug jenes Absoluten ganz und gar "erfasst" und "begriffen" habe, "das [als solches] unwandelbar *ist*, unwandelbar *weiß* und unwandelbar *will*"[65]. Doch provoziert er die menschliche Geistseele zu intensiverem Nachdenken über jenes Absolute, in welchem ihre triplizitäre Selbstvergewisserung letztendlich gründet; er führt aus: "Wie sich nun in diesen dreien [in Sein, Wissen und Wollen] ein untrennbares Leben - *ein* Leben, *ein* Geist und *eine* Wesenheit - verwirklicht, wie sie, kurzum, eine *untrennbare Unterschiedenheit* und dennoch eine Unterschiedenheit darstellen, das möge derjenige einsehen, der dazu befähigt ist"[66].

Am Modell des Kreises kann diese 'untrennbare Unterschiedenheit', wie es scheint, als subsistierende [Kor-]Relationalität demonstriert werden: Das *Zentrum* ist Zentrum, weil es, *indem* es in sich bleibt, den Radius (eine unendliche Vielzahl von Radien) aus sich hervorgehen lässt, wobei aus beiden Elementen der Umfang resultiert. Der *Radius* kann nicht absolut "definiert" werden. Als Radius impliziert er vielmehr das Zentrum, aus dem er hervorgeht, wie auch den Umfang, den er zusammen mit dem Zentrum konstituiert. Der *Umfang* schließlich kann als solcher nur dann mit aller Deutlichkeit erfasst werden, wenn als dessen Seinsbedingungen das Zentrum und der Radius betrachtet werden.

Auf die subsistente Relationalität von *Sein, Wissen* und *Wollen* übertragen, heißt dies: 'Sein' enthält *implikativ* (auf "noch" unentfaltete Weise) 'Wissen' und 'Wollen' bzw. 'Lieben'. Wie sollte beides sonst nämlich aus ihm hervortreten können? Das 'Wissen' weist als solches auf das 'Sein' zurück, das in ihm *explikativ* zur Darstellung kommt. Was sollte nämlich ein Wissen von nichts "sein", wenn nicht ein Nicht-Wissen, ein Widerspruch in sich selbst? Als Seins-Wissen führt das Wissen - als real fundierte Theorie - aber zugleich über sich hinaus, nämlich zur Praxis des voluntativen Liebens. Ein solches 'Lieben' aber würde in launenhafter Willkürlichkeit zerfallen, wenn es nicht *komplikativ* das 'Sein' und das 'Wissen' in sich zur Auswirkung kommen ließe.

---

[64] Augustinus, *Confessiones* XIII, 11, 12: "Dico autem haec tria: *esse, nosse, velle.* Sum enim et scio et volo. *Sum* sciens et volens et *scio* esse me et velle et *volo* esse et scire".

[65] Ebd.: "[Nemo] se putet invenisse illud, quod supra ista est incommutabile, quod *est* incommutabiliter et *scit* incommuntabiliter et *vult* incommutabiliter".

[66] Ebd.: "In istis tribus quam sit inseparabilis vita - et *una* vita et *una* mens et *una* essentia -, quam denique *inseparabilis distinctio* et tamen distinctio, videat qui potest".

6. 'Person' als analogisch konzipierte subsistente Relation

Die in den vorangehenden Erörterungen veranschaulichte 'subsistente Relationalität' eröffnet einen Verständniszugang zum Person-Begriff, der im Schema in allen drei Segmenten (in I., II. und III.) genannt wird[67]. Augustinus verwendet den Person-Begriff nur zögerlich. Er tut dies - im Bewusstsein der Dürftigkeit menschlichen Sprechens - dennoch, wobei er die bereits eingebürgerte Terminologie mit den Worten kommentiert: "Man redet von 'drei Personen', jedoch nicht, um jenes [das perichoretische Ineins dreier Momente] auszudrücken, sondern um nicht schweigen zu müssen"[68]. Um die "Dreiheit der aufeinander bezogenen [göttlichen] Personen und [dabei zugleich] die Einheit des gleichen [göttlichen] Wesens"[69] aufweisen zu können, nimmt er eine entscheidende Korrektur an der in seiner Zeit kursierenden Kategorien-Tafel des Aristoteles vor. In dieser findet er, dass der einen 'Substanz' neun 'Akzidenzien' (u.a. auch die 'Relation') gegenübergestellt sind. Da im göttlichen Selbstvollzug nichts Wandelbar-Akzidentielles sein kann, zieht er die 'Relation' aus dem Akzidentien-Verbund heraus, um sie der Substanz selbst einzufügen und um diese in ihrer selbstbezüglichen Prozessualität erläutern zu können[70]. Das Sein des göttlichen Ursprungs versteht sich von daher als 'substanziale *Relation'* oder 'relationale *Substanz'*.

Diese theoretische Vorarbeit ermöglichte es Thomas von Aquin, die trinitarische Person als 'subsistierende Relation' zum umschreiben[71]. ('Subsistieren' bezeichnet hierbei den Selbstvollzug des Substanzialen.) Die genannte Definition ist weder mehrdeutig *(aequivoce)* noch einsinnig *(univoce)* zu verwenden[72];

---

[67] *Persōna* meinte ursprünglich die Maske (mit Sprechschlitz), die der antike Schauspieler anlegte, um damit fürs Publikum von vornherein den jeweiligen "Charakter", den er darzustellen hatte, zu kennzeichnen. Im philosophischen Kontext wird *persōna* bisweilen als Instanz aufgefasst, durch welche das Sein "durchtönt" *(personat)*. Diese Erklärung ist sachlich aufschlussreich, wenn sie sich auch, philologisch betrachtet, deswegen nicht halten lässt, weil das "o" in *persōna* ein langer Vokal ist, in *personat* aber ein kurzer.

[68] Augustinus, *De Trinitate* V, 9, 10: "Dictum est ... 'tres personae', non ut illud diceretur, sed ne taceatur".

[69] Ebd. IX, 1, 1.

[70] Vgl. ebd. V, 1, 2; ebd. V, 5, 6: "Relativum [in divina substantia] non est accidens, quia non mutabile"; dazu den autobiografischen Bericht in *Confessiones* IV, 16, 28-29. Vgl. auch Luis F. Ladaria Ferrer, *'Persona' y 'relación' en el 'De Trinitate' de san Agustín*. In: Miscelánea Comillas 30 (N° 57, 1972) 245-291; Peter Kampitis, *Substanz und Relation bei Nicolaus Cusanus*. In: Zeitschr. für philosoph. Forschung 30 (1976) 31-50.

[71] Thomas Aquinas, *Summa theologiae* I, qu. 29, a. 4, resp.: "Persona ... divina significat relationem ut subsistentem".

[72] Ebd., qu. 29, a. 4, ad 4.

135

ihre Wirklichkeitsbedeutung ergibt sich in *analogischer* Betrachtung[73], d.h. dann, wenn sie in Entsprechung zur oben vorgestellten in-ek-kon-sistenzialen Verflochtenheit analysiert wird. Diesergemäß ist jede Person *eine andere* im Bezug auf die beiden anderen; alle drei sind durch relationale Gegensätzlichkeit voneinander zu unterscheiden. Im inhaltlichen Aspekt bringt jede einzelne der drei Personen jedoch *nichts anderes* als die beiden anderen zur Darstellung.

Als "Modell" für dieses *Relationen*-Gefüge kann das *Proportionen*-Gefüge im Kernbestand von Tonalität, im senarischen Dreiklang, herangezogen werden: Die "paternale" Oktave (1 : 2) lässt - Oktave bleibend - den *gleichen* Frequenzgehalt, den sie durch ihre spezifische Proportion überspannt, *unmittelbar* in die Erst-Quinte (2 : 3) hinein hervortreten. Die Erst-Quinte potenziert sich "dann" durch die ursprüngliche Kraft der ihr innerlich vorgängigen Oktave: Aus der Erst-Quinte 2 : 3 entsteht die Zweit-Quinte 4 : 6, welche als untrennbares Zusammenwirken sowohl des paternalen wie auch des filialen Momentes den Begegnungs- und Erfüllungsraum für die *vermittelt* sich darbietende "spirituale" Doppel-Terz (4 : 5; 5 : 6) aufgefasst werden kann. Frappierend ist hierbei, dass die sog. große Terz (4 : 5) den *gleichen* Frequenzgehalt, den die Oktave und die Erst-Quinte umfassen, "von unten her" in die Mitte der Zweit-Quinte hineinströmen lässt. Das Gleiche "tut" die sog. kleine Terz (6 : 5) "von oben her". Das heißt: In der 5-Zahl repräsentiert sich das vollkommene Sich-selbst-gemäß-Sein jenes Proportionierungsprozesses, in welchem sich der senarische Dur-Dreiklang als archetypaler Harmonie-Grund alles tonalen Musizierens realisiert. (Beim sog. Moll-Dreiklang, in welchem große und kleine Terz vertauscht werden, ist diese Konvenienz bereits gestört)[74].

Für dieses harmonikale Seins-Modell ist kennzeichnend, dass sich - nicht in zeitlicher oder räumlicher Sukzession - Eines *nach* oder *neben* dem Anderen darbietet, sondern dass der jeweils gleiche Grundgehalt - in proportionierter Weitergabe - als Anderes *aus* dem Einen nicht gebrochen, sondern *gänzlich* hervortritt, so dass er sich (konsekutiv) oder damit er sich (final) in synergetischer Verbundenheit des Einen und Anderen (nämlich im Nicht-Anderen des ungebrochenen wechselseitigen Austausches) als ewig lebendige Seinsfülle

---

[73] Vgl. Plotin, *Enneade* III 3, 6.28: συνέχει τὰ πάντα ἀναλογία ("Analogie hält alles zusammen"). Der römische Sprachtheoretiker Marcus T. Varro betont dementsprechend: "Qui negant esse rationem analogiae, non vident naturam non solum orationis, sed etiam mundi" (zit. in: Edgar Früchtel, *Platonisches Denken als Modell christlicher Dogmenentfaltung in der ersten Jahrhunderten.* In: Perspektiven der Philosophie, 25, 1999, 117-139, hier S. 126).

[74] Vgl. hierzu im Einzelnen die §§ 28-50 in E. Schadel, *Musik als Trinitätssymbol. Einführung in die harmonikale Metaphysik,* Frankfurt u.a. 1995; dazu Heinrich Beck, *Sinnstrukturen der Tonalität - Sinnstrukturen des Seins?* In: Zeitschrift für Ganzheitsforschung N.F. 40, 4 (Wien 1996) 192-205.

darzubieten vermag. Das aber heißt: Wenn im zentralen Kreis des Schemas das "Gemeinsame" der drei Personen als *Sein, Erkennen* und *Wollen* umschrieben werden, so ist jenes Gemeinsame keineswegs als etwas Starres zu verstehen. Im perichoretischen Sinne soll damit vielmehr die Aktionsimmanenz des einen Seinsgrundes als "akzentverschiedene" Selbst-Ausgliederung gekennzeichnet werden. Eben diese "Akzentverschiedenheit" wird im Schema durch die mit II. markierten drei Dreieckssegmente zur Darstellung gebracht. In diesen geht es nun um die "Eigenarten" (propria) der 1., 2. und 3. Person. Jedes der drei Segmente ist selbst wiederum - "von innen nach außen" - in 1°, 2° und 3° untergliedert, wobei eine gewisse "Ausstrahlung" des zentralen Kreises zu erkennen ist: Unter 1° wird die jeweilige Person in ihrer "onto-logischen" Verfasstheit charakterisiert, unter 2° kommen deren "logische" Kennzeichnungen (notiones) zur Sprache; und unter 3° wird schließlich deren überfließende Wirksamkeit, insbesondere deren Beteiligung bei der Hervorbringung des "außergöttlichen" Raumzeitlich-Seienden, darzustellen versucht.

Augustinus' Auffassung, dass die Trinität untrennbar wirksam ist *("Trinitas inseparabiliter operatur"[75]),* kann in der nachfolgenden Erläuterung der drei Dreiecks-Segmente als Leitmotiv dienen. Wir werden deshalb die einzelnen Personen nicht - eine nach der anderen - in ihren "Eigenarten" behandeln, sondern die Angaben des Schemas "quer" interpretieren. Es werden also alle drei Personen 1° in ihren Seinsbezügen betrachtet, 2° in ihren spezifischen Kennzeichnungen und 3° in ihrem überströmenden Tätigsein.

7. Der trinitarische Prozess als solcher ('inneres Wort' und 'Liebeshauchung')

7.1. im ontologischen Aspekt

Das 'Vatersein' *(paternitas)* kennzeichnet sich als "souveränes" In-sich-Ruhen des Seins- und Sachgehaltes, dessen unbedingte Unverfügbarkeit, welche durch Ideologien in keiner Weise manipuliert werden kann. Es ist das *reale* 'Ist', das *idealer* Ausdrücklichkeit (der "Zeugung" des Erkenntnis-Sohnes) und *finaler* Selbsterfüllung (der filial mitbewirkten "Hauchung" wechselseitiger Liebe) innerlich vorgängig zugrunde liegt. Wird von der 1. Person im Schema gesagt, dass sie als solche "nicht hervorgeht" *(non procedit),* so veranschaulicht die oben verwendete Kreissymbolik diese Aussage aufs trefflichste: Würde nämlich der "zentrale" Erstanfang *nicht* in-sistieren, sondern beständig hin- und herschwanken, würde der "radialen" Weisheit wie auch der "zirkumferenten" Güte die "Seinsgrundlage" entzogen sein. Diese beiden "Hervorgänge" könnten dann überhaupt nicht zustande kommen.

---

[75] Vgl. Augustinus, *De Trinitate* I, 5, 8.

Diese "Standfestigkeit" des in sich ruhenden Seisgrundes meint indes nicht totes Verharren, sondern (nach Bonaventura) lebendigste *"Quellfülle"*[76], "höchste *Aktualität* und höchste *Fruchtbarkeit"*[77]. In letzterer zeichnet sich ein "weibliches" Element innerhalb des sonst "patriarchalisch" verstandenen Seinsanfanges ab. Dieses Element tritt mit Deutlichkeit zutage, wenn Richard von St. Viktor dem 'Vater' die *"Empfängnis* jeglicher [Seins-]Wahrheit" zuschreibt[78], oder wenn das Concilium Toletanum XI (von 675) sich nicht scheut, sogar von einem 'Uterus des Vaters' zu sprechen[79].

Was in theologischer Diktion 'Sohnsein' *(filiatio)* heißt, bezeichnet in säkularer Sprache den Status des 'Begriffes', welcher von der ihm vorgängigen Sache her "konzipiert" und in distinkter Selbst-Differenzierung *(nicht* aber in Entzweiung und Selbst-Entfremdung, wie es der Hegelsche Dialektizismus vorstellt!) "geboren" und spezifiziert wird. Augustinus hat diesbezüglich das Theorem des 'inneren Wortes' entwickelt, welches dem Gedächtnis, dem "Materialspeicher" des menschlichen Geistes, entstammt. Er erläutert: "Wenn wir Wahres sagen, d.h. aussprechen wollen, was wir wissen, ist es notwendig, dass aus dem Wissen, welches unser Gedächtnis enthält, das Wort geboren wird, welches ganz und gar von derselben Art wie das Wissen ist, aus dem es geboren wird. Das Denken, welches von der Sache, die wir wissen, geformt wurde, ist nämlich das Wort, welches wir im Herzen aussprechen. Dieses aber ist nicht griechisch, nicht lateinisch; und es gehört auch nicht zu irgendeiner anderen [Einzel-]Sprache"[80].

---

[76] Bonaventura, De mysterio Trinitatis, qu. 8 [Opera omnia. Vol. V, Quaracchi 1891, S. 115]: "Est in ipso [Patre] *fontalis plenitudo".*

[77] Ebd. [a.a. O., S. 114]: "Primitas summa in summo et altissimo principio ponit summam *actualitatem* ... et summam *fecunditatem".*

[78] Richard de Saint-Victor, *De Trinitate* VI, c. 12 [ed. Jean Ribaillier, Paris 1958, S. 243]: "In Patre [est] omnis veritatis *conceptio".*

[79] Henricus Denzinger / Adolphus Schönmetzer (Hgg.), *Enchiridion Symbolorum,* Barcionae etc. 1968, S. 176: "Nec ... de nihilo, neque de aliqua alia substantia, sed de *Patris utero,* id est de substantia eius idem filius genitus vel natus esse credendus". - Ein androgynes Verständnis des göttlichen Seinsgrundes findet sich bereits in·orphischen Gedichten; vgl. Ps.-Aristoteles, *De mundo* 7 [461 b.2]: "Zeus ist Mann (ἄρσην) und Zeus ist auch unsterbliche Jungfrau (νύμφη)". Vgl. hierzu auch Othmar Spann, *Religionsphilosophie auf geschichtlicher Grundlage* (Gesamtausgabe. Bd. 16), Graz-Wien 1970, S. 246 f.: 'Männliche und weibliche Gottheiten'.

[80] Augustinus, *De Trinitate* XV, 10, 19: "Necesse est ..., cum verum loquimur, id est, quod scimus loquimur, ex ipsa scientia, quam memoriâ tenemus, nascatur verbum, quod eiusmodi sit omnino, cuiusmodi est illa scientia, de qua nascatur. Formata quippe cogitatio ab ea re, quam scimus, verbum est, quod in corde dicimus; quod nec graecum est nec latinum nec linguae alicuius alterius".

Das heißt: Das 'innere Wort', das als sachbezogener Denkakt alles äußerliche Sprechen in einer der Nationalsprachen ermöglicht, meint nicht (so wie es z.B. im Dt. Idealismus aufgefasst wird) eine "aktivistische" Konstruktion[81]; es "besteht" vielmehr in reiner Rezeptivität. Augustinus macht darauf aufmerksam, wenn er vom inneren Wort noch weiter ausführt: Es ist "das wahre Wort von der wahren Sache, das Wort, das *nichts* vom Eigenen her besitzt, sondern *alles* von jenem Wissen empfängt, aus dem es geboren wird"[82]. Intellektuale Empfänglichkeit stellt in diesem Zusammenhang die Bedingung der Möglichkeit dafür dar, dass sich das 'innere Wort' als ein Sich-selbst-Ausdrücken des im Gedächtnis aufbewahrten Sach- und Seinsgehaltes verwirklichen kann.

Während in innergöttlicher Logos-Zeugung ein unbegrenztes Sich-selbst-Ausdrücken des an sich unbegrenzten Seinsursprunges anzunehmen ist (Thomas betont diesbezüglich, dass "Gott mit *einem* Wort alles aussagt"[83]), sind in menschlicher Begriffsbildung zahlreiche Kontingenzbedingungen zu gewahren. Der menschliche Geist ist z.B. gar nicht in der Lage, von irgendeinem Sachverhalt der sinnlichen Welt ein 'inneres Wort', einen adäquaten Begriff, auszuprägen, solange er jenen Sachverhalt realiter, d.h. durch seine Sinnesorgane, noch nicht wahrgenommen und dessen nicht-sinnliche Sinnstruktur noch nicht in sein Gedächtnis aufgenommen hat. Augustinus analysiert diesen inhaltsbezogenen Abstraktionsvorgang eindringlich im 11. Buch von *De Trinitate*: Die Ausgangsposition der sinnlichen Wahrnehmung ist, im ganzheitstheoretischen Aspekt, deswegen unbefriedigend, weil hier zwischen der wahrgenommenen Sache *(res)*, die räumlich ausgedehnt ist, und der betrachtenden Aufmerksamkeit *(intentio)* der Geistseele, welche als solche nicht räumlich ausgedehnt ist, noch

---

[81] Augustinus weist (ebd. XIV, 10, 13) eine solche Erkenntnisauffassung ausdrücklich zurück, wenn er deutlich macht: "Cognoscibilia [in memoriâ condita] cognitionem gignunt, *non* cognitione gignuntur".

[82] Ebd. XV, 12, 22: "[Verbum intimum est] verbum verum de re vera, *nihil* de suo habens, sed *totum* de scientia, de qua nascitur". Mit dem *'nihil de suo habens'* als der Charakteristik des innertrinitarischen Logos kongruiert die Mitteilung des inkarnierten Logos, welcher erklärte: "Meine Lehre ist nicht meine Lehre, sondern die Lehre dessen, der mich gesandt hat" (Joh. 7, 16). - Konstruktivistisches Denken, das seiner vermeintlichen Autonomie wegen jenes *'nihil de suo habens'* (d.h. die Rezeptivität) ablehnt, muss freilich in Kauf nehmen, dass es als ein *'suum de nihilo habens'* zu charakterisieren ist (was sich bei den zahlreichen Nihilisten des 20 Jahrhunderts tatsächlich auch "verifiziert" hat). Konstruktivistische Idealisten meinen die basale Einsicht des Parmenides ignorieren zu können, welche *(Fragm.* 8, Zeilen 35 f.) lautet: "Nicht ohne das Seiende, in welchem die Aussage gründet, wirst du das Erkennen finden".

[83] Vgl. Thomas Aquinas, *De natura verbi intellectus.* In: Thomas: Opuscula philosophica. Ed. Raymundus M. Spiazzi, Taurini-Romae 1954, S. 93-97, hier S. 97: *"Deus ... quia omnia unico intuitu videt, uno verbo omnia dicit;* nos vero multa verba habemus propter impotentiam intellectus nostri in intelligendo".

eine Verschiedenheit dieser beiden Naturen vorherrschend ist[84]. Dieser Zustand wird überwunden, sobald "an die Stelle der körperlichen Gestalt *(species)*, die äußerlich wahrgenommen wurde, das Gedächtnis tritt, welches jene Gestalt, die die Seele durch den Leibessinn in sich hineintrinkt, aufzubewahren vermag"[85]. Die Geistseele ist dann sozusagen "in ihrem eigenen Element". Der äußerliche Körper ist nun im menschlichen Geiste, im *Gedächtnis*, präsent und kann von dort - auch wenn er physisch zerstört oder räumlich abwesend ist - durch einen *Willens*impuls in die distinkte Selbstgleichheit des *Intellekts* emporgehoben werden.

Die Erläuterung des Hervorganges der 3. Person, die sich, wie es im Schema heißt, in "passiver Hauchung" *(spiratio passiva[86])* konstituiert, impliziert nach Augustinus "keine leichte Frage"[87] und etwas "überaus Schwieriges" (difficillimum)[88]. Er bietet jedoch ein Wortspiel an, das auch sachlich weiterhelfen kann; er sagt vom Hl. Geist, dass dieser nicht (wie der Sohn) als 'geborener' *(natus)*, sondern als 'geschenkter' *(datus)* hervortrete[89]. Als Geschenk aber setzt er einen Schenkenden und einen Beschenkten voraus. Deren aktiver wechselseitiger Austausch, der von zwei Handelnden ausgeführt wird, ist das einzige Prinzip der Hervorbringung der 3. Person[90] (was sich am oben erwähnten

---

[84] Vgl. Augustinus, *De Trinitate* XI, 2, 2.

[85] Ebd. XI, 3, 6: "Pro illa specie corporis quae sentiebatur extrinsecus, succedit memoria retinens illam speciem, quam per corporis sensum combibit anima". Thomas Aquinas *(Summa theologiae,* qu. 84, a. 2, resp.) erläutert etwas genauer: "Intellectus, qui abstrahit speciem non solum a materia, sed etiam a materialibus conditionibus individuantibus, perfectius cognoscit quam sensus, qui accipit formam rei cognitae sine materia quidem, sed cum materialibus conditionibus".

[86] Vgl. oben die Fußn. 59.

[87] Augustinus, *De Trinitate* V, 14, 15.

[88] Ebd. XV, 27, 48.

[89] Ebd. V, 14, 15: "Spiritus sanctus ... exit ... non quomodo *natus,* sed quomodo *datus";* ebd. V, 9, 10 macht er darauf aufmerksam, das der Hl. Geist in Apg. 8, 20 als 'Gabe Gottes' bezeichnet wird.

[90] Ebd.: "Fatendum est Patrem et Filium principium esse Spiritûs sancti, non duo principia, sed ... unum principium"; vgl. ders., *Tract. in ev. Joh.* 99, 8: "Spiritus ... sanctus ... simul de utroque [de Patre et Filio] procedit, quamvis hoc Filio Pater dederit, ut quemadmodum de se, ita de illo procedat. Neque enim possumus dicere, quod non sit vita Spiritus sanctus, cum vita Pater, vita sit Filius. Ac per hoc, sicut Pater cum habeat vitam in semetipso, dedit et Filio habere vitam in semetipso, sic et dedit vitam procedere de illo, sicut de ipso". - Die Frage, ob der Hl. Geist "a Patre *per* Filium" hervorgehe (so wie es Arias in seinem Schema, wohl als Kompromiss-Angebot an die Orthodoxen formuliert, welche seit 1054 wegen des 'Filioque' von der lateinischen Kirche getrennt sind) behandelt Thomas Aquinas in *Summa theologiae* I, qu. 36, a. 3.

harmonikalen Modell in der Zweit-Quinte [4 : 6] als einer *oktavierten* Erst-Quinte [2 : 3] aufgeweisen lässt).

Im Geschenk-Charakter der 3. Person sind u.a. auch wechselseitige Liebe, Kommunikation, Gemeinschaft konnotiert[91]. Hildegard von Bingen schreibt dem Hl. Geist "unermessliche Wonne" *(immensa dulcedo)* zu; Dionysius Cartusianus versinnbildlicht dessen Subsistenzweise mit einem "Kuss" *(osculum)*[92]. Diese letzten beiden Hinweise machen die vitale Wirklichkeit nachvollziehbar, welche mit der 'passiven Hauchung' dargestellt werden will. (Erinnert sei in diesem Zusammenhang auch an Rodins Skulptur 'Der Kuss', welche ein eng verschlungenes Liebespaar darstellt): Beim (leidenschaftlichen) Küssen wird - von beiden Partnern wechselweise - auf aktive Weise *alles gegeben* und zugleich auf passive Weise *alles empfangen*. Der Liebende küsst die Geliebte, wobei er zugleich von der Geliebten geküsst wird (und umgekehrt)[93]. Bei dieser Vollendung ihrer distinkten Zweisamkeit kommt unmittelbar kein "dritter" Partner hinzu. (In Arias' Schema wird deshalb vom Hl. Geist ausgesagt: "non producit ad intra".) "Unermessliche Wonne" *ist* vielmehr der kon-sistenziale Seinssinn triplizitärer Ganzheitlichkeit. Die damit verbundene hohe Affektivität bringt Augustinus zum Ausdruck, wenn er im Göttlichen eine 'unaussprechliche Umarmung' erblickt, die "nicht ohne Genuss, ohne Liebe und Freude ist"[94]. Er erläutert in diesem Sinne vom Hl. Geist, dass er "nicht gezeugt sei, sondern die süße Seligkeit des Erzeugers und Erzeugten darstelle, welche mit unermesslicher Schenkerliebe und in Überfülle sämtliche Geschöpfe gemäß ihrer Aufnahmefähigkeit durchdringt"[95].

Nach Thomas von Aquin repräsentiert sich in der 3. göttlichen Person die "Liebe, welche beide [den Erzeuger und den gezeugten Logos] vereinigt" *(amor*

---

[91] Vgl. E. Schadel (Hg.), *Bibliotheca Trinitariorum*. Bd. II: Register und Ergänzungsliste. Bd. II, München 1988, S. 151-165.

[92] Vgl. ebd., S. 165.

[93] Die "Praxis" des Küssens lässt, wie es scheint, auch die paradoxe Aussage "verständlich" werden, die Julia an ihren Romeo richtet: "Je mehr ich gebe ..., desto mehr ich habe" ("The more I give ..., the more I have"; William Shakespeare, *Romeo and Julia*, 2. Akt, 2. Szene). Diese Aussage, deren "lebensweltliche" Bedeutsamkeit erfahren werden kann, macht deutlich, dass der trinitarische Prozess, besonders in seiner Vollendungsphase, die kalkulierende Vernunft wesenhaft transzendiert.

[94] Augustinus, *De Trinitate* VI, 10, 11.

[95] Ebd.: "Est in Trinitate Spiritus sanctus non genitus, sed genitoris genitique suavitas, ingenti largitate atque ubertate perfundes omnes creaturas pro captu earum". Vgl. hierzu auch die mannigfach detaillierenden Erläuterungen in der Studie von Ernesto J. Brotóns Tena: *Felicidad y Trinidad a la luz del 'De Trinitate' de San Agustín*, Salamanca 2003.

unitivus duorum)[96]. In dieser Liebes-Vereinigung sind die Konditionen des raumzeitlichen Vor- und Nachher (auf deren eindeutige Festlegung das Verstandesdenken großen Wert legt) in gewisser Weise überwunden: Die wechselweise Liebe *(amor mutuus)*, welche von beiden Liebenden ausgeht, ist vollzugstheoretisch auf doppelte Weise zu erläutern. In Thomas' Worten heißt dies: "Dem Ursprung nach *[secundum originem]* ist der Hl. Geit nicht nicht Mittler, sondern die dritte Person in der Trinität. Aufgrund seines Bezogenseins *[secundum habitudinem]* ist er jedoch das vermittelnde Band der beiden, da er aus beiden hervorgeht"[97]. Ein solcher Positionen-Wechsel kann auch in zwei (scheinbar) trivialen Gegebenheiten beobachtet werden, - in der Stellung der 'Terz' innerhalb des Dreiklangs und der 'Kopula' innerhalb des Elementarsatzes: *secundum originem* ertönt c - g - e, *secundum habitudinem* c - e - g; *secundum habitudinem* sagen die Deutschen: "Frauen *sind* klug", *secundum originem* sagen die Lateiner: "Feminae prudentes *sunt*".

7.2. im gnoseologischen Aspekt

Die vorangehenden Recherchen haben schon weitgehend die ontische Voraussetzungen für jene Bezeichnungen freigelegt, vermittels welcher Arias in den Dreickssegmenten (unter 2°) die einzelnen Personen charakterisiert. Es können ein paar Nachbemerkungen genügen: Gott-'Vater' benennt im ontotrinitarischen Kontext nicht eine begrenzte Geschlechterrolle, sondern schließt, wie oben gezeigt, das weibliche Element in sich ein. Man könnte deshalb (in entsprechender Komplementarität zum väterlichen Element) von Gott-'Mutter' reden. Zu den "paternalen" Bezeichnungen 'anfangloser Anfang' *(principium sine principio)* und 'Ungezeugter' *(ingenitus)* ist Folgendes anzumerken: Anders als es die sprachlich negativen Benennungen (anfang-*los*, *nicht*-gezeugt) suggerieren könnten, bedeuten sie, inhaltlich betrachtet, reinste Positivität: *unbedingte Seins-Wirklichkeit* (was sollte nämlich "vor" dem Sein noch "sein" können?), *Spontan-Bewegung* im Sinne des 'unbewegten Erst-Bewegers'[98], der, Anderes bewegend, nicht von Anderem bewegt wird, sondern reine Selbstbewe-

---

[96] Thomas Aquinas, *Summa theologiae* I, qu. 36, a. 4, ad 1.

[97] Ebd., qu. 37, a. 1, ad 3: *"Secundum ... originem* Spiritus sanctus non est medius, sed tertia in Trinitate persona. *Secundum* vero ... *habitudinem* est medius nexus duorum ab utroque procedens".

[98] Vgl. Aristoteles, *Physik* VIII, 5 [259 b.8 f.]: τὸ πρώτως κινοῦν ... ἀκίνητον; dazu Thomas Aquinas, *Summa theologiae* I, qu. 2, a. 3, resp.: "Necesse est devenire ad aliquod *primum movens, quod a nullo movetur;* et hoc omnes intelligunt Deum".

gung *(bewegende* Bewegung, im Unterschied zu *bewegter* Bewegung) darstellt, wie auch *unbegrenzte Zeugungskraft*[99].

Die Notionen der 2. Person - 'Sohn' *(filius)*, 'Wort' *(verbum)* und 'Ebenbild' *(imago)* - gewinnen ihre Bedeutsamkeit von der paternalen Zeugungswirklichkeit her. Wie jegliches Licht dem uranfänglichen Licht entstammt, so ist die 2. Person der 'dem [anfanglosen] Anfang entstammende Anfang' *(principium de principio)*. Sie ist die 'Mitte der Trinität', insofern sie sich - zusammen mit ihrem anfanglosen Anfang - zum kommunikativen Austausch selbst überschreitet. 'Sohnsein' meint in diesem Kontext aktives Empfangen des *gesamten* Seins- und Wesensgehaltes, den der anfanglose Anfang vorausenthält[100], wie auch (zum Zwecke der Liebes-Hauchung) paternale Vitalität[101]. Jene Total-Kommunikation, die die Vater-Sohn-Relation kennzeichnet, wird von Bonaventura als "prototypischer" Denk- und Sprechakt umschrieben; er sagt: "Gott spricht sich beim Erkennen [in sich selbst hinein] aus und bei eben diesem Sprechen zeugt er sein Wort"[102]. Da dieses "intelligente" Sich-Aussprechen des unbedingten Seinsgrundes auf raum-zeitliche Weise in keiner Weise limitiert wird, heißt dies: Das 'Ebenbild'-Sein der 2. Person hat nicht die geringste (inhaltliche) Unähnlichkeit aufzuweisen[103]. Man sollte hier deshalb - statt von einem "partizipativen" Verhältnis - zutreffender von einem "totizipativen" sprechen[104].

Über die Notionen der 3. Person ('Liebe' und 'Geschenk') wurde ausführlicher bereits im Vorangehenden gehandelt. Es kann hier deshalb eine abschließende Formulierung des Karmeliten Philippus a SS. Trinitate (1603-1671)

---

[99] Vgl. hierzu Thomas Aquinas, *Summa contra gentiles* IV, c. 11: *Quomodo accipienda sit generatio in divinis?* Thomas legt hier dar, wie die Vielzahl von "Zeugungen", die in der sinnlichen Natur wie auch im kontingenten Geistigen zu beobachten sind, auf analoge Weise an der einen Logos-Zeugung partizipieren, welche sich, ohne Früher und Später, in der göttlichen Ewigkeit immerdar ereignet.

[100] Vgl. Bonaventura, *De mysterio Trinitatis*, qu. 7, a. 2, conclusio 5 [Opera omnia. Vol. V, Quaracchi 1891, S. 111 f.]: "Persona producta [in divinis] *non* differt per essentiam a producente nec habet aliud esse".

[101] Vgl. oben Fußn. 90.

[102] Bonaventura, a.a.O. [Fn. 100], qu. 6, a. 2, contra 7 [a.a.O., S. 104]: "Deus ... intelligendo se dicit et dicendo Verbum generat".

[103] Vgl. Thomas Aquinas, *Scriptum super libros sententiarum*. Tomus I, Ed. R. P. Mandonnet, Parisiis 1929, S. 82: "Filius, scilicet veritas Patris, nulla ex parte ei dissimilis [est]"; dazu Nikolaus von Kues, *Compendium*, c. 10 [Hg. v. Bruno Decker u. Karl Bormann, Hamburg ²1982, S. 38]: "Sola potentia quae praecisam aequalitatem generat, maior esse nequit".

[104] Der *toticipatio*-Begriff ist im klassischen Latein nicht geläufig (lässt sich hier aber als analoge Bildung zu *participatio* verstehen). Er findet sich bei Thomas Campanella *(Metaphysica* [Parisiis 1638], II, 10, 2, art. 2), der von den göttlichen Primalitäten *(potentia, sapientia, amor)* sagt: "Communicantur invicem per toticipationem".

genügen, welche lautet: "Der Hl. Geist ist auf ausgezeichnete Weise die Liebe. In der Kraft seiner personalen Eigenart besitzt er die Beschaffenheit des Erst-Geschenkes. Denn die Liebe ist das Erst-Geschenk, durch welches alle anderen Geschenke vorbehaltlos geschenkt werden"[105].

7.3. im handlungstheoretischen Aspekt

Um das Schöpfungsmotiv, das in seinem Dialektizismus wirksam ist, anzudeuten, zitiert Hegel aus einem Schiller-Gedicht die Verse:
"Freudlos war der große Weltenmeister,
Fühlte Mangel - darum schuf er Geister"[106].
Diametral entgegengesetzt zu einem solchen "Schöpfungs"-Verständnis (in welchem die Frage nach dem zureichenden Grund ausgeblendet und - in Ermangelung desselben - der Mangel bzw. das Nichts hypostasiert wird) werden in Arias' Trinitätsschema die göttlichen 'productiones ad extra' (die 'Sendungen' und die 'Erschaffung' des raumzeitlich Seienden) dargeboten: Nicht nichtiger Mangel, sondern (wie im Vorangehenden angedeutet) innere Seins-Fülle, die in der Liebes-Wirklichkeit kulminiert, liegt allem Geschaffenen zugrunde. Alles endlich Seiende entsteht von daher (so wie es im Schema heißt) "in der Ordnung der Gnade"[107]. Es verdankt sich der "selbstlosen" Selbstmitteilung gött-

---

[105] Philippus a SS. Trinitate, *Summa theologiae mysticae* [Lugduni 1656]. Tomus I, Friburgi Brisgoviae 1874, S. 355: "Spiritus Sanctus est amor notionalis. Ex vi suae proprietatis personalis habet rationem primi doni, cum Amor sit primum donum, per quod omnia alia dona gratuita donantur".

[106] G. W. Fr. Hegel, *Vorlesungen über die Geschichte der Philosophie*. Bd. I, Frankfurt 1971, S. 96. - In entsprechender Zielrichtung bezeichnet es Hegel (a.a.O. Bd. III, S. 100) als ein "gutes Wortspiel", wenn Jakob Böhme die 'Qual' (die er der innergöttlichen Selbst-Zerrissenheit zuspricht) als 'Quelle' von 'Qualitäten' auffasst.

[107] Vgl. hierzu Joh. 1, 16 (Johannes der Täufer sagt vom inkarnierten Logos): "Aus seiner Fülle haben wird allesamt Gnade über Gnade empfangen".- Unter 'Gnade' ist hier keineswegs eine 'Übernatur' o.ä. zu verstehen, durch welche die raumzeitliche Natur überwältigt wird. Um eine solche Auffassungsweise wie auch die übersteigerte Autonomie-Konzeption des Pelagius abzuwehren, verfasste Augustinus um 415 die Schrift *De natura et gratia*. In dieser sollte von der Gnade dargelegt werden, "dass sie *nicht* gegen die Natur arbeitet, sondern dass durch sie die Natur befreit und gelenkt wird" (ders., *Retractationes* II, 42). Die "Synergie" zwischen Natur und Gnade bringt Augustinus mit folgender Veranschaulichung zum Ausdruck: "Wie das leibliche Auge, auch wenn es vollkommen gesund ist, nur dann zu schauen vermag, wenn es vom Licht-Glanz unterstützt wird, so kann auch der Mensch, auch wenn er vollkommen gerechtfertigt ist, nur dann richtig leben, wenn er vom ewigen göttlichen Licht unterstützt wird" *(De natura et gratia* 26, 29). Denjenigen, die (im Umfeld einer übersteigerten 'theologia negativa') darauf bestehen wollen, dass besagte 'Übernatur' etwas *ganz* Anderes als die raumzeitliche Natur darstelle, ist mit Thomas Aquinas *(Summa theologiae* I, qu. 39, a. 8,

licher Güte. Es stellt den raumzeitlich konditionierten Ausfluss des innertrinitarischen Überflusses dar. Das heißt: "Wie ein Abzweig aus dem Fluss abströmt, so tritt der zeitliche Prozess der Geschöpfe aus dem ewigen Prozess der [drei göttlichen] Personen hervor"[108]. Damit ist gemeint: Jedes raumzeitlich Seiende steht in seinem spezifischen Ansichsein in kausaler Analogie zum innertrinitarischen Prozess. Es bringt diesen in mehr oder weniger großer Deutlichkeit und Intensität zur Darstellung; mit Bonaventura lässt sich sogar sagen: "Die geschaffene Welt ist gleichsam *ein Buch*, in welchem die werktätige Trinität widerstrahlt, sich vergegenwärtigt und 'gelesen' werden kann"[109].

Bei Thomas ist diesbezüglich die tiefer dringende Aussage zu finden: "Die [trinitätsinternen] Hervorgänge der Personen sind die Gründe für die Hervorbringung der Geschöpfe, insofern sie als Wesensmerkmale das *Wissen* und das *Wollen* in sich einschließen"[110]. Diesen Satz hatte wohl Arias im Blick, wenn er im Feld zwischen der Dreiecksseite des paternalen Segments und der Auflistung der Appropriata der 1. Person die Formulierung einfügte: "Gott [der in sich bleibende absolute Seinsgrund] wirkt von sich her durch den *Intellekt* und den *Willen* nach außen, [dies geschieht] gemäß der Vollzugsweise der inneren Hervorgänge". Mit 'Intellekt' und 'Wille' werden hier die beiden innertrinitarischen Hervorgänge bezeichnet: die *differenzierende Logos-Zeugung* (die die 2.

---

resp.) zu entgegnen: "Personae divinae ... procedunt *naturali* processione, quae magis ad rationem *naturalis* potentiae pertinere videtur". Das heißt: Der "naturale" innertrinitarische Prozess ist gewisslich etwas 'Anderes' als die raumzeitliche Natur. Man kann sogar sagen: Als Ursprung derselben ist er "nichts" von dieser. Doch besagt diese seine Andersheit gerade, dass er - im Unterschied zu den zahllosen Andersheiten, die in der "irdischen" Natur sukzessive in Erscheinung treten - (mit Cusanus formuliert) als ein *Nicht*-Anderes, d.h. als reiner Identitätsakt subsistiert. Indem sich dieser aufgrund seines inneren Überflusses in die kontingente Natur hinein entäußert (indem er diese in gnadenhafter Selbst-Entäußerung erschafft und "sein" lässt), ist er jedoch deren innewaltende Natur und diesem Sinne alles in allem. Man könnte diese "Übernatur" der Gnade deshalb als 'natura naturans' im Unterschied zur 'natura naturata' bezeichnen. Augustinus trägt dieser Verfasstheit alles endlich Seienden Rechnung, indem er *(De Trinitate* V, 14, 15) Paulus nach 1 Kor. 4, 7 zitiert: "Was hast du, das du *nicht* empfangen hast?".

[108] Vgl. Thomas Aquinas, a.a.O. [Fn. 103] *(Prologus)*, S. 2: "Sicut trames a fluvio derivatur, ita processus temporalis creaturarum ab aeterno processu personarum".

[109] Bonaventura, *Breviloquium* II, c. 12 [Opera omnia. Vol. V, Quaracchi 1891, S. 230]: "Creatura mundi est quasi quidam *liber*, in quo relucet, repraesentatur et legitur Trinitas fabricatrix". Vgl. hierzu im Einzelnen Titus Szabó, *De SS. Trinitate in creaturis refulgente doctrina S. Bonaventurae*, Romae 1935.

[110] Thomas Aquinas, *Summa theologiae* I, qu. 45, a. 6, resp.: "Processiones sunt rationes productionis creaturarum, inquantum includunt essentialia attributa, quae sunt *scientia* et *voluntas"*. Vgl. auch Émile Bailleux, *La création, œuvre de la Trinité, selon saint Thomas*. In: Revue thomiste 62 (1962) 27-50.

Person ausmacht) und der *integrierende Willens- bzw. Liebesakt* (der der 3. Person zuzusprechen ist). In dieser vorgegebenen Reihenfolge heißt es dann außerhalb der Dreickskante des filialen Segments: "Alles bewirkt der Vater durch sein *Wort* auf solche Weise, dass durch dieses und diesem gemäß alles geschieht und nach außen hervortritt" (Damit wird offensichtlich auf die alles ausgestaltende Exemplarursächlichkeit hingewiesen[111].) Außerhalb der Dreiecks-kante des spiritualen Segments steht: "Alles bewirkt der Vater durch das Wort im Hl. Geist; auf dessen *Güte* sind alle nach außen gerichteten göttlichen Bezüge ausgerichtet". Das aber will wohl sagen: Alles geschaffene Seiende (auch wenn es uns im Alltag bisweilen anders erscheinen mag) "wurzelt" im sich selbst erfüllenden Guten und ist - von seiner Anlage her - daraufhin finalisiert. Es ist von daher nicht erstaunlich, dass der "optimistische" Leibniz, einer der wenigen Philosophen, der sich an die sog. Theodizee-Problematik heranwagt, die entscheidende Anregung hierfür bei der Betrachtung des inner-trinitarischen Prozesses gewinnt; er sagt z.B.: "Eben dies ist der Grund für die Existenz des Besten: Die *Weisheit* lässt es Gott erkennen; seine *Güte* lässt ihn es auswählen; und seine *Macht* lässt ihn es hervorbringen"[112].

Aus dem oben erwähnten *"Trinitas inseparabiliter operatur"* ergibt sich, dass "das Erschaffen nicht einer [göttlichen] Person allein eigen ist, sondern der gesamten Trinität als etwas Gemeinsames zukommt"[113]. Jedes raumzeitlich Seiende gibt von daher in seinem spezifischen Aufbaugefüge drei Aspekte zu erkennen: 1. den des Seins bzw. Dasein (das in den menschlichen Geist hinein-

---

[111] Vgl. hierzu die monumentale Studie des Redemptoristen Ernestus Dubois: *De exemplarismo divino seu Doctrina de trino ordine exemplari et de trino rerum omnium ordine exemplato*, Romae 1898 (Rez.: Martin Grabmann in: Jahrbuch für Philosophie und spekulative Theologie 13, 1899, 120-127).

[112] Gottfried Wilhelm Leibniz, *Monadologie*, § 55: "Et c'est ce qui est la cause de l'Existence du Meilleur, que la *sagesse* fait connoitre à Dieu, que sa *bonté* le fait choisir, et sa *puissance* le fait produire". - Vgl. hierzu im Einzelnen E. Schadel, *Zu Leibniz' 'Defensio Trinitatis'. Historische und systematische Perspektiven, insbesondere zur Theodizee-Problematik.* In: Actualitas omnium actuum. Festschrift für Heinrich Beck zum 60. Geburtstag, Frankfurt. u.a.. 1989, S. 235-305; ders., *Monade als Triade. Leibniz' Beitrag zu post-nihilistischer Erneuerung.* In: Ganzheitliches Denken. Festschrift für Arnulf Rieber zum 60. Geb., Frankfurt. u.a. 1996, S. 113-134; Susanne Edel, *Der einheitsstiftende dreieinige Gott des Philosophien Leibniz. Anmerkungen zur Trinität.* In: Hans Poser (Hg.), VII. Internationaler Leibniz-Kongress (Berlin, 10-14. Sept. 2001): Nihil sine ratione. Teil I, Berlin 2001, S. 354-361; neuerdings Maria Rosa Antognazza, *Leibniz on the Trinity and the Incarnation. Reason and Revelation in the Seventeenth Century*, Yale 2007.

[113] Thomas Aquinas, *Summa theologiae* I, qu. 45, a. 6, resp.: "Creare non est proprium alicui personae, sed commune toti Trinitati".

wirkt und diesen "affiziert"), 2. den des ausgestalteten Wasseins bzw. Sosein (auf das menschliches Erkennen bezogen ist) und 3. den des besonderen Wertes (der als erkanntes Sein den menschlichen Willen anspricht und hier den Impuls zu konsistentem Handeln auslöst). In Entsprechung zu diesem dreifachen Seins-Aspekt findet die Frage nach dem Warum alles Geschaffen bei Augustinus eine dreifache Antwort. Er sagt vom Schöpfer 1. "Weil er gut ist *(quia bonus est)*, sind wir"[114], 2. "Weil er wusste *(quia scivit)*, erschuf er"[115] und 3. "Weil er wollte *(quia voluit)*, ... erschuf er Himmel und Erde"[116].

Dabei ist freilich zu beachten: Weil die Akte des Erschaffens, die *productiones ad extra*, eine Identitätsminderung hinsichtlich der *processiones ad intra* darstellen, sind göttliches *Sein, Erkennen* und *Wollen* in der Natur und im menschlichen Bewusstseins nur im "gebrochenen" Licht erkennbar. Oder, genauer gesagt: In ähnlicher Weise, wie wir im Hier und Jetzt nur die verschieden "leuchtenden" Farben, nicht aber deren Ursache, das eine "lichtende" Licht, direkt wahrzunehmen vermögen, können wir in allem Geschaffenen (zunächst) nur die vielen "Farben", nicht aber das diese begründende eine "Licht" erkennen; an dieses rühren wir erst im rückschließenden Denken. Damit aber ergibt sich als ontologisches Paradox, dass der dreieinige Schöpfergott als Ursache alles endlich Seienden "überall" aufgespürt werden kann, in seiner internen Vollendung aber "nirgends" (d.h. nur in der Ortlosigkeit seines reinen Selbstvollzuges) zu gewahren ist.

Unter 3° wird in den Dreieckssegmenten der 2. und 3. Person gesagt, dass diese beiden sowohl auf *sichtbare* wie auch auf *unsichtbare* Weise 'gesandt' werden. Wir wollen versuchen, die Wirklichkeitsbedeutung dieser "ungewohnten" theologischen Redeweise transparent werden zu lassen.

---

[114] Augustinus, *De doctrina christiana* I, 32, 35; dazu Klaus Kremer, *Das "Warum" der Schöpfung: "quia bonus" vel/et "quia voluit"? Ein Beitrag zum Verhältnis von Neuplatonismus und Christentum an Hand des Prinzips "bonum est diffusivum sui"*. In: Kurt Flasch (Hg.), Parusia. Studien zur Philosophie Platons und zur Problemgeschichte des Platonismus, Frankfurt/M. 1965, S. 241-264.

[115] Augustinus, *De Trinitate* XV, 13, 22; dazu Thomas Aquinas, *Summa theologiae* I, qu. 34, a. 4, resp.: "Deus ... cognoscendo se cognoscit omnem creaturam". - Damit wird auch ein merklicher Unterschied zu menschlichem 'Wissen' zur Sprache gebracht: Weil Gott *wusste* (d.h. in entfernter Ähnlichkeit zu einem Architekten die Sinnstrukturen dessen, was er erschaffen wollte, innerlich vorausentwarf), sind die Dinge so, wie sie sind. Bei uns hingegen gilt: Weil die Dinge *sind*, können wir sie per abstractionem in ihren Sinnstrukturen analysieren und sie so zu Elementen unseres Bewusstsein machen. vgl. hierzu auch Wolfgang Strobl, *Die vergessene ontologische Wahrheit. Philosophische Wissenschaftstheorie am Ende des 20. Jahrhunderts.* In: Salzb. Jahrb. für Philosophie 23/24 (1978/79) 11-38.

[116] Augustinus, *De genesi contra Manichaeos* I, 2, 4.

(1.) Vom sichtbaren Hervortreten der 2. Person berichtet Joh. 1, 14: "Und der Logos ist Fleisch geworden und hat unter uns gewohnt". Von der 3. Person wird gesagt, dass sie (bei der Taufe Jesu) *"wie* eine Taube" (Mt. 3, 16) oder (an Pfingsten) *"wie* in Feuerzungen" (Apg. 2, 3) erschienen sei. Diese beiden Symbole weisen auf Liebe und Be-geisterung hin. Beides lässt sich auch alltäglich in den rot glühenden Wangen desjenigen beobachten, der "inspirie-rend" über eine Sache referiert, die er innerlich durchgeklärt hat und die er mitteilt, weil sie ihm Erfüllung gewährt. So kann aber auch - neben dem erwähnten Erscheinen des Logos in der Person Christi - die Logoshaftigkeit, die der zweiten Phase des trinitarischen Prozesses zukommt, in allem Wohlpropor-tionierten (in tonaler Musik, am menschlichen Körper, im Formenspiel der Natur und Architektur usw.) sinnlich konkret und "sichtbar" als dasjenige wahrgenommen werden, was Entzücken (und darin eine Sehnsucht nach ewiger Harmonie) auslöst. Symptomatisch ist hierfür z.B., dass junge Eltern sich an ihrem Neugeborenen "gar nicht satt sehen" können[117].

(2.) Wie steht es aber mit den "unsichtbaren" Sendungen? Es geht hier um die sog. Einwohnung der Trinität in der menschlichen Geistseele[118] (was Au-gustinus in den letzten sieben Büchern von *De Trinitate* detailliert untersucht und analysiert hat). Folgende Entsprechung ist hier eigenes in den Blick zu nehmen: Wie in der Immanenz des trinitarischen Prozesse *"per modum intellec-tûs"* die strukturierende Erkenntnis und *"per modum amoris"* die integrierende Begeisteruung hervortritt[119], so erscheinen die 2. und 3. Person auf "unsichtbare" Weise in der menschlichen Geistinnerlichkeit, sobald sich dort die "Erleuchtung des Intellekts" *(illuminatio intellectûs)* und die "Entflammung des Gemüts" *(inflammatio affectûs)* ereignen[120]. Thomas von Aquin sagt dementsprechend: *"Im Erkennen* und *im Lieben* berührt das vernunftbegabte Geschöpf - vermittels dieser seiner Tätigkeit - Gott selbst"[121].

Doch ist das trinitarische Prinzip auch auf ganz "unspektakuläre" Weise in menschlichen Geistestätigkeiten zugegen: Kein einziges Wort, kein einziger Satz kann vollbewusst ausgesprochen werden, wenn dabei nicht das "reale" Gedächt-

---

[117] Vgl. Josef Pieper, *Nur der Liebende singt. Musische Kunst - heute*, Ostfildern 1988, S. 48.

[118] Thomas Aquinas, *Summa theologiae* I, qu. 43, a. 5, resp.: "Dicendum quod per gratiam gratum facientem tota Trinitas inhabitat mentem".

[119] Vgl. Girolamo Savanarola, *Triumphus Crucis.* A cura de Mario Ferrara, Roma 1961, S. 134.

[120] Thomas Aquinas, *Summa theologiae* I, qu. 43, a. 5, ad 3.

[121] Ebd., qu. 43, a. 3, resp.: *"Cognoscendo* et *amando* creatura rationalis suâ operatione attingit ad ipsum Deum".

148

nis, der "ideale" Intellekt und der "finale" Wille *kooperativ* tätig werden[122].
Deutlich werden kann nun im Nachhinein auch, dass triadisch strukturierte
Geistinnerlichkeit wirkmächtiger und tiefer ist als alles Zweifeln (von dem oben
gesprochen wurde). Denn dieses wird von jener allererst ermöglicht. "Wenn
jemand [nämlich] zweifelt, *erinnert er sich* an das, woran er zweifelt; wenn er
zweifelt, *sieht er ein*, dass er zweifelt; wenn er zweifelt, *will er* Gewissheit
erlangen"[123].

8. Ternare Zueignungen

Was noch übrig bleibt, ist eine Durchmusterung der 5 Ternare, welche sich
ergeben, wenn man die (im Umfassungskreis) von 1° bis 5° durchnummerierten
Zueignungen *(appropriata)* der drei Personen in ihrem Zusammenhang interpretiert. Der Terminus 'Zueignung' ist in diesem Zusammenhang gemäß der
oben eingeführten Kategorie der 'subsistenten Relation' auf analogische Weise[124]
zu interpretieren. Das heißt: Das fundamentem in re ist für die genannten
Zueignungen in der jeweiligen Prozessphase aufzusuchen, welche einer der drei
Personen, auf die bestimmte "Eigenschaften" bezogen werden, zugeordnet ist.
Nach den bisherigen Recherchen ist dabei klar, dass besagte Zueignungen nicht
im exklusiven Sinne gemeint sein können; es geht hier vielmehr darum, das
real-distinkte Relationen-Gefüge als organisch gegliederte Ganzheit zu rekonstruieren, welche im jeweiligen Ternar zum Ausdruck gebracht werden soll.
Die Ternare präsentieren dabei - jeder einzelne von ihnen - ein "Echo" des
"originalen" inntertrinitarischen Prozesses. Im inhaltlichen und systematischen
Aspekt bringen sie nichts "Neues" hinsichtlich des vorher Explizierten ins Spiel.
Sie stellen vielmehr sich stets erneuernde Versuche dar, gemäß der Fassungs-
kraft des menschlichen Denkens und Sprechens einen Zugang zur transzendenten Prinzipienwirklichkeit zu gewinnen und den Blick dafür zu schärfen. In
ihrer Vielzahl (die von Arias in fünf Beispiele eingeschränkt wurde) wider-
spiegeln jene Ternare die innere Fülle und die Produktivkraft des dem vielfältigen Seienden innewohnenen einen Seinsgrundes. Unter Beiziehung einer
musikalischen Metaphorik könnte man vielleicht sagen, dass es sich hier um ein
'tema con variazioni' handle, oder dass in den Ternaren - in je verschiedenen
"Klangfarben" - die eine Ur-Harmonie jenes Seinsgrundes umspielt wird. (Die

---

[122] Augustinus, *Epistulae* 169, II, 6: "Unumquodque nomen his tribus [memoriâ, intellectu
et voluntate] cooperantibus enuntiatur, cum *reminiscendo* et *intelligendo* et *volendo* dicitur".
[123] Ders., *De Trinitate* X, 10, 14: "Si [quis] dubitat, unde dubitet, *meminit;* si dubitat,
dubitare se *intelligit;* si dubitat, certus esse *vult"*.
[124] Vgl. oben die Fußnoten 71 und 73.

gleiche Melodie ertönt z.b. anders, wenn man sie auf einer Blockflöte spielt, für welche ein "schlanker" Ton kennzeichnend ist, als wenn man sie auf einer Trompete darbietet, welche beim Anblasen eines Tones zugleich ein reiches Spektrum von Obertönen miterklingen lässt.)

Betrachtet man die Überlieferung der metaphysisch konzipierten Ternare im Einzelnen, so tritt dabei eine große "Bandbreite" von mehr oder weniger "kanonisierten" Ternaren zutage, welche in sich selbst wieder (in einzelnen Begriffen) modifiziert werden[125]. Die vorgestellten Ternare stellen also lediglich eine begrenzte repräsentative Auswahl dar. Inmitten ihrer Begrenztheit gestatten sie es jedoch, das an sich Unbegrenzte des trinitarischen Prozesses tendenziell wahrzunehmen. In Arias' Auflistung sind es folgende:

III. APPROPRIATA
III. ZUEIGNUNGEN

1ᴬᴱ PERSONAE	2ᴬᴱ PERSONAE	3ᴬᴱ PERSONAE
DER 1. PERSON	DER 2. PERSON	DER 3. PERSON

1° Aeternitas	Pulchritudo	Fruitio
Ewigkeit	Schönheit	Genuss
2° Unitas	Aequalitas	Harmonia
Einheit	Gleichheit	Harmonie
3° Potentia activa	Sapientia	Bonitas
Aktive Potenz	Weisheit	Güte
4° Causa efficiens	Causa exemplaris	Causa finalis
Wirkursache	Exemplarursache	Zielursache
5° Creatio seu formatio rerum	Redemptio seu reformatio	Gubernatio, sanctificatio, glorificatio seu transformatio
Schöpfung bzw. Formung der Dinge	Erlösung bzw. Umgestaltung	Lenkung, Heiligung, Verherrlichung bzw. Verklärung

---

[125] Vgl. E. Schadel, a.a.O. [Fn. 91]; hier S. 180-193 (Auflistung einzelner Ternare). Der von Arias verwendete Ternar *potentia - sapientia - bonitas* (auf den sich viele hochmittelalterliche Autoren beziehen) findet sich z.B. in den Versionen *potentia - sapientia - benignitas, potentia - sapientia - voluntas, potentia - sapientia - amor, potentia - sapientia - caritas, potentia - scientia - amor.*

Gemäß einer Anregung, die Thomas gibt, um in den überlieferten Ternaren verschiedene Aspekte unterscheiden und herausarbeiten zu können[126], wird durch *aeternitas - pulchritudo - fruitio* die absolute göttliche Wirklichkeit in ihrem Selbstvollzug dargestellt (deus absolute consideratus),

durch *unitas - aequalitas - harmonia* die sich selbst durchdringende Einheit des göttlichen Seins betont (deus consideratus, inquantum est unus),

durch *potentia activa - sapientia - bonitas* wie auch *causa efficiens - causa exemplaris - causa finalis* die göttliche Wirklichkeit, insofern in ihr der zureichende Grund zum Verursachen von Anderem liegt (deus consideratus, inquantum ei inest sufficiens virtus ad causandum).

In Bezug auf Paulus (Röm. 11, 36) fügt Thomas noch im Präpositionen-Ternar *ex ipso - per ipsum - in ipso*[127] einen vierten Aspekt hinzu, um damit die Beziehungen des Schöpfers zu dem von ihm Verursachten zu kennzeichnen (deus consideratus in habitudine ad suos effectûs). Arias erwähnt diesen Paulinischen Ternar nicht eigens; er fügt jedoch unter 5° (in *creatio - redemptio - gubernatio)* eine Dreiheit ein, die man als als "heilsgeschichtlich-theologische" bezeichnen könnte. Schauen wird uns nun die 5 Ternare noch etwas genauer an.

8.1. 'Ewigkeit' - 'Schönheit' - 'Genuss'

Im ersten Ternar kompiliert Arias implikationsreiche Augustinische Denkmotive, was sich an drei Originalzitaten verdeutlicht:

1. Augustinus übernimmt von Hilarius die trinitarische Formel, dass *"Ewigkeit* im Vater sei, *Gestalt* in dessen Ebenbild und *Genuss* im Geschenk" (das sich beide gewähren)[128].

---

[126] Thomas Aquinas, *Summa theologiae* I, qu. 39, a. 8, resp.

[127] Bereits der frühe Augustinus bezieht sich auf diesen Ternar, wenn er von der *'unius summi Dei consubstantialis et incommutabilis Trinitas'* spricht *(De musica* VI, 17, 59). Er kennt auch die allgemeine orphisch-pythagoreische Tradition eines Ternars, die struktur-analogisch mit dem Paulischen *ex ipso - per ipsum - in ipso* korreliert: "In ternario numero quandam esse perfectionem vides, quia totus est; habet enim *principium, medium* et *finem"* (ebd. I, 12, 20). Vgl. hierzu den Bericht bei Aristoteles, *De coelo* I, 1 [268 a.10-13] und Platons Überlieferung der entsprechenden altorphischen Vorstellung, dass Gott 'den Anfang, das Ende und die Mitte alles Seienden umfasse' *(Nomoi* 715 d).

[128] Augustinus, *De Trinitate* VI, 10, 11: "*Aeternitas*, inquit [Hilarius], in Patre, *species* in imagine, *usus* in munere"; dazu Hilarius, *De Trinitate* II, 1.- Der Terminus *usus* bedeutet in juristischer Sprache 'Nutznießung'; wir übersetzen ihn deshalb mit *Genuss* (was dem Augustinischen Begriff der *fruitio* entspricht).

2. Er definiert den 'Gottesstaat' mit einem lapidaren *"Est, videt, amat"* *(er ist, er schaut, er liebt)* und führt dazu aus: "In der göttlichen *Ewigkeit* gewinnt er Kraft, in göttlicher *Wahrheit* leuchtet er, und in göttlicher *Güte* ergötzt er sich"[129].

3. An anderer Stelle erläutert er unter Andeutung der trinitarischen Pericho-rese: "Wir Menschen sind nach dem Bilde unseres Schöpfers geschaffen, zu dem wahre *Ewigkeit*, ewige *Wahrheit*, ewige und wahre *Liebe* gehören; er selbst ist - ungetrennt und ungemischt - ewige, wahre und liebende Dreieinigkeit"[130].

Versuchen wir also die Gesamtaussage dieser drei Ternare in wechselseitiger Auslegung der changierenden Terminologie zu rekonstruieren. An erster Stelle wird konstant die *Ewigkeit (aeternitas)* genannt. Damit wird für die erste Phase des trinitarischen Prozesses Quellfülle ausgesagt, was allerdings einem gewissen Gegensatz zur christlichen Ikonographie darstellt. Hier wird Gott-Vater für gewöhnlich als alter, langbärtiger Mann abgebildet[131]. Damit wird eine leicht irreführende Vorstellung hinsichtlich des antiken Ewigkeits-Verständnisses erweckt, welches auch Augustinus rezipierte. Ewigkeit (αἰών) meint hier weniger einen Greis als vielmehr einen (zeugungsfähigen) Jungmann[132]. Oder, in der Metaphorik der Jahreszeiten ausgedrückt: 'Ewigkeit' stellt weniger den Herbst als vielmehr den Frühling dar. In diese Richtung versteht sich auch die Definition, welche der spätantike Boethius im 5. Buch von *De consolatione philosophiae* vorlegt: "Ewigkeit ist der gänzliche und zugleich vollendete Besitz des unbegrenzbaren Lebens"[133].

Dieses unbegrenzbare Leben "zeugt" - in sich bleibend - die intellektuale Gleichheit zu sich selbst (was in den "geistigen Zeugungen" menschlicher Geistinnerlichkeit eine begrenzte, aber wenigstens begrenzte Entsprechung

---

[129] Ders., *De civitate Dei* XI, 24: "[Civitas sancta] *est, videt, amat.* In *aeternitate* Dei viget, in *veritate* Dei lucet, in *bonitate* Dei gaudet".

[130] Ebd. XI, 28: "Homines sumus ad nostri creatoris imaginem creati, cuius est vera *aeternitas*, aeterna *veritas*, aeterna et vera *caritas*; estque ipse aeterna et vera et cara Trinitas neque confusa neque separata".

[131] Vgl. z.B. François Bœsplug, *Trinität. Die Dreifaltigkeitsbilder im späten Mittelalter*, Paderborn usw. 2001, hier die Abbildungen auf den Seiten 34, 43, 55, 75, 93, 116, 124 f. und 202 (Albrecht Dürers Darstellung von 1511).

[132] Vgl. hierzu die sorgfältig ausgearbeitete Studie von Kyu-Hong Cho, *Zeit als Abbild der Ewigkeit. Historische und systematische Erläuterungen zu Plotins Enneade III 7*, Frankfurt u.a. 1999, bes. S. 13-36; ebd., S. 16, wird darauf hingewiesen, das 'Aion' sich vom vedischen āyu (= Lebenkraft) herleitet.

[133] Boethius, *Trost der Philosophie* [lat.-dt.]. Übers. von Ernst Neitzke, Frankfurt-Leipzig 1997, S. 310: "Aeternitas ... est interminabilis vitae tota simul et perfecta possessio".

findet und von daher nachvollziehbar ist[134]). Jene gezeugte Selbst-Gleichheit (gewissermaßen der "Sommer", der aus dem "Frühling" entsteht) wird von Arias mit prangender 'Schönheit' *(pulchritudo[135])* und in den drei (oben angeführten) Augustinus-Zitaten mit 'Gestalt' *(species[136])* und 'Wahrheit' *(veritas[137])* umschrieben. Allen diesen drei Begriffen ist es gemeinsam, dass eine Bewegung des (immanenten) Sich-Ausdrückens und Sich-Ausgliedern dargestellt wird. Man kann von daher sagen: 'Schönheit' ist dasjenige, worin in proportionierter Aus-'Gestaltung' die Seins-'Wahrheit' des überquellenden Lebensgrundes manifest wird.

Wir kommen zum dritten Ternar-Glied, zum "Herbst" des Gesamtprozesses. Herbst ist die Zeit der Ernte, die Zeit, in der nichts mehr produziert, sondern "mit Frohlocken" (Psalm 126, 5) die Überfülle der "Geschenke", die der Frühling und der Sommer hervorgebracht haben, entgegengenommen und genossen

---

[134] Vgl. G. Savanarola, a.a.O. [Fn. 119], S. 134: "Est in divinis generatio tota spiritualis". - Die Differenz zwischen göttlicher Zeugung und Zeugungen in der menschlichen Geistseele markiert Augustinus *(De Trinitate* X, 4, 6), wenn er von dieser sagt: "Non dico: *'Totum scit',* sed *'quod scit, tota scit'".*

[135] Vgl. dazu Augustinus, *De Trinitate* VI, 10, 12: "In ... Trinitate summa *origo* est rerum omnium et perfectissima *pulchritudo* et beatissima *delectatio".* Dieses Zitat stammt aus dem Kontext, in welchem Augustinus den Hilarius-Ternar interpretiert. Er erläutert hierzu (ebd. VI, 10, 11) auf pleonastische Weise: "Imago ..., si perfecto implet illud, cuius imago est, ipsa coaequatur ei, non illud imagini suae. In qua imagine [Hilarius] *speciem* nominavit, credo, propter *pulchritudinem,* ubi iam est tanta *congruentia* et prima *aequalitas* et prima *similitudo,* nulla in re dissidens et nullo modo inaequalis et nulla ex parte dissimilis ad identidem respondens ei, cuius imago est". - Die onto-äthetischen Aspekte des Augustinischen Philosophierens sind dargeboten in Josef Tscholl, *Gott und das Schöne beim hl. Augustinus,* Heverlee-Leuven 1967.

[136] Vgl. hierzu auch Augustinus, *De natura boni,* c. 3: "Haec ... tria, *modus, species, ordo* tamquam generalia bona sunt in rebus a Deo factis, sive in spiritu sive in corpore"; ders., *De Trinitate* VI, 10, 12: "Haec ... omnia, quae arte divina facta sunt, et *unitatem* quandam in se ostendunt, et *speciem* et *ordinem".* Mit *'species'* übersetzt Augustinus u.a. den Platonischen Begriff der 'Ideen'. Er siedelt diese "in ipsa mente creatoris" an *(De diversis quaestionibus* 83, qu. 46, 2) und eröffnet damit eine Lösungsperspektive für das sog. Demiurgen-Problem, das, im Kontext der Platonischen Kosmologie entstanden, "schon Platons nächste Schüler" in die Ratlosigkeit geführt hatte (Karl Prächter [Hg.], *Friedrich Überwegs Grundriss der Philosophie.* Bd. I, Basel-Stuttgart 1967, S. 315). Vgl. auch Roger Miller Jones, *The ideas as the thoughts of God.* In: Classical Philology 21 (1926) 317-325.

[137] Vgl. hierzu Augustinus, *Sermo* 71, 8: "Est ... Pater Filio veritati *origo* verax et Filius de veraci Patre orta *veritas* et Spiritus sanctus a Patre bono et Filio bono effusa *bonitas".* Um zu betonen, dass in dieser internen Selbstausfaltung des absoluten Seinsgrundes die *inhaltliche* Identität gewahrt wird, erläutert Isidor von Sevilla: "Alius Pater, alius Filius, alius Spiritus sanctus, sed *alius* quidem, non *aliud"* (W. M. Lindsay [ed.], *Isidori hispalensis episcopi Etymologiarum sive originum libri XX,* Tomus I, Oxonii 1962, Lib VII, 4, 3).

153

wird[138]. Von diesem Vergleich her wird, wenigstens andeutungsweise, einsichtig, warum in den obigen drei Augustinus-Zitaten der *usus* (der in der speziellen Bedeutung von 'Nutznießung' von Arias mit *fruitio*[139] [Genuss] ersetzt wurde) durch *bonitas* (Güte) und *caritas* (Liebe) eine nähere Aufhellung findet. Es wird deutlich, dass der trinitarische Gott in seiner Schöpferkraft nicht nur der Seins-grund und, in seiner Logoszeugung, nicht nur der Erkenntnisgrund ist; in seiner Finalität bekundet er sich vielmehr auch noch als der wesenhafte *(nicht-akzi-dentielle)* Horizont für überschwängliche Freude, welche aus erkanntem Sein resultiert und welche nach Thomas Campanella, "wenn die Theologen dieses Wort im Göttlichen akzeptiert hätten", sogar mit 'Wollust' *(voluptas)* umschrie-ben werden könnte[140]. Die 'Güte' aber, deren Wesen in vorbehaltloser Selbst-mitteilung besteht, verwirklicht sich (so wie es sich innertrinitarisch auf

---

[138] Vgl. hierzu die Nennung der 'beatissima delectatio' im ersten Zitat von Fußnote 135. Dass 'Glückseligkeit' (die sich aus der Korrespondenz zwischen ursprünglichem Sein und ausdrücklich gewordener Seins-Wahrheit ergibt) zum Selbstvollzug des Absoluten gehört, legt Augustinus in *De civitate Dei* XII, 1, 3 dar: "Dicimus ... incommutabile bonum non esse, nisi *unum, verum, beatum* Deum". Hierin lässt sich eine deutliche Antizipation der mittelalter-lichen Transzendentalien-Triade *unum-verum-bonum* erkennen. Vermittels dieser soll die prozessuale Selbstentfaltung der "Natur" von Seiendem überhaupt gekennzeichnet werden. Vgl. hierzu Emerich Coreth, *Metaphysik*, Innsbruck 1961, S. 377-379; Heinrich Beck, *Dimensionen der Wirklichkeit. Argumente zur Ontologie und Metaphysik*, Franfurt u.a. 2004; hier bes. das Kapitel 3: "Der Akt-Charakter und die transzendentale Struktur des Seins".

[139] Augustinus unterscheidet zwischen *uti* und *frui (benutzen* und *genießen)*. Er sagt hierzu *(De civitate Dei* XI, 25): "Man unterscheidet [diese Begriffe] darin, dass wir von 'Genießen' reden, wenn uns etwas an sich und nicht um eines Anderen willen erfreut, von 'Benutzen' aber, wenn wir etwas um eines Anderen willen erstreben. Deshalb sollen wir alles Zeitliche mehr benutzen als genießen, um so den Genuss des Ewigen zu erlangen". In direkter Weiterführung dieses Zitats brandmarkt er die Verkehrtheit derer, "die das Geld genießen, Gott aber benutzen wollen". - Er geißelt damit die "bodenlose" Verabsolutierung von Irdischem. Doch verfällt er dabei nicht dem anderen Extrem: der völligen Leibver-achtung, die er bei Neuplatonikern kennen gelernt hatte. Das "es war sehr gut" des biblischen Schöpfungsberichtes (Gen. 1, 31) bringt ihn *(Retractationes* I, 4. 3) dazu, das "omne corpus ... fugiendum", das er von Prophyrius her einer Frühschrift eingefügt hat, zur korrigieren, d.h. den relativen 'Genuss' irdischer Güter zuzugestehen. Um den Auswüchsen der Leibfeind-lichkeit zu entgegnen, betont er: "Sehr leicht ist es, das Fleisch zu verfluchen, sehr schwer aber, nicht fleischlich zu denken" *(De vera religione* 20, 40). Das heißt wohl: Jeder sinnliche Genuss ist in begrenzter Teilhabe an jenem Selbstgenuss aufzufassen, welcher für die Erfüllungsphase des trinitarischen Prozesses charakteristisch ist. Und als geistiger "Erotiker" weiß er: "Non ... amor temporalium rerum expugnaretur, nisi aliqua suavitate aeternarum" *(De musica* VI, 16, 52). Vgl. auch die in Fußn. 95 genannte Studie von E. J. Brotóns Tena.

[140] Tommaso Campanella, *De sancta monotriade*. A cura di Romano Amerio, Padova 1958, S. 30: "[Amor] posset ... dici voluptas, si theologi hoc vocabulum in divinis accep-tassent".

154

archetypale Weise in der gemeinsamen 'Hauchung der Hl. Geistes' durch die 1. und 2. Person präfiguriert) *als* 'Liebe'. Diese aber vollzieht sich im wechselseitigen Sich-Geben und -Empfangen. Der mährische Pansoph Johann Amos Comenius hat Derartiges im Blick, wenn er (von Raymundus de Sabunde her) das Mysterium der Trinität "ex plenitudine dandi"[141] erläutert und dabei zur Konzeption eines *"Deus ... summe bonus et communicativus"*[142] gelangt.

8.2. 'Einheit' - 'Gleichheit' - 'Harmonie'

Einheit - Gleichheit - Harmonie, der zweite Ternar, den Arias vorgibt, lässt sich auf Augustinus zurückführen[143]. Lediglich das dritte Glied, die *harmonia*, ist hinzugefügt, um den Augustinischen Begriff der *concordia* (Übereinstimmung) zu ersetzen. Da *harmonia* in der pythagoreischen Tradition benutzt wurde, um damit die binnendifferenzierte Integralität zu kennzeichnen (dasjenige also, was die *Gesamtheit* des ternaren Prozesses kennzeichnet[144]), ist jene Substituierung (in spezifischer Hinsicht) als nicht weiterführend einzuschätzen; sie kann vernachlässigt werden.

Nikolaus von Kues rezipiert die Augustinische Vorlage als *unitas - aequalitas - nexus* (Einheit - Gleichheit - Verknüpfung). Wie oben schon erwähnt[145], will er damit die biblische Rede von 'Vater', 'Sohn' und 'Hl. Geist' im ontotheologischen Aspekt "präzisieren". Cusanus versteht das erste Ternarglied, die 'Einheit' *(unitas)*, als 'Seiendheit' *(entitas)*[146]. Damit ist der anfanglose Anfang

---

[141] J. A. Comenius, *Antisozinianische Schriften*. Teil I, hg. von E. Schadel, Hildesheim 1983, S. 461.

[142] Vgl. ebd., S. 463.- Comenius spricht von Gott als der "wesenhaften Liebe" *(amor essentialis)*, die er in sich selbst verwirklicht (ebd., S. 519), und von Gott als der "universalen Quelle der Liebe" *(universalis amoris fons)*, welche sich in die raumzeitlichen Geschöpfe hinein verströmt. Von diesem Liebes-Gott unterscheidet er den *"deus ab aeterno solitarius"* (ebd., Teil II, S. 1183), den die rationalistische Trinitätskritik der Sozinianer im Gefolge hat.

[143] Augustinus, *De doctrina christiana* I, 5, 5.

[144] Vgl. hierzu E. Schadel, *Prinzip Harmonie. Harmonikale Elemente eines integralen Wirklichkeitsverständnisse*. In: Rafael Hüntelmann (Hg.), Wirklichkeit und Sinnerfahrung im 20. Jahrhundert, Dettelbach 1998, S. 187-225; ders., *Grundlinien einer harmonikalen Seinsauffassung*. In: Salzb. Jahrbuch für Philos. 44/45 (1999/2000) 183-216.

[145] Vgl. oben die Fußnote 34.

[146] Nikolaus von Kues, *De docta ignorantia* I, 8, 22: "Est unitas quasi entitas". In Entsprechung hierzu interpretiert bereits Plotin *(Enneade* VI 9, 2.3 f.) das Eine (τò ἕν) als das Seiende (τò ὄν).

gemeint, der jedem ganzheitlichen Komplex zugrunde liegt (zugrunde liegen muss), damit von daher eine "zusammenhängende Größe" in den Blick genommen und analysiert werden kann[147]. Im Bezug auf die biblischen Benennungen der drei Personen führt Cusanus deshalb aus: "Wie *Einheit* von nichts hervorgebracht wird, sondern das Erstprinzip ist, das aus keinem anderen entsteht, so wird auch der Vater, der ewig ist, von nichts anderem hervorgebracht". [Damit sich aber jene ursprünglich seiende Einheit, in adäquater Selbst-Entsprechung, *als* Einheit abspiegeln kann, tritt sie - in sich bleibend - aus sich heraus. Cusanus fährt fort:] "Die *Gleichheit* aber geht aus der Einheit hervor, wie der Sohn aus dem Vater. Und [als Hl. Geist] tritt die *Verknüpfung* aus der Einheit und seiner Gleichheit hervor"[148].

Mit *unitas - aequalitas - nexus* wird demnach die gänzliche Unteilbarkeit des sich triplizitär entfaltenden Seinsaktes gekennzeichnet[149]. Dessen perichoretische Verflochtenheit macht Augustinus noch eigens kenntlich, wenn er erläutert: "Im Vater ist die *Einheit*, im Sohn die *Gleichheit* und im hl. Geist die *Übereinstimmung* von Einheit und Gleichheit. Diese drei aber sind allesamt *Eines* wegen des Vaters, *Gleiches* wegen des Sohnes und *Verbundenes* wegen des hl. Geistes"[150].

---

[147] Vgl. Plotin, *Enneade* VI 9, 1.2-18. - Gleich im ersten Satz wird hier die These formuliert, dass "alles Seiende durch das Eine ein Seiendes ist". Dies wird an einzelnen "zusammenhängenden Größen" veranschaulicht, z.B. *einem* Reigentanz, *einem* Haus, *einem* Schiff, *einem* Leib.

[148] Nikolaus von Kues, *Idiota de sapientia*, 1. Buch (a.a.O., [Fn. 34], Bd. III, S. 444): "Sicut *unitatem* nihil gignit, sed est primum principium nequaquam principiatum, sic Patrem nihil gignit, qui aeternus est. *Aequalitas* autem ab unitate procedit, sicut Filius a Patre. Et *nexus* procedit ab unitate et sua aequalitate".

[149] Vgl. ders., *De beryllo*, c. 12 (a.a.O. [Fn. 148], S. 38): "In essentia ... perfectissimae indivisibilitatis video *unitatem*, quae est fons indivisibilitatis, video *aequalitatem*, quae est indivisibilitas unitatis, et video *nexum*, qui est indivisibilitas unitatis ět aequalitatis".

[150] Augustinus, *De doctrina christiana* I, 5, 5: "In Patre [est] *unitas*, in Filio *aequalitas*, in Spiritu sancto unitatis aequalitatisque *concordia*. Et tria haec [sunt] *unum* omnia propter Pater, *aequalia* omnia propter Filium, *connexa* omnia propter Spiritum sanctum". - Zur Wirkungsgeschichte dieses Ternars vgl. Jean Châtillon, *Unitas, aequalitas, concordia vel connexio. Recherches sur les origines de la théorie thomiste des appropriations (S. th. I, qu. 29, art. 7-8)*. In: Armand A. Maurer (Hg.), St. Thomas Aquinas. Commemorative studies, 1274-1974. Vol. 1, Toronto 1974, S. 337-379. Als Vorform des Ternars von *De doctrina christiana* kann angesehen werden: "Numerus ... et ab *uno* incipit, et *aequalitate* ac similitudine pulcher est, et *ordine* copulatur" (Augustinus, *De musica* VI, 17, 56).

8.3. 'Aktive Potenz' - 'Weisheit' - 'Güte'

Im dritten (und vierten) Ternar soll die göttliche Trinität als der "zureichende Grund" alles von ihr Erschaffenen betrachtet werden[151]. Der von Arias angeführte Ternar *aktive Potenz - Weisheit - Güte* ist bei Augustinus angedeutet, wenn er darlegt, dass alles kontingent Seiende - von sich her - weder sein noch gestaltet noch geordnet sein kann und deswegen auf jenen Schöpfer zurückgeführt werden muss, "der im Höchstmaße *ist*, im Höchstmaße *weise ist* und im Höchstmaße *gut ist*"[152]. Um dieses 'im Höchstmaße' Sein irgendwie zu markieren, spricht Arias im ersten Ternarglied von der 'potentia *activa*', welche, wie Thomas betont, nur dem 'himmlischen' Vater (nicht aber dem greisenhaften 'irdischen' Vater) zugesprochen werden kann[153]. Der Ternar *potentia - sapientia - bonitas* wird (mit terminologischen Abwandlungen) vor allem von hochmittelalterlichen Autoren verwendet[154]. Unter diesen bietet Richard von St. Viktor († 1173) eine sprachlich besonders geglückte Ausformulierung des wechselseitigen Sich-Durchdringens der einzelnen Ternarglieder; er sagt: "Dreifach ist das Unsichtbare in Gott: *Macht, Weisheit* und *Güte*. Aus diesen dreien geht alles hervor, in diesen dreien prägt sich alles aus und vermittels dieser drei wird alles geleitet. Die *Macht* erschafft, die *Weisheit* lenkt und die *Güte* bewahrt. Wie diese drei aber in Gott auf unsagbare Weise Eines sind, so können sie auch in ihren Tätigkeiten nicht voneinander getrennt werden. Die *Macht* erschafft weise durch Güte; die *Weisheit* lenkt gütig durch Macht; und die *Güte* bewahrt mächtig durch Weisheit"[155].

---

[151] Vgl. das "in Deo *sufficiens virtus* consideratur" bei der Erläuterung des dritten Seins-Aspektes in Thomas Aquinas, *Summa theologiae* I, qu. 39, a. 8, resp.; dazu ebd. I, qu. 46, a. 1, ad 9: "Deus ab aeterno ... [est] *sufficiens ratio mundi*". Das Prinzip, dass nichts ohne zureichenden Grund geschieht, ist noch für G. W. Leibniz ein elementares Erfordernis alles Philosophierens (vgl. ders., *Principes de la nature et de la grace fondes en raison*, § 7; Monadologie, § 32). Im neuzeitlichen Philosophieren wurde dieses Prinzip jedoch - durch rationalistische Deduktionen und phänomenologische Deskriptionen - weitgehend verdrängt. Vgl. Wiebke Schrader, *Die Auflösung der Warumfrage*, Amsterdam 1975.

[152] Augustinus, *De civitate Dei* XI, c. 28: "[Res quae infra nos sunt] nec aliquo modo *essent* nec aliqua *specie* continerentur nec aliquem *ordinem* vel adpeterent vel tenerent, nisi ab illo facta essent, qui summe *est*, qui summe *sapiens est*, qui summe *bonus est*".

[153] Thomas Aquinas, *Summa theologiae* I, qu. 39, a. 8, resp. (bei der Erläuterung des 3. Seinsaspektes); dazu ebd. a. 7, resp. Eine ähnliche Ablehnung des Versuches, den 'irdischen' Vater unvermittelt mit dem ersten Ternarglied in Beziehung zu bringen, begegnete uns bereits bei den Sondierungen zum *Ewigkeits*-Begriff im ersten der von Arias vorgelegten Ternare.

[154] Vgl. oben die Fußnote 125.

[155] Richard de Saint-Victor, *Liber exceptionum*. Publié par Jean Châtillon, Paris 1958, S. 115: "Tria sunt invisibilia Dei: *potentia, sapientia, benignitas*. Ab his tribus procedunt omnia,

8.4. 'Wirk-' - 'Exemplar-' und 'Ziel'-Ursache

Der Ternar von *Wirk-*, *Exemplar-* und *Zielursache* wird von christlichen Denkern wie Thomas von Aquin und Nikolaus von Kues[156], aber auch von Bonaventura[157] herangezogen, um dadurch das Mysterium Trinitatis in seiner distinkt-kompositiven Wirkmächtigkeit darstellen und auslegen zu können. Diese Bezugnahme zeugt von großer Toleranz wie auch von einem hochkultivierten Sachinteresse, wenn man sich die Herkunft der genannten Ursachenkonzeption vergegenwärtigt: Sie stammt vom "heidnischen" Philosophen Aristoteles!

Neben den drei genannten Ursachen nennt Aristoteles noch die *Material*ursache, welche er jedoch von den drei anderen unterscheidet und diesen unterordnet. Holz z.B. ist das, *woraus* ein Tisch gemacht wird, aber nicht das, *wodurch* er gemacht wird. Dieses *'Wodurch'* weist auf ein geistig erfasstes Ziel hin, im Hinblick auf welches im Geist des Konstrukteurs eine realisierbare Form entworfen wird. Vom "fertigen" Holztisch kann dann gesagt werden: Er *ist* im eigentlichen Sinne ein *nicht*-materieller Bewegungsimpuls, der Materielles in einer bestimmten Form auf ein bestimmtes Ziel hin verwirklicht hat. Oder, allgemeiner formuliert: Der materielle Kosmos ist als "Viertes" das Medium, in welchem die an sich unbegrenzte nicht-materielle trinitarische Energie (das perichoretische Ineinander von Wirken, Formen und Vollenden) eine begrenzte Ausprägung erfährt[158].

Nicht direkt von Aristoteles her, sondern in einer kritischen Drrchmusterung der hellenistischen Philosophie gelangt Augustinus zur trikausalen Auffassung des göttlichen Seinsgrundes. Erstaunlich ist hierbei, dass - trotz des verschiedenen Ansatzes und trotz verschiedener Terminologien - ein (fast) gleicher Sachverhalt in den Blick kommt. Bei den Stoikern wurden drei Prinzipalwissen-

---

in his tribus consistunt omnia, per haec tria reguntur omnia. *Potentia* creat, *sapientia* gubernat, *benignitas* conservat. Quae tamen tria, sicut in Deo ineffabiliter unum sunt, ita in operatione separari non possunt. *Potentia* per benignitatem sapienter creat; *sapientia* per potentiam benigne gubernat; *benignitas* per sapientiam potenter conservat".

[156] Vgl. oben die Fußnote 31.

[157] Bonaventura, *Sermo de Trinitate* [Opera omnia. T. IX, Quaracchi 1901, S. 351-357, Zitat S. 352]: "Est ... haec Trinitas beata principium *effectivum, exemplativum* et *terminativum* omnium sive completivum".

[158] Vgl. hierzu im Einzelnen (zu den Zitat-Stellen der Aristotelischen Ursachenlehre, zu deren Diskussion in neuerer Philosophie usw.) E. Schadel, *Ganzheitliche Implikationen des Aristotelischen Wirklichkeitsverständnisses*. In: Schadel, Kants "Tantalischer Schmertz". Versuch einer konstruktiven Kritizismus-Kritik in ontotriadischer Perspektive, Frankfurt u.a. 1998, S. 313-364.

schaften, *Physik, Logik* und *Ethik*, ausgeprägt und diese mit einem "fruchtbaren Garten" verglichen, wobei die Physik durch Erdreich und Bäume veranschaulicht wurde, die Logik durch den (abgrenzenden und schützenden) Zaun und Ethik durch die Früchte. Da der Ganzheitsvollzug, der in diesem Vergleich vorborgen ist, als solcher nicht eigens verdeutlicht wurde, herrschte (wie es der antike Skeptiker Sextus Empiricus - nicht ohne Häme - berichtet) ein "großer Zwist" darüber, welche der drei Wissenschaften die wichtigste sei[159]. Augustinus vermag es, diesen Zwist aufzulösen, indem er nicht eine der Wissenschften gegen die beiden anderen ausspielte, sondern - im explizit trinitarischen Horizont - alle drei als "ebenbürtige Schwester" aufzufassen vermag. Bezüglich der Physik spricht der von Gott als dem *'Urheber der Naturen'*, bezüglich der Logik von Gott als dem *'Verleiher der Einsicht'* und bezüglich der Ethik von Gott als dem *'Inspirator der Liebe, durch welche gut und glückselig gelebt werden kann'*[160].

Ein merklicher Unterschied zwischen der Ursachenlehre des Aristoteles und der des Augustinus ist letztendlich doch noch hervorzuheben: Während jener eine ewige Materie annimmt, kommt dieser (vom biblischen Schöpfungsbericht her) zur Auffassung, dass diese, zusammen mit der Zeit, geschaffen wurde. Das heißt: Im Unterschied zum menschlichen Handwerker, der Materialien verwendet, die er sich selbst nicht geschaffen hat, schafft Gott während der Ausgestaltung des sinnlichen Kosmos zugleich auch die hierfür nötige Materie. Eine gewisse Analogie hierfür entdeckt Augustinus im menschlichen Sprechen und Musizieren. Hier werden nicht zuerst Konsonanten und Vokale und dann Sinngehalte, nicht zuerst bloße Geräusche und dann geistige Proportionen hervorgebracht; beides geschieht vielmehr simultan[161]. Man kann darin angedeutet sehen: Die Erschaffung der Welt ist als göttliches Sich-Aussprechen, als göttliches Musizieren zu verstehen[162].

---

[159] Vgl. ders., *Exkurs II: Zur Überlieferungsgeschichte der Wissenschafts-Triade (Physik, Logik, Ethik)*, a.a.O [Fn. 158], S. 390-398.

[160] Augustinus, *De civitate Dei* XI, c. 25: "[Platoni] neque *naturarum omium auctor* nisi Deus visus est, neque *intelligentiae dator*, neque *amoris, quo bene beateque vivitur, inspirator*"; ebd.: "Quia natura nostra, ut esset, Deum habet *auctorem*, procul dubio, ut vera sapiamus, ipsum debemus habere *doctorem*, ipsum etiam, ut beati simus, *suavitatis intimae largitorem*"

[161] Vgl. E. Schadel, a.a.O. [Fn. 158], S. 359-364.

[162] Augustinus spricht in *De musica* (VI, 11, 29) - wohl unter dem Einfluss des antiken Pythagoreismus - von einem 'Lied des Universums' *(carmen universitatis)*.

8.5. 'Schöpfung' - 'Erlösung' - 'Heiligung'

Beim letzten Ternar, den Arias darbietet, ist im Begrifflichen keine so klare Profilierung wie bei den Ternare 1° - 4° wahrzunehmen. Die 'formatio' des 1. Gliedes sollte wohl besser der 2. Person, dem Christus-Logos, appropriiert werden. Diesem wird wohl auch zutreffender die 'gubernatio', die erst im 3. Glied genannt wird, zugesprochen werden[163]. Augustinische Motive sind in diesem Ternar nur implizit wahrnehmbar.

In ähnlicher Weise, wie Origenes das 'Sein' aller geschaffenen Wesen *(ut sint)* auf Gott-Vater bezieht, deren 'Vernünftig-Sein' *(ut rationabilia sint)* auf den Logos und deren 'Heilig-Sein' *(ut sancta sint)* auf den Hl. Geist[164], kann wohl auch der 5. Ternar, der eine "heilsgeschichtliche" Perspektive eröffnen soll, ausgelegt werden (ohne dass dabei das ewige Ineinander der drei Personen in ein zeitliches Nacheinander aufgelöst werden müsste oder könnte): Der paternalen Gründungstat *(creatio mundi)* "folgt" die Erlösung *(redemptio)*. Diese kann darin gesehen werden, dass Seiendes, welches unter den Kontingenzbedingungen "de-formiert" oder in seiner Wesensanlage "gestört" wurde, vermittels des Logos, "durch welchen alles geworden ist" (Joh. 1, 3), seine ursprüngliche Integrität wiedergewinnt, durch re-formatio von den es überlagerndes Misshelligkeiten er-löst wird. Die Finalphase des 5. Ternars ist - wie durch 'Heiligung', 'Verherrlichung' und 'Verklärung' angedeutet - eschatologisch dimensioniert: Dann - am "großen Sabbat, der keinen Abend hat", am "achten [Schöpfungs-]Tag", der ewig sein wird[165] - werden die Harmonie-Erfahrungen, die wir vereinzelt an der Wohlgeformtheit einer 'Vogelfeder' oder einer 'Blume' machen können[166], zur Einsicht in das "Gesamtkunstwerk" des Kosmos und der Menschheitsgeschichte erweitert werden; sie werden eine unversiegbare Quelle der Lebensfreude darstellen. Der vom Tode auferstandene Leib wird im neuen Himmel und auf einer neuen Erde (Jes. 65, 17) seine Verderblichkeit abgelegt haben[167]. "Der Leib wird sogleich dort sein, wo es der Geist will"[168]. "Ohne Begehrlichkeit werden wir wechselweise allein die Schönheit genießen"[169]. Der Leib wird durch die Wahrnehmung geistgegründeter Harmonien "hinreichend

---

[163] Vgl. dazu, dass im Zitat von Fußn. 155 das 'gubernare' auf die 'sapientia' bezogen wird.

[164] Origenes, *De principiis* I, 3, 8.

[165] Vgl. Augustinus, *De civitate Dei* XXII, 30, 4-5.

[166] Ebd, V, 11; eine ausführliche Schilderung kosmischer Schönheiten, ebd. XXII, 24, 5.

[167] Ders., *Retractationes* I, 4, 3.

[168] Ders., *De civitate Dei* XXII, 30, 1: "Ubi volet spiritus, ibi erit corpus".

[169] Ebd. XXII, 24, 4: "Solâ invicem pulchritudine sine ullâ libidine perfruamur".

belebt" und genährt werden[170]. "Alle Glieder und Teile des unverweslichen Leibes ... werden sich, weil ... volle, gewisse, sichere und ewige Glückseligkeit herrschen wird, zum Lobpreis Gottes vereinigen. Denn alle Proportionen der körperlichen Harmonie ..., die jetzt noch verborgen sind, werden dann offenkundig sein ... Sie werden mit den anderen großen und wunderbaren Dingen, die dort geschaut werden, den vernünftigen Geist im Entzücken an dieser vernunftgemäßen Schönheit zum Lobpreis des so erhabenen Schöpfers entzünden"[171].

III. Ausblick:
Ternare Metaphysik als Korrektiv für entgleisende Moderne und Postmoderne

"Jeder von uns hat seine eigene Sprache. Es gibt überhaupt nicht das Problem einer für alle gemeinsamen Sprache, sondern es gibt nur das *Wunder[!]* dessen, dass wir, obwohl wir alle eine verschiedene Sprache haben, uns dennoch über die Grenzen hinweg verstehen können". - Mit diesen Worten charakterisiert Gadamer[172] die "moderne" Denk- und Kommunikationssituation des solipsistisch abgekapselten Rationalisten, der die "Kategorie des Dinges [wie auch der Substanz] ... als untauglich" bezeichnet[173], weil er davon ausgeht, dass kraft methodischer Verabsolutierung des Mathematisch-Formalen "Wirklichkeit" nichts anderes als ein bloßes Relationssystem sei, das seitens des denkenden Subjektes vor-gestellt und konstruiert werden könne (und müsse). Im Umfeld seines solchen Denkens, das sich von jeglichem Sach- und Seinsbezug "verabschiedet" und sich keinerlei Rezeptivität mehr "gestattet", stellt intersubjektive Verständigung in der Tat eine "Wunder" dar. Da nämlich die rationalen Setzungsakte, die für vorgestellte "Wirklichkeiten" konstitutiv sind, in einem Vor- bzw. Irrationalen "gründen", d.h. die Beliebigkeit dieser ihrer Anfangsbedingung nicht zu überwinden vermögen, können sie als solche nicht zur zwischenmenschlichen Verständigung beitragen. Denn reinlogische Formalität, die als

---

[170] Ebd. XXII, 24, 5: "Quale erit corpus, quod omni modo spiritui subditum et eo sufficienter vivificatum nullis alimoniis indigebit?" Vgl. hierzu Platon, *Phaidros* 247 d: [ἡ ψυχή] θεωροῦσα τἀληθῆ τρέφεται καὶ εὐπαθεῖ.

[171] Augustinus, *De civitate Dei* XXII, 30, 1: "Omnia membra et viscera incorruptibilis corporis ..., quoniam tunc ... erit ... plena, certa, secura, sempiterna felicitas, proficient in laudibus Dei. Omnes quippe illi ..., qui nunc latent, harmoniae corporalis numeri non latebunt ... Et cum caeteris rebus, quae ibi magnae atque mirabiles videbunter, rationales mentes in tanti artificis laudem rationabilis pulchritudinis delectatione succendent".

[172] Hans-Georg Gadamer, *Hermeneutik II. Wahrheit und Methode (Ergänzungen / Register)*, Tübingen 1986, S. 56 [Hervorh. E.S.]

[173] Ernst Cassirer, *Substanzbegriff und Funktionsbegriff* (Berlin 1910), Darmstadt 1980, S. 23.

bloßes "Instrument" des Willens zur Macht "angewandt" wird, stellt in eben dieser bloßen Fungibilität keinen Seinsgehalt dar, der (im ganzheitlichen Sinne) identifiziert und wechselweise mitgeteilt werden könnte. (Besagter Wille zur Macht, der per se "unaufgeklärt" ist, hat auch gar kein Interesse daran, dass sich die Vernunft der unbestechlichen Aufklärung und Sinnerschließung vorgegebener Problemgehalte widme.)

Angesichts dieser Kommunikations-Blockade verwundert es nicht, dass Wulff D. Rehfus, ein Diagnostiker der Moderne, zur Auffassung gelangt, dass "alle bisherigen Versuche, für die Moderne ein Fundament zu erstellen, das jeglichem Verdacht der Zufälligkeit und Wandelbarkeit enthoben ist, ... gescheitert [sind]: systematisch gesehen, weil es ihnen nicht gelang, die Prinzipien ... des *Seins*, des *Denkens* und *Handelns* zusammenzubringen, und historisch gesehen, weil es ihnen nicht gelang, ihre Konstrukte zur allgemein und zwanglos akzeptierten Grundlage einer menschlichen Gemeinschaft zu machen"[174]

Ist Albert Mennes Definition zutreffend, dass Philosophie "die Wissenschaft von den Grundlagen des *Seins*, des *Erkennens* und *Handelns*"[175] darstelle, so fällt von daher wahrhaft kein günstiges Licht auf modernes "Philosophieren". Dieses hat sich, was allerdings kaum bekannt ist, von seinen frühen Anfängen her (im spätmittelalterlichen Nominalismus und vor allem in der rationalistischen Trinitätskritik der Sozinianer des 16. und 17. Jahrhunderts) tatsächlich auf eine solche Weise "eingespurt", dass die genannte Kommunikationsunfähigkeit als "konsequentes" Resultat seines methodischen Ansatzes zu analysieren ist[176]. Brennspiegelartig konzentriert sich die entscheidende Umwälzung des Seins- und Selbstverständnisses in einem Brieffragment, das René Descartes im November 1640 abfasste: Descartes hatte (auf Anraten seines Freundes Marin

---

[174] W. D. Rehfus, *Die spätmoderne Dämmerung - Rettung aus der Begründungsnot.* In: Universitas 46 (Dez. 1991) 1169-1182, Zitat S. 1180 [Hervorhh. E.S.].

[175] A. Menne, *Folgerichtig Denken. Logische Untersuchungen zu philosophischen Problemen und Begriffen,* Darmstadt 1988, S. 7 [Hervorhh. E.S.]. An dem - in frühneuzeitlicher Philosophie einsetzenden Autonomie-Experiment lässt sich in der Tat - im dialektischer "Seins"-Theorie, positivistischer "Erkenntnis"-Auffassung und nihilistisch-absurdem "Handlungs"-Verständnis - ein sich steigernder Verlust an ursprünglicher Identität beobachten. Vgl. im Einzelnen die einführenden Analysen in: Johann Amos Comenius, *Antisozinianische Schriften.* Deutsche Erstübersetzung. In Zusammenarbeit mit Jürgen Beer, Horst Bulitta, Regine Forschauer und Otto Schönberger kommentiert hg. v. E. Schadel, Frankfurt u.a. 2008, bes. S. 28-36.

[176] Vgl. hierzu die literarische Dokumentation des "antitrinitarischen Affektes", der das "aufgeklärte" europäische Bewusstsein vom 15. bis zum 20. Jahrhundert untergründig bestimmte, in: E. Schadel, *Antitrinitarischer Sozinianismus als Motiv der Aufklärungsphilosophie,* a.a.O. [Fn. 158], S. 31-108; Emerich Coreth, *Trinitätsdenken in neuzeitlicher Philosophie* (Salzburger Universitätsreden. H. 77), Salzburg 1986.

Mersenne) Augustinus *(De civitate Dei* XI, 26) konsultiert. Er berichtet, dass Augustinus den Menschen in den Momenten des *Seins, Erkennens* und *Liebens* als "Abbild der Trinität" (image de la Trinité) konzipiere, um dann - kommentarlos und ohne irgendeine argumentative Vermittlung - *seine* Auffassung vom Menschen, sein *"moy,* qui pense" dagegenzusetzen[177].

Damit aber wird deutlich: Indem Descartes *Sein, Erkennen* und *Lieben* durch sein *cogito* "ersetzte", hat er damit eben jene Dreiheit eliminiert, welche dem zentralen Kreis des oben behandelten Schemas eingeschrieben ist: *esse, intelligere, velle!* Das aber heißt wohl: Wenn wir im Hauptteil dieser Studie (im Ausgang von diesen drei Zentralbegriffen) die "introspektiv" kontrollierte Ausfaltung eines ganzheitlichen Seins- und Selbstverständnisses versuchten, ging es dabei zugleich auch darum, für die postsäkulare Gesellschaft einen Verständniszugang zu den (von Habermas so genannten) "Ressourcen der Sinnstiftung" zu gewinnen. Es ging, anders gesagt, darum, keine 'Konstrukte', sondern Theoremata vorzulegen, welche im Erfahrungsbereich menschlicher Geistinnerlichkeit "verifiziert" und von daher (so wie es Rehfus fordert) 'allgemein und zwanglos' als universale Seins-, Erkenntnis- und Handlungs-Basis akzeptiert werden können. Die korrektiven Möglichkeiten, welche sich von daher für die 'entgleisende Säkularisierung' und die an sich selber scheiternde Moderne (und Postmoderne) ergeben, seien abschließend in sieben Punkten an einzelnen Problemkonstellationen exemplifiziert:

1. Wenn der Kontrast zwischen Moderne und Postmoderne in der Antithese von 'monistischer' und 'pluralistischer' Denkungsart ausgedrückt wird, so lässt sich diese Antithese, die dem Verstand als unversöhnbar erscheint, im Kontext des trinitarischen Prozesses als komplementäre Viel-Einheit konzipieren[178].

2. Da in Kants Kritizismus-Projekt "der stolze Name der Ontologie" zugunsten einer 'bloßen Analytik des reinen Verstandes' zurückgestellt wird (KrV, B 303), kommt es hier zu einem Ausfall des vollzugstheoretischen Aspektes (und näherhin des Konzeptes einer *analogia entis*). Kant vermag es deshalb nicht mehr, die von ihm thematisierten drei oberen Geistvermögen, *Fühlen,*

---

[177] R. Descartes, *Œuvres*, publ. par Ch. Adam et P. Tannery. Vol. III: Correspondance, Paris 1956, S. 247; vgl. dazu E. Schadel, *Geistinnerlichkeit als Trinitätsanalogie. Eine konstruktive Kritik neuzeitlicher Subjektozentrik im Lichte der Augustinischen Selbstvergewisserung.* In: Prima Philosophia 9 (1996) 65-75.

[178] Vgl. Augustinus Wucherer-Huldenfeld, *Trinitätshäresien und die ihnen zugrunde liegenden Auffassungen von Einheit und Vielheit.* In: Wissenschaft und Weisheit 15 (1962) 352-361.

Denken und *Wollen*, in solcher Weise als subsistente Relationalität auszulegen, so wie es oben im Bezug auf *Sein, Erkennen* und *Wollen* (u.a. auch unter Einbeziehung der drei Prinzipalwissenschaften, *Physik, Logik* und *Ethik)* unternommen wurde. Das Vorhaben eines apriorisch urteilenden Kritizismus muss von daher - so wie es Kant in einem Brief von 1798 selbst eingesteht - an der methodisch bedingten Unlösbarkeit diverser Übergangsproblemen scheitern. Es konnte das "Ganze der Philosophie" nicht in den Blick gebracht werden[179].

3. Die Priorisierung des Logischen gegenüber dem Ontologischen (welche Occham, Descartes, Kant und deutsche Idealisten methodisch miteinander verbindet) führte u.a. dazu, dass die Seinsfrage aus der Philosophie "verdrängt" wurde, dass der Name 'Sein' auf den "Index terminorum prohibitorum" gesetzt wurde[180]. Es wird dabei geflissentlich "übersehen", dass 'Sein' (so wie es bei der Interpretation des zentralen Kreises in Arias Schema ausgeführt wurde) jedem Denk- und Zweifelsakt innerlich vorgängig zugrunde liegen muss. Wird dies aber außer Acht gelassen, so folgt daraus, dass Denken und Zweifeln ein Denken von nichts, ein Zweifeln an nichts, d.h. Nicht-Denken und Nicht-Zweifeln "sein" müssen.

4. Da neuzeitlicher Rationalismus gegenüber allem raumzeitlich Seienden eine *Totalabstraktion* praktiziert, bewegt er sich als solcher im "surrealen" Bereich "reiner" Begriffe, von welchen ungeklärt bleibt, ob, wie und warum sie "etwas" überhaupt begreifen oder darstellen können. Diese Schwierigkeit löst sich indes bei *inhaltsbezogener Abstraktion*, welche z.B. von Augustinus betrieben wird. Die Vernunft verhält sich hierbei zunächst rezipierend-vernehmend; sie lässt sich - auch im Sinne einer sich spezifizierenden Formübernahme - von den beobachteten Sach- und Seinsgehalten "affizieren", um die dabei gewonnenen "Vorstellungen" dann - vermittels aktiver Analyse ihrer realen Konstitutionselemente - als synthetische Ganzheit betrachten zu können. Die Vernunft differenziert sich so in die Spezifität der wahrgenommenen Sache hinein aus. Das dabei entstandene 'innere Wort' (der Augustinische "Begriff des Begriffes") meint, so besehen, ein explizites Bewusst-Sein des rezipierten Seins, ein intramentales Sich-Ausdrücken der vorher problematisierten Sache selbst[181].

---

[179] Vgl. hierzu die in Fußnote 158 genannte Monografie.

[180] Franz Josef Wetz, *Ist die Seinsfrage genuin philosophisch?* In Willi Oelmüller (Hg.), Philosophie und Wissenschaft, Paderborn 1988, S. 159-168, Zitat S. 158.

[181] Nicht mehr nachvollziehbar ist es von daher, wenn Wetz (a.a.O., S. 165) "ein bedrohliches Problem" darin zu entdecken meint, dass der "Nachweis der Übereinstimmung von Erkenntnisformen und ansichbestehenden Seinskategorien" gefordert werden könnte. Besagte 'Übereinstimmung' ist im Begriff des 'inneren Wortes', das aporetisierend gewonnen wird, per se impliziert.

5. Bei Kants Nachfolgern wird - sozusagen in einem dogmatischen Kritizismus - die Begriffsebene gegenüber der Seinsebene hypostasiert und jene gegen diese abgeschottet. Um diese Festlegung, die voraussetzt, dass "vorurteilsfreies" Erkennen nichts voraussetze, zu "zementieren", wird das pauschale Vorurteil vom "Zusammenbruch althergebrachter Ontologie"[182] in die Welt gesetzt und jeglicher Versuch, dennoch ontologisch zu denken, unerbittlich als "Rückfall ins vorkritische Denken"[183] gebrandmarkt. Zu denken gibt in diesem Zusammenhang allerdings Wetz' Beobachtung, dass im derzeitigen Versuch einer idealistischen Welterzeugung "das Ding-an-sich-Problem tendenziell liquidiert, bei näherm Zusehen aber nicht bewältigt ist"[184].

6. In Arias' Schema ist (wie oben bereits dargelegt) ein "Mercedesstern" zu erkennen. Eben dieses Ganzheitssymbol taucht nochmals in neueren Diskussionen zum Vernunftbegriff auf: Wolfgang Welsch, ein prominenter Vertreter der postmodernen Vielheits-These, kritisiert an Habermas, dass er im Rekurs auf Kants Unterscheidung von *kognitiver, moralischer* und *ästhetischer* Rationalität "an einer mercedessternartigen Einteilung der Welt"[185] festhalte (sich also immer noch sträube, eine unbegrenzte Anzahl von Vernunftarten zu akzeptieren).

Habermas hingegen betont: "Die der Lebenswelt zugewandte Interpretenrolle der Philosophie sehe ich heute eher so, dass sie dabei hilft, dass stillgelegte Zusammenspiel des *Kognitiv-Instrumentellen* mit dem *Moralisch-Praktischen* und dem *Ästhetisch-Expressiven* wie ein Mobile, das sich verhakt hat, wieder in Bewegung zu setzen"[186]. Sein 'motivgebener Grundgedanke' ist dabei der einer *"Versöhnung* der mit sich selbst zerfallenen Moderne"[187]. Er sucht deshalb "nach Spuren einer Vernunft, die zusammenführt, ohne Abstände zu tilgen"[188]. Bei dieser Suche will er jedoch unbedingt an den Kantischen Vorgaben festhalten und beteuert mit nicht überhörbarer Zwiespältigkeit: "Eine Theorie, die uns die Erreichbarkeit eines Vernunftideals vorgaukelt" [die die systematische Durch-

---

[182] Ebd., S. 163.

[183] Vgl. Jürgen Habermas, *Nachmetaphysisches Denken*, Frankfurt/M. 1992, S. 47[13].

[184] F. J. Wetz, a.a.O. [Fn. 180], S. 161. Vgl. hierzu die systematisch höchst aufschlussreiche Studie von Heinrich Beck, *Metaphysische Voraussetzungen im Skeptizismus, Relativismus und Pluralismus.* In: Salzb. Jahrb. für Philos. 43 (1998) 23-34.

[185] W. Welsch, *Und sie bewegt sich doch: Vernunft nach ihrer Kritik.* In: Universitas 46 (1991, H. 12) 1130-1146, Zitat S. 1141.

[186] J. Habermas, *Philosophisch-politische Profile*, Frankfurt/M. ²1984, S. 12 [Hervorhh. E.S.].

[187] Ders., *Neue Unübersichtlichkeit*, Frankfurt/M. 1985, S. 202 [Hervorh. E.S.].

[188] Ders., *Vergangenheit als Zukunft. Das alte Deutschland im neuen Europa*, München-Zürich 1993, S. 175 f.

klärung der drei Vernunftmomente zuwege brächte], "würde hinter das von Kant erreichte Argumentationsniveau zurückfallen"[189].

Aufgrund dieser seiner unterschwelligen Kant-"Gläubigkeit" blockiert sich Habermas in seinem respektablen 'Versöhnungs'-Projekt jedoch selbst. Wolfgang Welsch, sein Gegner, findet dafür positivere Formulierungen; er sagt: "Habermas denkt bei der Kommunikation der Vernunftmomente an ein gleichwertiges Zusammenspiel. Dies erläutert er durch den Vergleich mit einem Mobile ... Erstens will Habermas den Kreislauf der Vernunft reaktivieren. Die Defizite der Rationalisierung sollen durch Mobilisierung der Vernunft wettgemacht werden ... Zweitens soll dies zu einer gleichgewichtigen Interaktion der Momente führen. Im freien Zusammenspiel der Kräfte kann jedes Momente sein spezifisches Gewicht zur Geltung bringen, so dass sich insgesamt ein Gleichgewicht herstellt"[190]. Und Welsch konzediert: "Gewiss kann ein solcher Vorschlag in einer Tradition, der Trinitäts- und Harmoniemodelle tief eingeschrieben sind, auf Plausibilität und Akzeptanz hoffen"[191].

Welsch resümiert aber auch: "Philosophisch aber käme es auf eine tragfähige Begründung [der drei Vernunftmomente] an - eine solche fehlt jedoch bei Habermas"[192]. Diese Feststellung ist keineswegs erstaunlich, wenn man beachtet, dass Habermas den "Verzicht auf Letztbegründung"[193] proklamiert und auch vor der These nicht zurückscheut, dass "eine Letztbegründung der Ethik ... weder möglich noch nötig" sei[194]. Nichtsdestoweniger übt Habermas auch, der *besseren* ethischen Begründung wegen, Kritik an Kants kategorischen Imperativ.

---

[189] Ders., a.a.O. [Fn. 183], S. 184. - Das apostrophierte 'Argumentationsniveau' stellt Habermas an anderer Stelle freilich wieder in Frage, wenn er hinsichtlich der Verhältnisbestimmung von 'Vernunft' und 'Wille' konstatiert, dass Kant die "irritierende Verschränkung" [derselben] "nicht befriedigend" zu erklären vermocht habe (ders., *Erläuterungen zur Diskursethik*, Frankfurt/M. [2]1992, S. 145). (Eben jene 'irritierende Verschränkung' wurde oben vermittels der beiden innertrinitarischen Hervorgänge aufgeklärt.) Zu beobachten ist hier auch, dass Kant die drei 'oberen' Vernunftvermögen (die Habermas ohne ganzheitliche Reflexion in solcher Weise präsentiert, als würden sie per se einen sinnvollen Komplex darstellen) als 'Gefühl', 'Verstand' und 'Willen' vom empirisch verfahrenden Psychologen J. N. Tetens übernommen hat, sie in veränderter Reihenfolge (unter bezeichnender Hintanstellung des 'Gefühls') nach- und nebeneinander in seinen drei Kritiken abhandelte und sich beim Nachweis ihre Ganzheitlichkeit mit der Bemerkung begnügte, dass man sie "abzählen" könne (vgl. E. Schadel, a.a.O. [Fn. 158], S. 130 f.).

[190] W. Welsch, *Vernunft. Die zeitgenössische Vernunftkritik und das Konzept einer transversalen Vernunft*, Frankfurt 1995, S. 134.

[191] Ebd., S. 135.

[192] Ebd.

[193] J. Habermas, a.a.O. [Fn. 16], S. 506

[194] Ders., *Erläuterungen zur Diskursethik*, Frankfurt/M. [2]1992, S. 195.

Er sagt: "Kant hat dieses Moment" [den sich autonom entscheidenden Willen] "fälschlich[!] gleichgesetzt mit dem Akt der Loslösung von allen empirischen Motiven"[195]. Damit aber wird, näher betrachtet, nicht bloß ein marginaler "Schönheitsfehler" des Kantischen Denkansatzes bezeichnet; es wird vielmehr das Projekt der apriorisch urteilenden Vernunft an ihrer "Wurzel" getroffen. Es wird (hinsichtlich des in 4. Gesagten) der Übergang von der *Totalabstraktion* (die für Kants Kritizismus konstitutiv ist) zur *inhaltsbezogenen Abstraktion* (die für "vorkritische" Denker charakteristisch ist) angemahnt. Es wird, anders formuliert, eine Rehabilitierung der ästhetischen Vernunft gefordert (welche im Korsett der Kantischen Transzendentalphilosophie ein "empiriefreies" Geschmacksurteil darstellen soll). Wird αἴσθησις (die griechische Bezeichnung für 'Wahr-nehmen') jedoch in ihrer "wörtlichen" Bedeutung aufgefasst, so wird es von daher möglich (unter Wahrung der drei Kantischen Vernunftmomente) einen ganzheitlich-integralen Vollzug zu rekonstruieren: Durch *Fühlen* wird der Seins- und Problemgehalt in das erkennende Subjekt hinein aufgenommen. Das dabei Rezipierte ist der "Stoff", aus dem die Gedanken gemacht werden, - der (im Kritizismus ausgeblendete) Seins-Gehalt, der sich in die vernehmende *Vernunft* hinein aufklärt und strukturiert. Aus beidem - aus dem sensual rezipierten und dem intellektual konzipierten Problemgehalt - besteht die innere Voraussetzung für konsistentes *Wollen* bzw. Handeln. (Die berühmt-berüchtigte Seins-Sollens-Differenz ist hierbei ebenso überwunden wie das methodische Auseinanderklaffen von Theorie und Praxis, von Norm- und Situationsethik.)[196]

Habermas' "Mobile" lässt sich demnach entwirren und in Schwung bringen, wenn man seine Reihung der Vernunftmomente, welche in "devoter" Weise der "Chronologie" der drei Kantischen Kritiken nachfolgt (nämlich 1. KrV: *kognitiv-instrumentell*, 2. KpV: *moralisch-praktisch*, 3. KU: *ästhetisch-expressiv)* in eine ontoanthropologisch reflektierte Reihung überführt (in 1. KU: *ästhetisch-rezeptiv*, 2. KrV: *kognitiv-expressiv*, 3. KpV: *moralisch-konstruktiv)*[197].

---

[195] Ebd., S. 136.

[196] Habermas nimnt eine solche Überschreitung des transzendentalphilosophischen Ansatzes selbst in den Blick, wenn er (im Bezug auf Schelling) anmerkt, "dass Vernunft sich *nicht* aus sich selbst begründen und *nicht* durch sich selbst verwirklichen kann, dass sie sogar noch ihre Selbstvermittlung durch ein ihr Vorgängiges vermitteln lassen muss" (ders., *Theorie und Praxis. Sozialphilosophische Studien*, Frankfurt ⁵1988, S. 211).

[197] *KrV* steht hier für *Kritik der reinen Vernunft* (1781, ²1787), *KpV* für *Kritik der praktischen Vernunft* (1788) und *KU* für *Kritik der Urteilskraft* (1790, ²1793). Vgl. im Einzelnen E. Schadel, *Habermas' Rekurs auf die Kantische Vernunft*, a.a.O. [Fn. 158], S. 465-538; dazu eine zusammenfassende Stellungnahme zum Kantischen Kritizismus, ebd., S. 109-142.

7. Nach Max Weber ist es "das Schicksal unserer Zeit - mit der ihr eigenen Rationalisierung und Intellektualisierung, vor allem: Entzauberung der Welt -, dass gerade die letzten und sublimsten Werte ... der Öffentlichkeit [zurückgetreten sind]"[198]. Wissenschaft wird allgemein als "gottfremde Macht"[199] aufgefasst und die "Erlösung vom Rationalismus und Intellektualismus der Wissenschaft ... [als] die Grundvoraussetzung des Lebens in der Gemeinschaft mit dem Göttlichen"[200] angesehen. Die hier offenkundig werdende Diskrepanz, die "völlige Geschiedenheit der Wertsphäre von dem Empirischen"[201], stellt für Jaspers ein Symptom dafür dar, dass der moderne (wissenschaftsgläubige) Mensch "in seinem tiefsten Wesen gespalten" ist[202]. Lebendige Intuition und abstrakte Wissenschaft stehen sich wie exklusive Gegensätze einander gegenüber; der Mensch muss eingestehen: "Ich bin nicht, was ich erkenne, ich erkenne nicht, was ich bin"[203]. Wetz gelangt zu einer entsprechenden Einschätzung, wenn er von der Seinsfrage zugesteht, dass sie 'genuin philosophisch' sei; er verbindet damit allerdings die Einschränkung, dass sie "nicht mehr [als] wissenschaftlich, und auch nicht [als] theologisch"[204] bezeichnet werden könne.

Vermittels der im Hauptteil dieser Studie unternommenen Interpretation des Arias'schen Trinitäts-Schemas wurde aufzuzeigen versucht, dass die angedeutete "Schizophrenie" des modernen (und postmodernen) Menschen nicht wie etwas "Gottgegebenes" hingenommen werden muss. Es sollte dargelegt werden, dass das Seins- und Gottesproblem einen einzigen Frage-Komplex bezeichnen. Für diesen ist kennzeichnend, dass man sich nicht mit der Beschreibung von Fakten und dem Befolgen einer axiomatisch festgelegten Denkmethode begnügt, sondern - am Leitfaden der Frage nach dem zureichenden Grund alles Seienden - schrittweise einen Übergang oder deutlicher: einen Aufstieg realisiert. Der Weg führt dabei von der gegebenen Sache zur Ursache derselben, von der Selbstgegebenheit menschlicher Geistinnerlichkeit (welche memorial die abstraktiv gewonnenen Sinnstrukturen der äußeren Welt in sich repräsentiert) zum

---

[198] M. Weber, *Gesammelte Aufsätze zur Wissenschaftslehre*, hg. von Johannes Winkelmann, Tübingen [4]1973, S. 612.

[199] Ebd. 598.

[200] Ebd.

[201] Ebd., S. 525.

[202] Karl Jaspers, *Die geistige Situation der Zeit*, Berlin 1955, S. 147.

[203] Ebd., S. 163. Vgl. dazu auch Angelus Silesius *(Cherubinischer Wandersmann I, 5)*:
    "Ich weiß nicht, was ich bin; ich bin nicht, was ich weiß:
    Ein Ding und nit ein Ding, ein Stüpfchen und ein Kreis".

[204] F. J. Wetz, a.a.O. [Fn. 180], S. 168.

ersten Warum alles Seienden, zum Göttlichen, das Aristoteles als 'erste und stärkste Ursache' kennzeichnet[205].

Vor diesem inneren Überstieg scheut das neuzeitliche Selbstverständnis jedoch zurück. Es will selbst ein Selbst sein; es überfrachtet dabei seine Kontingenz-Bedingungen und ist deswegen "zur Verzweifllung ... und ... grundsätzlich ... zum Scheitern verurteilt"[206]. Adorno schildert die (ontologisch einsichtige) Aussichtslosigkeit des modernen Autonomie-Experimentes mit folgenden Worten: "Je leidenschaftlicher der Gedanke gegen sein Bedingtsein sich abdichtet um des Unbedingten willen, um so bewusstloser und damit verhängnisvoller fällt der der Welt zu"[207].

Da in einer 'entgleisenden' Säkularisierung das Scheitern titanischer Autonomisierung - unübersehbar desaströs - vor Augen tritt, fordert Habermas aufgrund der Einsicht, dass sich die Vernunft nicht selbst zu begründen vermag[208], mit gutem Recht, wie es scheint, eine 'osmotische' Kooperation zwischen Philosophie und Theologie. Mehr oder weniger bewusst erhofft er hierbei wohl eine Wiedergewinnung des in neuzeitlicher Wissenschaft verloren gegangenen Seins- und Sinnhorizontes. Von einer solcher Hoffnung kann freilich solange nicht sinnvoll geredet werden, als das Göttliche (unter nominalistischen Denkvoraussetzungen) als absolute Macht, als etwas Bedrohliches und Einengendes aufgefasst wird. Wirkliche Hoffnung besteht erst dann, wenn Göttliches als reine Mitteilsamkeit erkannt wird, - als Instanz, welche die Versuche menschlicher Selbstverwirklichung weder eifersüchtig noch misstrauisch verfolgt, sondern sich vielmehr als deren fortwährendes Inzitament darbietet. Wie in der Auslegung des Trinitätsschemas gezeigt werden wollte, ist ein solches Ursprungs-Verständnis in seinswissenschaftlicher Methode durchaus realisierbar: Der Ausgangspunkt hierfür wird bei Augustinischer Selbstvergewisserung genommen (im unbezweifelbaren 'Sein', im daraus hervortretenden 'Erkennen' und im aus beidem resultierenden 'Lieben'). Innerhalb des dabei gewonnenen Horizontes ergibt sich ein ganzheitlich-integrales Wirklichkeitsverständnis. Dieses hat eine wesentlich breitere Basis als das Cartesianische cogito auf-

---

[205] Vgl. oben die Fn. 30.

[206] Jean-Paul Sartre, *Das Sein und das Nichts. Versuch einer phänomenologischen Ontologie*, Hamburg 1982, S. 784; dazu E. Schadel, *Sartres Dialektik von Sein und Freiheit. Existenzialistische Absurditätserfahrung als Konsequenz positivistischen Wirklichkeitsverständnisses.* In: Theologie und Philosophie 52 (1987) 196-215.

[207] Theodor W. Adorno, *Minima moralia. Reflexionen aus dem beschädigten Leben*, Frankfurt. 1985, S. 334; vgl. dazu Augustinus, *Enarrationes in psalmos* 121, 5: "Qui voluit ex se habere idipsum, ut quasi ipse sibi esset idipsum, lapsus est".

[208] Vgl. oben die Fußnote 196.

zuweisen; es ermöglicht es, die diversen Einseitigkeiten, Verspanntheiten und Ausweglosigkeiten des modernen Selbstverständnisses aufzulösen und zu überwinden: Kontingentes menschliches Sein, Erkennen und Lieben vermag sich hierbei in analogischer Entsprechung zur werktätigen göttlichen Trinität wahrzunehmen, welche Sein, Erkennen und Lieben nicht nur "hat", sondern - in höchster Einfachheit - selbst "ist"[209]

---

[209] Thomas Aquinas, *Compendium theologiae*, c. 50: "In Deo ... idem est *esse, intelligere et amare*".

Nachbemerkungen zu den drei Essays

Von den hier publizierten Essays gehen zwei (der über *C. G. Jung* und der über *Augustinus)* auf Vorträge zurück, die ich auf Fachtagungen gehalten habe. Die Abhandlung über *Hegel* stellt eine "Auftragsarbeit" dar, die ich für Herrn Priv.-Doz. Dr. Johannes Rehm (sz. Pfarrer an der Evangelischen Studierendengemeinde an der Universität Bamberg) ausführte.

Über Jungs Archetypenlehre referierte ich auf der 29. Tagung für Wissenschaftliche Symbolforschung (Walberberg bei Köln, 27.-29. April 1990). Der Vortrag erschien in: SYMBOLON. Jahrbuch für Symbolforschung N. F. 10 (1991), S. 105-151; er wurde für die Neuveröffentlichung an nicht wenigen Stellen stilistisch und inhaltlich modifiziert. Der hier thematisierte Archetyp-Begriff, den ich als "Urprägestock" von Seiendem interpretiere, stellt gewissermaßen das Leitmotiv der vorliegenden Schriften dar. Er entstammt der spätantiken Philosophie (insbes. der Plotinischen) und soll im Sinne der dort vorherrschenden holistischen Tendenzen als positive Implikation der modernen Tiefenpsychologie, welche nicht selten an methodologischer Vagheit laboriert, erläutert werden.

Vom Hegel-Aufsatz wurde der bisher lediglich der biografische Vorspann u.d.T. *"Bamberg als Zwischenaufenthalt des protestantischen Philosophen Hegel"* (in: Johannes Rehm / Johannes Wagner-Friedrich [Hgg.], Evangelische gibt's hier nicht. Eine Spurensuche in und um Bamberg, Bamberg 2006, S. 138-147) veröffentlicht. Die verbleibenden Ausführungen, die eine kritische Würdigung der Hegelschen Dialektik intendieren, stellen eine Neuveröffentlichung dar.

Zu dem Vorhaben, "zentrale Gedanken" des Augustinus darzulegen, wurde ich von Prof. Dkm. Dr. Dr.h.c. J. Hanns Pichler M.Sc., dem Vorstand der Wiener Gesellschaft für Ganzheitsforschung, angeregt. In einer Jahrestagung der genannten Gesellschaft (23.-25. Sept. 2005, Filzmoos / Salzburger Land) trug ich Grundlinien des erarbeiteten Manuskripts vor. Eine erste Fassung, welche für die vorliegende Ausgabe nochmals durchgesehen, modifiziert und, an etlichen Stellen, nicht unerheblich erweitert wurde, erschien in: Zeitschrift für Ganzheitsforschung N. F. 50 (I / 2005) 3-52, eine spanische Kurzfassung u.d.T.: *"Ser, Conocer, Amar. Rasgos elementales de una teoría de comunicación holística a la luz de la especulación trinitaria de San Agustín"* in: Alfonso Rangel Guerra u.a. (Hgg.), Vida y pensamiento del Dr. Agustín Basave. Edición de homenaje, Universidad Autónoma de Nuevo León, Monterrey / México 2007, S. 289-303.

Ziel meiner Erläuterungen zu Augustinus ist es vor allem, in ideen- und mentalitätsgeschichtlichen Recherchen den Blick darauf zu richten, dass der von ihm explizierte Selbstvergewisserungsakt, der in inhaltsbezogener Abstraktion eingeleitet wird, eine wesentlich profundere Wahrnehmungsbasis als das "cogito" der neuzeitlichen Transzendentalphilosophie aufzuweisen hat. Da dieses sich in einer Totalabstraktion aus sinnlichen und inhaltlichen Bezügen herauslöst und sich vermittels einer Analytik apriorischer Begriffe, deren Herkunft ungeklärt bleibt, zu konstituieren versucht, bringt es die genuin onto-logische Problemsicht zum Verschwinden. Es

171

produziert einen Form-Inhalt-Dualismus, der entweder (bei Descartes und Kant) durch die von "Sinnverzicht" begleitete Installierung der "instrumentellen" Vernunft aufgelöst werden sollte oder (bei Hegel und C. G. Jung) die Hypostasierung des Nichts und der Negativität im Gefolge hatte. Besagte Hypostasierung kann als "Ersatz" für die "methodisch" eliminierte Seinsbasis menschlichen Denkens und Handelns angesehen werden. Sie führt (was besonders bei Hegel deutlich wird) zu einer Verquickung des Ewigen und Zeitlichen, zu einem prinzipiellen Indifferentismus, zu einer irrationalen Rationalität, die zugleich alles und nichts "beweist", - zu einem totalitären Dialektizismus, vor welchem dem Menschen "bewusst" wird, dass sein *Dasein* ebenso gleichgültig ist wie sein Nicht-Dasein, sein *Erkennen* ebenso illusionär wie sein Sich-Täuschen, sein *Glücksgefühl* ebenso belanglos wie seine Verzweiflung.

Die Einsicht in die Aussichtslosigkeit dieser Problemkonstellation konturiert sich im Bezug auf die onto-anthropologischen Analysen, welche Augustinus vorlegt. Menschliche Geistinnerlichkeit wird hier prozesstheoretisch als distinkt-kohärentes Ineinander von *realem* Gedächtnis, *idealem* Intellekt und *finaler* Liebe betrachtet. Das Nichts der Zeitlichkeit stellt sich als dabei nicht als *Seins*-Moment dar; es wird als *Bedingung* des kontingenten Menschseins und als untrügliches Indiz dafür aufgefasst, dass sich menschliche Geistinnerlichkeit - in sich bleibend über sich hinaus - zu transzendieren habe, um solchermaßen an der inneren Fülle des wirkenden, formgebenden und erfüllenden Seins- und Harmoniegrundes partizipieren zu können.

Augustinus argumentiert nicht antithetisch-dialektisch, sondern analogisch-integral. Seine Sache ist es nicht, irgendwelche Zusammenhänge zu konstruieren; Begriffe werden von ihm vielmehr als Ausdruck der erfahrenen Wirklichkeit konzipiert. Die Rezeption neuplatonischer Denkmotive ermöglicht es ihm, die unlösbare Verbundenheit von *Welt-*, *Selbst-* und *Gottes*erkenntnis zu explizieren. Die intramental aufgehellte *onto-logo-ethische* Ganheitlichkeit vermag er - spezifisch abgewandelt und in je verschiedener Identitätsdichte - in sämtlichen Seinsbereichen wahrzunehmen. Sein Philosophieren gewinnt auf diese Weise ein universales Format. Seine onto-trinitarisch reflektierten Untersuchungen gestatten es, jene Kluft argumentativ zu überwinden, die in früher Neuzeit zwischen "fideistischen" Theologen und "rationalistischen" Philosophen aufgebrochen ist und bis heute (von beiden Gruppen) als unüberbrückbar angesehen wird.

Kurz gesagt: Die in den drei Essays problematisierte Trinität wird zwar von "aufgeklärten" Denkern als obsoletes Theologumenon verworfen und von ängstlich Glaubenden, nicht ohne Unbehagen, als gänzlich undurchdringliches "Mysterium" hingenommen. Sie bietet jedoch - was nach ontotheologischer Aufhellung deutlich wird - von sich her wirkmächtige Potentiale, die zum Korrektiv der in sich zerfallenen Moderne und Postmoderne werden können: Sie eröffnen den intern differenzierten Horizont einer postsäkularen Gesellschaft.

[Spardorf, Ende Januar 2008, E. S.]

SCHRIFTEN ZUR TRIADIK UND ONTODYNAMIK

Herausgegeben von Heinrich Beck und Erwin Schadel

Band 19 Heinrich Beck: Der Akt-Charakter des Seins. Eine spekulative Weiterführung der Seinslehre Thomas v. Aquins aus einer Anregung durch das dialektische Prinzip Hegels. 2., ergänzte Aufl. mit Ergänzungen zur Metaphysik des materiellen Seins. 2001.

Band 20 Friedrich Roehle: Die Struktur des Bewußtseins. Bearbeitet, ergänzt und herausgegeben von Arnulf Rieber. 2001.

Band 21 Erwin Schadel: *Sehendes Herz* (cor oculatum) - zu einem Emblem des späten Comenius. Prämodernes Seinsverständnis als Impuls für integral konzipierte Postmoderne. Mit einem Vorwort von Werner Korthaase. 2003.

Band 22 Johann Amos Comenius: *Iteratus ad Baronem Wolzogenium sermo*. Wiederholte Ansprache an Baron Wolzogen / Übersetzt von Otto Schönberger, mit einem Kommentar und einer 'Einführung in die antisozinianische Kontroverse des Comenius' herausgegeben von Erwin Schadel. 2002.

Band 23 Heinrich Beck: Dimensionen der Wirklichkeit. Argumente zur Ontologie und Metaphysik. 2004.

Band 24 Johann Amos Comenius – Vordenker eines kreativen Friedens. Deutsch-tschechisches Kolloquium anlässlich des 75. Geburtstages von Heinrich Beck (Universität Bamberg, 13.–16. April 2004) unter der Schirmherrschaft des Bayerischen Staatsministeriums für Arbeit und Sozialordnung, Familie und Frauen, Haus des Deutschen Ostens. Herausgegeben von Erwin Schadel. 2005.

Band 25 Johann Amos Comenius: Antisozinianische Schriften. Deutsche Erstübersetzung. In Zusammenarbeit mit Jürgen Beer, Horst Bulitta, Regine Froschauer, Otto Schönberger, kommentiert herausgegeben von Erwin Schadel. „Teil I", „Teil II", „Teil III". 2008.

Band 26 Erwin Schadel: Trinität als Archetyp? Erläuterungen zu C. G. Jung, Hegel und Augustinus. 2008.

www.peterlang.de

Lightning Source UK Ltd.
Milton Keynes UK
UKHW020746090922
408600UK00009B/758

9 783631 579275